CUBA: LA REVOLUCIÓN DE 1933, EL GOLPE DE ESTADO DE 1952, Y LA REPRESIÓN DEL COMUNISMO

MEMORIAS DEL MAYOR GENERAL MARTÍN DÍAZ TAMAYO

COLECCIÓN CUBA Y SUS JUECES

EDICIONES UNIVERSAL, Miami, Florida, 2017

Antonio Rafael de la Cova

CUBA: LA REVOLUCIÓN DE 1933, EL GOLPE DE ESTADO DE 1952, Y LA REPRESIÓN DEL COMUNISMO

MEMORIAS DEL MAYOR GENERAL MARTÍN DÍAZ TAMAYO

Copyright © 2017 by Antonio Rafael de la Cova

Primera edición, 2017

EDICIONES UNIVERSAL
P.O. Box 450353 (Shenandoah Station)
Miami, FL 33245-0353. USA
(Desde 1965)

e-mail: ediciones@ediciones.com
http://www.ediciones.com

Library of Congress Catalog Card No.: 2017952289
ISBN-10: 1-59388-288-2
ISBN-13: 978-1-59388-4

Composición de textos: María Cristina Zarraluqui

Diseño de la cubierta: Luis García Fresquet

Todos los derechos
son reservados. Ninguna parte de
este libro puede ser reproducida o transmitida
en ninguna forma o por ningún medio electrónico o mecánico,
incluyendo fotocopiadoras, grabadoras o sistemas computarizados,
sin el permiso por escrito del autor, excepto en el caso de
breves citas incorporadas en artículos críticos o en
revistas. Para obtener información diríjase a
Ediciones Universal.

ÍNDICE

DEDICATORIA vii

INTRODUCCIÓN ix

PREFACIO xxxiii

CAPÍTULO I
SOLDADO DE LA REPÚBLICA 1

CAPÍTULO II
LA REVOLUCIÓN DE 1933 21

CAPÍTULO III
FULGENCIO BATISTA 51

CAPÍTULO IV
LAS FUERZAS ARMADAS 1944-1952 79

CAPÍTULO V
LA MADRUGADA DEL 10 DE MARZO DE 1952 103

CAPÍTULO VI
LAS FUERZAS ARMADAS 1952-1958 135

CAPÍTULO VII
LA CIA Y EL BRAC 159

CAPÍTULO VIII
LA CONSPIRACIÓN DE LOS BORRACHOS 193

FOTOS 213

ÍNDICE ONOMÁSTICO 229

DEDICATORIA

Para cumplir la promesa que le hice a mi padre en su lecho de muerte, decidí publicar sus memorias que redactó durante la larga enfermedad que eventualmente le tomó su vida. Mi padre quería que la verdad sobre muchos eventos, ocurridos durante sus años en el ejército, fueran conocidos por el mundo entero.

Su obsesión, después de terminar su carrera militar, era sacar a la luz la verdad detrás de muchos acontecimientos que se distorsionaron al publicarse.

Nunca olvidaré las lecciones que me enseñó durante su vida. Me instruyó a ser clara, comunicativa, honesta y a vivir la vida haciendo lo que es beneficioso para la humanidad.

Mi admiración hacia mi padre no solo fue por su prestigioso alto mando militar y el amor a su patria, sino también por los ejemplos que demostró en nuestro hogar. Además, el amor que siempre le tuvo a mi madre, Rosaura, y, el hogar feliz que disfruté toda la vida.

No fuera la persona que soy hoy día si no hubiese tenido un padre ejemplar como él.

Roraima Díaz de Kanar

INTRODUCCIÓN

Tras la caída del régimen de Fulgencio Batista, el 1 de enero de 1959, comenzó la «Guerra de las Memorias», culpándose sus antiguos partidarios, unos a otros, por el triunfo de Fidel Castro. El ex vicepresidente Rafael Guas Inclán, decano del Colegio de Abogados de la Habana y presidente del Partido Liberal, fue entre los primeros en criticar a Batista diciendo que «su egolatría lo cegó y pecó en el último momento de ser un mal gobernante».[1]

La autobiografía del mayor general Martín Díaz Tamayo es el último tomo de esta controversia entre Batista y sus oficiales militares. Después que Batista publicó *Respuesta* en 1960, fue vilipendiado por el teniente general Francisco J. Tabernilla Dolz.[2] Otros oficiales que en sus memorias injuriaron a Batista fueron el coronel jefe del Cuerpo de Ingenieros del Ejército Florentino E. Rosell Leyva (1960), el coronel del Ejército Pedro Barrera Pérez (1961), el coronel de la policía Esteban Ventura Novo (1961), el sedicioso coronel del Ejército Ramón M. Barquín López (1978) y el general del Ejército Francisco «Silito» Tabernilla Palmero (2009). Batista tuvo apoyo incondicional en las memorias del jefe del Buró de Investigaciones coronel Orlando Piedra Negueruela (1994) y su cuñado el general Roberto R. Fernández Miranda (1999). El piloto de enlace teniente Carlos Lazo Cuba en su autobiografía *La guerra aérea en Cuba en 1958* (2017) coincide con Díaz Tamayo al señalar que Batista controlaba todas las operaciones militares, cometió errores estratégicos

---

[1] «"Mal gobernante" y "ególatra" llama Guas Inclán a Batista», *Diario de la Marina*, marzo 13, 1959, 1.

[2] Francisco Tabernilla Dolz le envió dos misivas insultantes a Batista, el 31 de diciembre de 1959 y el 24 de agosto de 1960, donde en la última le dice que sus recién publicadas memorias *Respuesta* era un mamotreto «que bien podía haberlo intitulado "GARBAGE"». Las cartas se reprodujeron en el libro de José Suárez Núñez, *El Gran Culpable* (1963) y en las memorias de su hijo «Silito» Tabernilla (2009).

contra la guerrilla castrista y las promociones de oficiales estaban basadas en conexiones políticas y nepotismo obviando el escalafón.

Díaz Tamayo fue un campesino analfabeto, huérfano de padre, dedicado al corte de caña y la siembra de tabaco y de piña en tierras de españoles acaudalados en Pinar del Río. En 1926, con 16 años de edad y sin el permiso de su madre, se alistó en el Ejército dando la falsa fecha de nacimiento de 1904 para poder ingresar. Procedía de la misma humilde extracción que Batista y de miles de campesinos que enrolaron en el Ejército para estabilizar su economía y bienestar.

Estas memorias ofrecen una breve historia de la evolución del ejército cubano durante la república. Relata la vida cotidiana de los soldados y detalla el desarrollo y modernización del principal campamento Columbia en La Habana. También describe la composición del ejército y su participación en la formación de las Escuelas Rurales e Institutos Cívicos-Militares. Díaz Tamayo critica como el Ejército tenía un largo historial de ser utilizado como instrumento político por los presidentes Tomás Estrada Palma, José Miguel Gómez, Mario García Menocal y Gerardo Machado. La Constitución permitía al presidente dar de baja o retirar a cualquier oficial o soldado sin dar explicación. Esta cláusula permitió que el presidente Ramón Grau San Martín desmantelara en 1944 los cuadros militares establecidos por Batista. La inseguridad creada entre algunos militares, proscritos de participar en las elecciones, causó que dichos hombres respaldaran al caudillo surgido de sus filas quien les garantizaba su porvenir.

Díaz Tamayo participó en la Revolución del 4 de Septiembre. Dos días antes, fue invitado por el sargento José Eleuterio Pedraza a una reunión conspirativa en la Gran Logia Masónica pero no asistió para no ausentarse sin el permiso de su destacamento. Sin embargo, la noche antes del golpe, estuvo con la tropa en la asamblea del Club de Alistados del campamento Columbia cuando escuchó al sargento Fulgencio Batista darles la orden de tomar el cuartel. Díaz Tamayo participó en el alzamiento de su compañía que resultó en su nombramiento inmediato a sargento primero. Lamenta que, de haber participado en la conspiración, hubiese «ascendido meteóricamente» a oficial y describe las circunstancias que permitieron a Batista ser el jefe militar de la revolución.

Como sargento primero, Díaz Tamayo dirigió la compañía de infantería que el 29 de septiembre de 1933, suprimió la manifestación comunista que iba a inhumar las cenizas de su líder Julio Antonio Mella en un cenotafio en el Parque de la Fraternidad. La confrontación produjo ocho muertos, veintisiete heridos, la destrucción del monumento y la desaparición de las cenizas. Seis semanas después, Díaz Tamayo combatió contra la sublevación de la aviación militar y tres guarniciones en La Habana, respaldada por la organización ABC. En diciembre ascendió a segundo teniente y en 1936 comenzó una etapa ecuestre de tres años en la que participó en competencias internacionales. Recuerda con nostalgia las competencias de jinete que lo llevaron a Chile, México, Estados Unidos y Canadá, ante «la presencia de mujeres hermosísimas, de la alta sociedad panamericana y europea». El teniente, alto, fornido y de ojos azules, tuvo muchos amoríos y casi pierde su carrera por su relación con la esposa de un hombre prominente quien insistió que lo expulsaran del ejército. Como castigo, Díaz Tamayo fue enviado a la provincia de Oriente por más de un año. Al regresar a La Habana, tuvo segundas nupcias el 17 de julio de 1942. Sus memorias no mencionan que en 1938 resultó culpado por extravío de efectos militares y cuatro años después por daños a la propiedad ajena y lesiones por un aparente accidente.

Díaz Tamayo era graduado de la Escuela de Oficiales y de la Escuela Superior de Guerra cuando fue retirado del ejército con el rango de capitán por el presidente Carlos Prío Socarrás a mediados de febrero de 1951. Nos afirma que fue por criticar al gobierno debido a la impunidad de los asesinatos políticos. Sin embargo, los historiadores Herminio Portell Vilá y José Duarte Oropesa señalaron que el retiro de Díaz Tamayo y otros oficiales y soldados fue por oponerse al envío de un batallón cubano a pelear en Corea bajo la bandera de la ONU. En octubre de 1951, Díaz Tamayo fue invitado por Batista a participar en la confabulación que efectuó el golpe de Estado cinco meses después.[3] Díaz Tamayo, cuya economía era precaria como empleado nocturno de la Terminal de Ómnibus, quería regre-

---

[3] En contraste, la biografía por Edmund Chester, *A Sergeant Named Batista*, (1954) alega en la página 223 que el golpe de Estado fue preparado por oficiales jóvenes que invitaron a Batista a unirse a ellos en febrero de 1952.

sar a su plaza de capitán de infantería. Aceptó la propuesta porque los acuerdos iniciales de Batista en su finca Kuquine en Arroyo Arenas «fueron muy distintos de lo que con posterioridad se hizo. Batista estaría al frente del gobierno solo un tiempo, lo bastante como para encaminar al país y convocar a nuevas elecciones».

Batista les dijo a los conspiradores que no aspiraría inmediatamente a la presidencia. Díaz Tamayo estimó que «Batista, con su magnetismo, con su ascendiente sobre las tropas, quedaría como una posibilidad para el futuro, pero no como aspirante inmediato en unas elecciones que, forzosamente, tendrían que ser fraudulentas. Pero nada de esto fue así. Una vez en la silla, su dominio de las circunstancias fue demasiado completo. Nada lo limitaba, y no pudo resistir a la tentación de continuar en la presidencia».

Díaz Tamayo fue uno de los complotados que en la madrugada del 10 de marzo de 1952 entró en el Campamento Columbia junto a Batista en el asiento trasero del automóvil que franqueó la Posta 4. Su misión fue ocupar el Estado Mayor y telefonear a todos los jefes de regimiento lo sucedido y pedirles su adhesión o, de lo contrario, que entregasen el mando a un subalterno. Díaz Tamayo no se arrepiente de los hechos que violentaron la Constitución y le otorgaron el rango de general, ya que «las condiciones estaban más que creadas» por el saqueo de las arcas de tesoro y los fraudes electorales. Sin embargo, esas mismas condiciones continuaron bajo el régimen de Batista.

El general lamenta que durante su carrera militar nunca estuvo en combate. Esto se debió a que la lucha contra los guerrilleros durante dos años la dirigieron oficiales tácticos hasta el grado de teniente coronel. Batista no permitió que ningún general o coronel estuviera al frente de las tropas en campaña en las sierras. Díaz Tamayo se dedicó durante su carrera militar al pase de lista, a las inspecciones, la guardia, las próximas maniobras, los estudios y escalar de grado. Ocupó los puestos administrativos de interventor militar de la Cooperativa Ómnibus Aliados; Inspector General del Ejército; fundador y director del Buró Para la Represión de las Actividades Comunistas (BRAC); jefe de los distritos militares de la provincia de Oriente y la fortaleza de La Cabaña; Ayudante General (G-3); director de la Caja de Ahorros y Seguros de las Fuerzas Armadas (CASFA) hasta abril de 1957; presidente del Círculo Militar y Naval durante 1953-1958; y viajó en misiones diplomáticas a México, Estados Unidos y Venezuela. También presidió la Federación de Polo de Cuba y la Federación Ecuestre de Cuba. El general recuerda como su «posición exigía una vida social bastante activa. Los actos oficiales, las ceremonias, los bailes de gala, las recepciones y los cocktail-parties eran frecuentes, y se esperaba que yo asistiera a la mayoría de ellos».

Díaz Tamayo estima que la animosidad del teniente general Francisco Tabernilla Dolz, con quien nunca tuvo relaciones cordiales, le dificultó su carrera militar. El origen de esta polémica se suscitó durante los preparativos del golpe de Estado cuando, a pregunta de Batista, Díaz Tamayo sugirió que el coronel Eulogio Cantillo debería ser nombrado jefe del Ejército y recomendó a Tabernilla como ministro de Defensa. Díaz Tamayo reconoce que el Ministerio de Defensa era «una sinecura» sin control de las fuerzas armadas. Afirma que su recomendación le ganó la enemistad de Tabernilla, quien no participó en el golpe de Estado, sino que entró en La Cabaña después que se rindió la plaza. Su apoyo a Cantillo resultó ser erróneo ya que lo describe como un «hombre de buró, de cuarto de operaciones, de mapas», muy «eficiente, capaz y magnífico planificador», pero carente en el don de mando con las tropas en la zona de operaciones, limitado por «su excesivo apego a la doctrina militar norteamericana» y «sin tener en cuenta nuestra idiosincrasia».

Díaz Tamayo trató a Batista durante veinticinco años, de 1933 a 1958, y estuvo muy allegado a él durante los últimos seis años. Procedían del mismo origen campesino con metas de superación. Considera a Batista más político que militar y señala que el presidente no tocó un fusil después de pasar la escuela de reclutas. Elogia a Batista por su habilidad en dirigir el país durante 1933-1944, logrando prosperidad económica y la abrogación de la Enmienda Platt. La alianza de Batista con el comunismo durante esa época la adscribe a que emulaba la política del presidente norteamericano Franklin Roosevelt. Durante la Guerra Fría, Batista se orientó por la brújula estadounidense para perseguir a los comunistas y establecer el Buró para la Represión de las Actividades Comunistas (BRAC).

En mayo de 1955, la Agencia Central de Inteligencia (CIA), a través del Departamento de Estado norteamericano, le recomendó a Batista que deseaban que Díaz Tamayo fuera el director del BRAC. Díaz Tamayo, el primer teniente José Castaño Quevedo y el comandante retirado de la Policía Secreta, Enrique Fernández Parajón, fueron enviados a la CIA para entrenamiento. Llegaron a Washington el 17 de mayo y al siguiente día el general fue festejado por el teniente general Carter B. Magruder.[4] Los tres oficiales recibieron instrucción en la sede de la CIA en Langley, Virginia, durante un mes por diez horas diarias, durante cinco días a la semana, sobre el historial del comunismo internacional y sus tácticas, como preparación para organizar el BRAC. Díaz Tamayo señala que «la atención de la CIA sobre los acontecimientos de Cuba era intensa, y su conocimiento de nuestra situación, minucioso».

Antes de regresar a La Habana, Allen Dulles, el director de la CIA, le expuso que Cuba «por su posición geográfica, era el objetivo número uno del comunismo en América, y que los Estados Unidos no podían permitir que Cuba cayese en manos moscovitas». El BRAC sería un organismo autónomo y su misión consistiría en el fichado y clasificación de los comunistas de Cuba. Dulles le encargó a Díaz Tamayo que transmitiese a Batista que la CIA costearía el BRAC, que sería una institución piloto para proyectar hacia otros países latinoamericanos usando el de Cuba como modelo. Sin embargo, dice que Batista subestimaba a los comunistas y no aceptó la propuesta que el gobierno estadounidense lo financiara. Díaz Tamayo dirigió el BRAC por un año y después de su relevo Batista convirtió la organización, con un presupuesto reducido, en un auxiliar del Servicio de Inteligencia Militar (SIM).

Díaz Tamayo señala que Batista era «sumamente astuto» y se sentía muy seguro de su autoridad. En su afán de controlarlo todo y aparentar ser triunfador, llegaba al extremo que cuando Batista jugaba canasta con sus familiares e íntimos amigos, hacía trampa en combinación con otros para ganar. Indica que Batista no cedía a nadie, pero no era rencoroso una vez que su enemigo no le representaba peligro. Las circunstancias influían sobre Batista, pero jamás nin-

---

[4] Carter Bowie Magruder (abril 3, 1900-marzo 14, 1988) graduado de la Academia Militar de West Point como oficial de artillería en 1923. Durante la Segunda Guerra Mundial fue oficial de logística en Europa. Comandó la División 24 de Infantería en la guerra de Corea y en 1954 era jefe del 9º Cuerpo del Ejército. En 1959 fue promovido a general de cuatro estrellas al mando de todas las fuerzas norteamericanas y de Naciones Unidas en Corea hasta su retiro en 1961.

guna persona, incluyendo su esposa Martha, lo influenciaron. En una versión inicial del manuscrito, que luego fue omitida de la copia final mecanografiada por su asistente, dice: «Batista quiso hacer tantos juegos malabares con Cuba, con Fidel y la política, que el truco le salió mal. Tan mal, que hundió a sus amigos, se hundió él y su nombre, y hundió por cien años o más a una de las repúblicas más lindas y adelantadas del orbe».

El general estima que Batista «no pudiendo llegar al poder democráticamente, utilizaba otros medios para hacerlo». Subsidiaba a la prensa, incluyendo $37,000 mensuales a su amigo Sergio Carbó, el director de *Prensa Libre*. Dice que Batista «No se decidió por la democracia absoluta ni por la dictadura total, porque para establecer esa democracia total hubiese tenido que abandonar la presidencia y, en cuanto a ser un dictador absoluto de cuerpo y alma, le faltaba vocación para ello. Por todo esto, su política resultó errática e indecisa. No era sanguinario, pero a ningún precio estaba dispuesto a renunciar a lo que tan caro le era, y para ello le fue preciso matar». Sin embargo, Díaz Tamayo señala que Batista personalmente impidió que Fidel Castro fuera eliminado tras el asalto al cuartel Moncada el 26 de julio de 1953 y cuando el desembarco de la expedición del Granma en 1956. Esto ocurrió días después de los hechos, cuando las fuerzas vivas de la sociedad civil apelaron a Batista a favor de los rebeldes desbandados.

Díaz Tamayo llegó al cuartel Moncada horas después del ataque y la subsiguiente masacre de más de treinta rebeldes capturados que autorizó el coronel Alberto del Río Chaviano, jefe del Regimiento No. 1. Los cadáveres fueron regados por el cuartel para simular que murieron en combate. El general permaneció en el Moncada durante los próximos dos días, visitó a los heridos en el hospital militar, y asistió a las exequias de los diecinueve soldados y policías fallecidos. Durante ese tiempo, más de una docena de rebeldes fugitivos fueron capturados en el campo y ejecutados. Díaz Tamayo estaba consciente de los sucesos, pero su autobiografía nos ofrece la versión oficial que contrasta con los hechos.[5]

---

[5] La historia de los sucesos del asalto al cuartel Moncada está detallada en Antonio de la Cova, *The Moncada Attack: Birth of the Cuban Revolution* (2007).

El general coincide con su némesis Francisco Tabernilla Dolz al decir que «Batista no permitía a sus subalternos adoptar decisiones militares, siendo él quien ordenaba todos y cada uno de los planes». Tampoco «permitía a los militares inmiscuirse en la política del país. Es más, ni siquiera los dejaba abordar el tema en su presencia». Cuando la guerra contra la guerrilla castrista durante 1956-1958, «en todo momento la estrategia, y hasta muchos aspectos tácticos, fueron dictados desde La Habana» por Batista.

Díaz Tamayo era el jefe del Regimiento No. 1 del cuartel Moncada el 30 de noviembre de 1956 durante el alzamiento rebelde en Santiago de Cuba y el desembarco de Fidel Castro y 81 hombres en la expedición del Granma dos días después. El general mandó acuartelar la tropa para evitar que fueran blanco de francotiradores. Díaz Tamayo se queja que Batista envió esa noche un batallón aerotransportado, con 23 oficiales y 250 alistados, para sofocar la revuelta sin primero consultar con él. El jefe de la tropa, el coronel Pedro Barrera Pérez, fue nombrado por Batista comandante militar de la ciudad de Santiago de Cuba. Batista estimó que Díaz Tamayo no respondió debidamente a la asonada dirigida por Frank País, ni operó adecuadamente contra la cabeza de puente de Castro. Barrera apaciguó a Santiago de Cuba en tres días y regresó a La Habana dos semanas después.

El coronel Barrera señaló que: «El general Tabernilla al tener conocimiento del desembarco de los expedicionarios, en vez de ordenar a Díaz Tamayo que actuara con los hombres de su mando, conocedores de aquellas zonas y pidiera los refuerzos necesarios, optó por nombrar a uno de sus ayudantes, el comandante Juan González, como jefe de Operaciones, con un batallón procedente del Regimiento de Artillería de La Cabaña, para que se trasladara a la región de Niquero y asumiese la responsabilidad de capturar a los invasores».[6] González fortificó a su tropa en el cuartel de Niquero, en vez de perseguir a los rebeldes, por lo que fue sustituido como jefe de operaciones por el coronel Ramón Cruz Vidal, que era segundo jefe del Regimiento No. 1. El 5 de diciembre de 1956, las tropas de Cruz Vidal sorprendieron a los expedicionarios en la finca La Alegría de

---

[6] Pedro A. Barrera Pérez, «Por qué el ejército no derrotó a Castro», *Bohemia Libre*, agosto 13, 1961.

Pío, causándoles 60 bajas entre muertos y prisioneros. El coronel fue relevado y la Guardia Rural fue asignada a la persecución y captura de los dispersos supervivientes.

Díaz Tamayo señala que «el presidente tenía en sus manos el poder absoluto. Ese poder no lo delegaba en nadie». Batista dirigió todas las operaciones militares y ninguna unidad se desplazaba sin su aprobación. Era un notorio incompetente como militar quien «desautorizaba una y otra vez los planes de operaciones que le sugería el Estado Mayor, para imponer sus propias ideas». Batista realizaba los ascensos militares sin acogerse al escalafón, subordinando lo táctico a lo político. El presidente fue benevolente con los oficiales incompetentes y los conspiradores militares y la lenidad de las sanciones alentó a otros a hacer lo mismo.

En enero de 1958, el general retirado Jorge García Tuñón, partícipe del golpe del 10 de marzo, y Ricardo Artigas,[7] asesor de Carlos Prío, se reunieron en el departamento de Estado con William Arthur Wieland,[8] director de la División del Caribe y México, y le

---

[7] Ricardo Anacleto Artigas Rabelo (julio 13, 1912-diciembre 10, 1972) había sido comandante de la Policía Nacional, jefe del Buró de Investigaciones, fundador del Partido Auténtico, concejal de la Provincia de La Habana, director del programa de radio «Hora Programática Auténtica», y activo en la campaña presidencial de Prío en 1948. Como consecuencia, Prío lo designó asistente director de la Lotería Nacional y se hizo millonario. En 1949, la Asociación de Vendedores de la Lotería acusó a Artigas de corrupción y exigieron su reemplazo. Aspiró a senador de la Provincia de La Habana por el Partido Auténtico en las frustradas elecciones de 1952. El 13 de marzo de 1952, recibió asilo político en Miami con su esposa, la farandulera María Soledad «Marisol» Alba Luque, de quien se divorció en 1955. Ella y su segundo esposo, Daniel «El Ñato» Vásquez Coeja, posteriormente fueron identificados como espías de Batista. Artigas falleció en Tampa, Florida.

[8] William Arthur Wieland (noviembre 17, 1907-septiembre 23, 1987) nació en Nueva York y al mudarse la familia a Cuba en 1925 comenzó a llamarse Guillermo Arturo Montenegro, adoptando el apellido de su padrastro venezolano, el ingeniero mecánico Manuel Ralph Montenegro. Wieland regresó a Estados Unidos en 1926 para asistir a la universidad de Villanova y estuvo en el Ejército desde septiembre 13, 1927 a diciembre 21, 1928. Al volver a La Habana residió con sus padres y hermana Dorothy en la Calle Cuba No. 21-A y trabajó para la General Electric Company, la Compañía Cubana de Electricidad y Morro Castle Supply Co. Su madre falleció en 1930 y su padrastro murió al siguiente año, ambos siendo inhumados en el cementerio Colón. A fines de 1932 fue reportero del *Havana Post* hasta 1937, cuando fue despedido por dar a una persona no autorizada acceso a los

entregaron un documento señalando la ideología comunista de Fidel Castro y sugiriendo la sustitución de Batista con una junta militar. Al Wieland preguntar quienes formarían la junta, el ex general dijo que él mismo con los generales Martín Díaz Tamayo, Arístides V. Sosa de Quesada y Eulogio Cantillo Porras, además del coronel Ramón Barquín López. Wieland contestó que reportaría la información a sus superiores.[9] Como resultado, meses después la CIA comenzó a preparar una conspiración para reemplazar a Batista con dicha junta.

El 22 de marzo de 1958, C. Allan Stewart, asistente director de la Oficina de Asuntos de Medio América, recibió una carta del Dr. Carlos Piad, aprobada por Manuel Antonio de Varona, con una propuesta autorizada por Prío, de apoyar un golpe de Estado contra Batista y sustituirlo con una junta cívico-militar. Los miembros de la junta serían los generales Eulogio Cantillo y Martín Díaz Tamayo; los coroneles encarcelados Ramón Barquín y Enrique Borbonet;

---

expedientes de Prensa Asociada. Trabajó para Prensa Asociada desde entonces hasta 1941. Ese año enroló en el 51 Regimiento de la Guardia de Nueva York por seis meses. Su amistad con Benjamín Sumner Welles le ayudó el 4 de junio de 1941 a obtener empleo en el departamento de Estado como asistente especial del embajador norteamericano en Brasil hasta 1946. Nombrado vice-cónsul y luego cónsul en Bogotá 1947-1949, donde conoció de la participación de Fidel Castro en el Bogotazo; cónsul en San Salvador 1949-1951; cónsul en Rio de Janeiro 1951-1952; y cónsul en Quito 1952-1956. El 10 de febrero de 1957 fue designado asistente especial para asuntos públicos en el Departamento de Asuntos Interamericanos. A los tres meses ascendió a director de la Oficina de Asuntos de Medio-América, y viajó a Cuba a fines de 1957. En marzo de 1958, Wieland recomendó el embargo de armas norteamericano que se efectuó al gobierno de Batista. El 7 de septiembre de 1958 ocupó el cargo de director de la Oficina de Asuntos del Caribe y México. Desde dichas posiciones asesoró y recomendó a altos oficiales la política diplomática hacia Cuba, especialmente a Roy R. Rubottom Jr., subsecretario de Estado para Asuntos Interamericanos. Ascendió a oficial de primera clase del Servicio Extranjero a principios de 1959. Su lealtad fue investigada por un comité de seguridad del Congreso en 1961 y 1962. Fue cuestionado sobre tendencias homosexuales en el departamento de Estado, lo cual negó saber. Se determinó que Wieland fue un activo apologista de Fidel Castro quien no informó a sus superiores durante 1957-1958 los reportes de inteligencia que confirmaban la naturaleza comunista del movimiento castrista y su liderato. Falleció en Saint Marys, Maryland.

[9] United States Senate. Committee on the Judiciary. *Communist Threat to the United States Though the Caribbean*, Part 13. March 29, April 26, June 1, and July 27, 1961 (Washington: U.S. Government Printing Office, 1962), 858.

Gustavo Cuervo Rubio, ex vice-presidente de Batista durante 1940-1944; José Miró Cardona, presidente del Colegio de Abogados de La Habana; Dr. Raúl Velazco, director de la Asociación Médica de La Habana; y el ex magistrado Manuel Urrutia Lleó. Wieland, quien acababa de recomendar el embargo de armas a Batista, se opuso al plan de la junta señalando que era «un mecanismo extraño a la tradición cubana», que duraría poco y provocaría reanudar un período de revolución.[10]

A principios de 1958, el coronel Clark Lynn, jefe de la misión americana para el Ejército, ofreció a Díaz Tamayo entrenar en Fort Gulick, Panamá, a por lo menos dos compañías en contrainsurgencia para derrotar a la guerrilla. Batista rechazó la propuesta. El estado de guerra se usó para que el presidente y el Congreso justificaran y prolongaran la censura de prensa y la suspensión de garantías constitucionales mientras que la legislatura aprobaba cuantiosos créditos de guerra extraordinarios por millones de pesos que mayormente fueron a los bolsillos de Batista y los políticos y militares corruptos. Los gastos de defensa y seguridad interior durante los últimos seis meses de 1958 fueron $81 millones, con un poco más de la mitad destinados al Departamento de Guerra.

Díaz Tamayo estima que Batista llevó el país «al auge económico» pero «no dio salida política. Se dedicó, eso sí, a sanear su economía privada». Sus riquezas fueron afectadas tras el divorcio de su primera esposa Elisa, su exilio en Daytona Beach y el mantengo de un séquito de adulones que continuó toda su vida. Díaz Tamayo confirma que la mayoría de las acusaciones que el general Tabernilla le hizo a Batista en una carta pública el 24 de agosto de 1960, son ciertas. Sin embargo, dice que Tabernilla no podía quejarse de no haber tenido autoridad alguna ya que Batista lo situó en el cargo militar más alto para que no le discutiera su mando. Señala que al Tabernilla acusar a Batista de ser un «voraz ladrón», el acusador no era diferente. Era conocido que los Tabernilla llevaban de Miami en aviones de Cuba Aeropostal al aeropuerto militar de Columbia grandes cantidades de enseres eléctricos que no pagaban impuestos en la

---

[10] United States Department of State, *Foreign Relations of the United States, 1958-1960, Volume VI, Cuba* (Washington: United States Government Printing Office, 1991), 68-70.

Aduana. La empresa Casa Minerva de los Tabernilla vendían los refrigeradores que compraban en $320 a precios que no tenían competencia.

Díaz Tamayo especula que, en la elección presidencial de noviembre de 1958, Batista iba a ceder el mando al opositor Carlos Márquez-Sterling y Guiral, pero cambió de opinión a última hora. Opina que quizás Batista esperaba ser jefe del Estado Mayor Conjunto al ganar su candidato Andrés Rivero Agüero. Así continuaría el poder efectivo como hizo durante 1934 a 1940 con otros presidentes. Díaz Tamayo concluye que Batista nunca confió a nadie sus verdaderos propósitos. Estima que, si Márquez-Sterling ganaba, la mayoría del pueblo «hubiera abandonado su actitud de lucha y dejado solo a Castro con su grupito de comunistas. Firmemente creí que este era el plan, las cédulas electorales ya preparadas eran enviadas en sacos para las provincias orientales, con el candidato gubernamental como ganador». La trampa electoral fue tan obvia, que el gobierno norteamericano objetó y ayudó a fomentar una conspiración para remover a Batista del poder.

Díaz Tamayo formó parte de una confabulación para capturar a Batista con la ayuda de miembros del Movimiento 26 de Julio y propiciar un gobierno de transición. Los complotados incluían a su hermano, el primer teniente Clemente Díaz Tamayo,[11] el general Arístides V. Sosa de Quesada[12] y unos treinta jefes y oficiales en el Campamento Columbia. El brigadier Francisco «Silito» Tabernilla Palmero afirmó en sus memorias que «a fines de 1958, el mayor general Martin Díaz Tamayo estaba conspirando con la CIA para deponer a Batista. Esta conspiración fue totalmente comprobada y Batista optó por retirarlo para evitar especulaciones sobre el particular»[13]

---

[11] Clemente Díaz Tamayo (noviembre 23, 1910-noviembre 3, 2005) casado con Georgina Trinck. Llegó exiliado a Miami el 14 de octubre de 1962.

[12] Arístides V. Sosa de Quesada (enero 22, 1908-mayo 31, 2000) nació en Limonar, Matanzas, y se alistó en el Ejército el 19 de septiembre de 1932. Jurista y escritor distinguido. Jefe del Servicio Jurídico Militar. Autor de *Motivaciones Escolares*, el libro de texto de las Escuelas Cívico Rurales. Nombrado general de brigada y asesor general del Ejército en abril de 1952. Ascendió a mayor general y Director de Personal G-1 en 1957. Falleció en Miami.

[13] Gabriel E. Taborda, *Palabras Esperadas: Memorias de Francisco H. Tabernilla Palmero* (Miami: Ediciones Universal, 2009), 152.

Según el comandante rebelde Julio Camacho Aguilera,[14] el sargento José *El Chino* Fernández Wong, de la 17 Estación de Policía, dirigía una célula clandestina del Movimiento 26 de Julio que integraba ocho policías de Marianao. *El Chino* tenía amistad con Naranjito, trabajador de una tintorería, primo de Díaz Tamayo. Por medio de Clemente, empleado en el Estado Mayor, *El Chino* llegó hasta su hermano a principios de octubre 1958 para coordinar el contacto que Díaz Tamayo quería con el Movimiento 26 de Julio. Camacho indicó que el acercamiento se hizo porque «Díaz Tamayo no había tenido participación en crímenes». Esto contradice la falsa acusación de Fidel Castro en *La Historia de Absolverá* donde señala que Díaz Tamayo estuvo en una reunión con Batista, Tabernilla y otros oficiales en La Habana el 26 de julio de 1953, donde se acordó «que había que matar diez prisioneros por cada soldado muerto» después del asalto al cuartel Moncada y que el general inmediatamente llevó las instrucciones a Santiago de Cuba.

Al Díaz Tamayo ser notificado por *El Chino*, acordó reunirse con Camacho esa noche en el ranchón La Carreta en la Autopista del Mediodía a las ocho. Sin embargo, no concurrió y mandó a su ayudante, el capitán Laureano Pino Cruz, acompañado de Clemente, con disculpas de las limitaciones que tenía después que «sus manifestaciones contra el régimen, le habían mermado la confianza y en aquel momento estaba bastante marginado». Díaz Tamayo admite que Batista estaba «harto» de sus tiranteces con el general Tabernilla. Camacho fue a la cita con el doctor Adolfo Rodríguez de la Vega y Mario Hernández.[15] Clemente les planteó que su hermano era partidario de dar un «golpe de Estado y de formar un Gobierno a través de una Junta Cívico Militar». Camacho se opuso al golpe de Estado y sugirió que Díaz Tamayo «podía dirigir una columna del Ejército con sus cuadros de mando que se uniera al Ejército Rebelde en la Sierra Maestra, lo cual causaría un impacto demoledor que desestabilizaría la confianza de Batista en sus propias Fuerzas Armadas». Clemente quedó en pasarle la información a su hermano. Los cons-

---

[14] Georgina Leyva Pagán, *Historia de una gesta libertadora 1952-1958* (2014).

[15] Mario Hernández era hijo del coronel Blas Hernández, asesinado por un oficial de Batista tras rendirse en la fortaleza de Atarés durante la insurrección de noviembre de 1933.

piradores volvieron a reunirse brevemente en el famoso cabaret Tropicana sin la asistencia del general.

Díaz Tamayo posteriormente le envió una solicitud a Camacho para un encuentro en el Círculo Militar. El jefe rebelde fue con el doctor Ricardo de la Flor y los recibieron Clemente y el capitán Pino en ropa deportiva. Caminaban mientras Clemente explicó a Camacho que su hermano decía que estaba vigilado por no compartir el giro que había tomado el régimen y que era muy poco lo que podía hacer. El general comunicó que no era prudente que se reuniera con Camacho y que mejor se mantenían en contacto a través de Clemente. Camacho entonces envió a otro conspirador militar, el capitán José Rodríguez San Pedro,[16] a hablar con Díaz Tamayo «para precisar importantes aspectos relacionados con el tipo de gobierno que se formaría al triunfo de la revolución en Cuba, nunca sería una Junta Militar, sino un gobierno civil». El general reiteró al capitán que su cooperación sería muy poca «porque él estaba virtualmente relegado en su casa por tener discrepancias con el Gobierno, lo que dificultaba sus contactos con otros mandos».

Díaz Tamayo no tuvo la oportunidad de ver a Camacho porque el complot fue desarticulado por el SIM el 26 de noviembre. El gobierno lo apodó la conspiración «de los borrachos» por haberse reunido en el Tropicana. El capitán Pino y otros oficiales fueron arrestados. Los capitanes Félix Gutiérrez Fernández y José Rodríguez San Pedro se asilaron en embajadas latinoamericanas en la capital al descubrirse la conspiración.

El sedicioso coronel Ramón Barquín señala en su obra *Las luchas guerrilleras en Cuba*, Tomo II (1975), que los complotados comandantes José Viamonte Jardines y José E. Menéndez y los capitanes Félix Gutiérrez, Laureano Pino Cruz y José Rodríguez San Pedro le proveyeron los datos de la conspiración. Díaz Tamayo «había estado activo contra el mando del jefe del Estado Mayor Conjunto, General Francisco Tabernilla Dolz, actuando primero asociado a

---

[16] El capitán José Rodríguez San Pedro resultó ileso y su esposa Laura Leguina Martínez fue herida en un atentado perpetrado por miembros del Directorio Revolucionario (DR) en el cabaret Montmartre el 28 de agosto de 1956, siendo asesinado el coronel Antonio Blanco Rico, jefe del SIM, y además heridos el coronel Marcelo Tabernilla Palmero y su esposa Marta Poli.

otros colegas de la asonada cuartelera de 1952, después con dos líderes políticos de oposición y finalmente, asociado a jefes del Movimiento 26 de Julio a través del Comandante de las Milicias Julio Camacho Aguilera».

Díaz Tamayo fue arrestado el sábado, 29 de noviembre, a las 3:30 AM en su residencia y escoltado a las oficinas del SIM, donde fue interrogado por el coronel Irenaldo García Báez. El general negó todas las acusaciones, pero le aseguró a su interrogador: «Esto se está derrumbando poco a poco. Como veo las cosas, pronto se producirán en Cuba acontecimientos terribles» y la destrucción del «sistema político-económico». Fue libertado después de 17 horas por orden de Batista y licenciado del ejército el 3 de diciembre de 1958. En su autobiografía, Díaz Tamayo no menciona su participación o la de su hermano en la conspiración ni el vínculo con la CIA. Solamente dice que después de su retiro lo visitó en su residencia un amigo sacerdote, el joven español Fray Balbino, de los Carmelitas Descalzos, para entregarle «una carta de Fidel Castro, pidiéndome que fuera a reunírmele en la Sierra». El general alega que rechazó la carta porque consideraba comunista al movimiento rebelde. Indica que entre algunos jefes militares «Hubo quien se puso al habla con el enemigo para comprar su seguridad» pero no menciona que él también acudió a lo mismo.

Seis días después de su retiro, el 9 de diciembre, el enviado especial del departamento de Estado norteamericano, William D. Pawley,[17] antiguo colaborador de la CIA y amigo de Díaz Tamayo, le ofreció a Batista que podía retirarse a su residencia en Daytona Beach si abandonaba el poder y que el presidente Dwight Eisenhower apoyaría un gobierno interino compuesto por Díaz Tamayo y los co-

---

[17] William Douglas Pawley (septiembre 7, 1896-enero 7, 1977) nació en Florence, Carolina de Sur, y se crió en la Habana y Santiago de Cuba, donde su padre tenía negocios. En 1928 era presidente de Nacional Cubana de Aviación Curtiss que se vendió a Pan American Airlines cuatro años después. Durante la Segunda Guerra Mundial organizó los Flying Tigers en Asia y al terminar el conflicto en 1945 fue nombrado embajador norteamericano en el Perú. Al siguiente año fue embajador en Brasil hasta 1948. Fue presidente de Autobuses Modernos S.A. en La Habana y del Miami Transit Company. Colaboró con la CIA para derrocar al presidente Jacobo Arbenz de Guatemala en 1954 y posteriormente estuvo activo en la lucha anticastrista. Se suicidó en Miami Beach a causa de una enfermedad crónica.

roneles encarcelados Ramón Barquín y Enrique Borbonet, y dos civiles, Pepín Bosch, dueño de la destilería Bacardí y Raúl Chibás Rivas. Así Fidel Castro tendría que bajar de la Sierra Maestra o admitir que luchaba contra cualquiera para asumir el poder.

Al Batista dilatar su respuesta, el 17 de diciembre lo visitó el embajador estadounidense Earl E. T. Smith y le dijo que su gobierno le había retirado el apoyo, que entregara el poder a un gabinete de Unidad Nacional, anulara las elecciones del 3 de noviembre que no reconocía Washington y que fuera a residir con su familia en España. Esa noche, Batista se reunió con los jefes del Estado Mayor, generales Francisco Tabernilla Dolz y Pedro Rodríguez Ávila y el almirante José Rodríguez Calderón para informarles que el gobierno estadounidense ya no los respaldaba.

El 20 de diciembre, el coronel José A. Estévez Maymir, agregado militar cubano en República Dominicana, le pasó a Batista un recado del generalísimo Rafael Trujillo ofreciendo mandar 2,000 soldados dominicanos para combatir a los rebeldes en Las Villas y otros 2,000 a la Sierra Maestra para derrotar a Fidel Castro. Batista rechazó la propuesta. Ocho días después, el General Tabernilla Dolz, acompañado de su hijo el Brigadier Jefe de la Aviación Carlos «Winsy» Tabernilla Palmero, y de su concuñado, Brigadier Alberto del Río Chaviano, Jefe de Las Villas, le plantearon al Embajador Smith un golpe de Estado contra Batista, pero fueron rechazados. Del Río, quien había estado conspirando con el coronel Florentino Rosell Leyva, inmediatamente huyó a República Dominicana. Batista, acompañado de los Tabernilla y un gran séquito, abandonaron el país en dos aviones en la madrugada del 1 de enero de 1959.

Fuerzas rebeldes pronto comenzaron a detener y fusilar sin previo juicio a cientos de batistianos. Alrededor del 6 de enero de 1959, Díaz Tamayo, vistiendo un saco deportivo a cuadros, fue internado en la Galera 14 de la fortaleza de La Cabaña. Se sentó en una columbina al lado del ex ministro de Información Ernesto de la Fe Pérez, quien le dijo que se pusiera cómodo. De la Fe relata en sus memorias[18] como el general le respondió con una modesta sonrisa: «No, dentro de un rato yo me voy, porque he tenido la suerte al entrar, de tropezar con una hermana de Fidel y su mamá, y ellas se han

---

[18] Ernesto de la Fe, *Prohibido Pensar* (Miami: Editorial SIBI, 1991), 127-28.

indignado de ver que yo estoy preso... Cuando yo era Jefe del Regimiento de Santiago de Cuba, las atendí con toda consideración». De la Fe afirma que al poco rato fueron a buscar al general y lo dejaron en libertad. Díaz Tamayo no menciona estos hechos en sus memorias ni dice que estuvo encarcelado. Señala que no estando en su casa en aquellos días, se aparecieron allí unos barbudos del Segundo Frente Nacional del Escambray. quienes de parte del comandante Dr. Armando M. Fleites Díaz a punta de pistola se llevaron su nuevo Oldsmobile de 1959. Su esposa Rosaura Menéndez y una amiga, con llaves de repuesto, recuperaron el vehículo al localizarlo frente al hotel Capri, la sede del Segundo Frente. Esto provocó que una docena de rebeldes regresaran a su hogar armados para volver a expropiar el vehículo.

Díaz Tamayo fue puesto en libertad al ser excluido de la Causa Nº 4 de 1959 contra todos los que participaron en el golpe de Estado de Batista.[19] Tampoco fue encausado por la falsa acusación de Fidel Castro en *La Historia Me Absolverá* que después del asalto al cuartel Moncada llevó un mensaje de Batista al jefe del regimiento ordenando que por cada soldado muerto había que ejecutar a diez rebeldes prisioneros. El teniente José Castaño Quevedo, jefe de Operaciones del BRAC, fue ejecutado en su celda de La Cabaña por órdenes de Ernesto «Che» Guevara el 6 de marzo de 1959, por ser «un agente de la CIA», según le dijo al periodista Andrew St. George. Sin embargo, a Díaz Tamayo, el fundador y director del BRAC entrenado con Castaño por la CIA, y conspirador con la CIA para derrocar a Batista, lo soltaron de La Cabaña dos meses antes.

La primera revista *Bohemia* publicada tras la huida de Batista, el 11 de enero de 1959, contiene el artículo «10 de Marzo: Inicio de la Tragedia», con una foto de Díaz Tamayo con los generales Francisco Tabernilla Dolz, Eulogio Cantillo y Luis Robaina, el consuegro de Batista. El artículo los señala como cuatro de los jefes del golpe de Estado y menciona que Díaz Tamayo fue «retirado poco antes del primero de enero por "motivos de salud"». El 8 de marzo

---

[19] El 1 de junio de 1959, 33 ex oficiales de las fuerzas armadas, incluyendo los ex brigadieres Julio Sánchez Gómez y Hernando Hernández Hernández fueron condenados de 5 a 25 años de presidio por su complicidad en el golpe de Estado de 1952.

de 1959, apareció en *Bohemia* el artículo «10 de marzo de 1952: una fecha negra en la historia», con un «Cuadro de Traidores» que contiene una lista de los partícipes en el cuartelazo, pero omite a Díaz Tamayo. Sin embargo, vuelven a reproducir su foto con los jefes del golpe de Estado. Es intrigante como la propaganda castrista no mencionó a Díaz Tamayo y lo excluyeron de la sección «Galería de Asesinos», a pesar de la acusación de Castro que fue instrumento de la matanza de los moncadistas detenidos.

En los primeros días de febrero, Díaz Tamayo obtuvo asilo en la Embajada de Ecuador antes de salir al exilio el 16 de marzo de 1959, poco después de las ocho de la mañana. Partió en un avión de la Braniff hacia Guayaquil, Ecuador, con los asilados Evelio Pentón, ex Ministro de Educación y su hija María, Evaristo Marina y Manuel Ampudia, ex Director General de Salubridad.[20] Sus memorias concluyen con su arribo a Miami el 8 de junio de 1959. Su esposa, hijos y suegra llegaron al exilio en el ferry de La Habana a Cayo Hueso a los diez días.

El 27 de julio de 1959, su suegra Aurora Hernández de Tejada desde Miami envió una carta a Faustino Pérez Hernández, Ministro de Recuperación de Bienes Malversados, protestando que, a principios de enero de 1959, le intervinieron su caja de seguridad en el Trust Company de Cuba con las prendas que fueron obsequio de su esposo y el mobiliario de su casa, y pedía su devolución. Afirma que el Oldsmobile 1959 y $54,200 en una caja del Banco Agrícola e Industrial que le intervinieron al general, no eran malversados sino «de acuerdo con su vida y los altos sueldos que él percibía». La misiva concluye afirmándole al ministro: «Aparte de todo esto Ud. conoce muy bien a mi yerno, pues creo que ha tenido contacto directo o indirecto en alguna ocasión anterior y sabe muy bien la clase de persona que es él». Esta admisión deja sin duda el previo contacto del general con dirigentes del Movimiento 26 de Julio. Aurora regresó a Cuba brevemente dos años después y solo pudo recuperar parte de sus joyas.

El 25 de septiembre de 1959, el agente de la CIA en Miami, Patrick I. Karnley, le mandó un reporte a su jefe de la División del

---

[20] «Ayer salieron otros veintitrés cubanos al exilio político», *Diario de la Marina*, marzo 17, 1959, 9-B.

Hemisferio Occidental, el coronel Joseph Caldwell King,[21] indicando que le había dicho a Pawley que su agencia tenía interés en Díaz Tamayo y que King le pedía que ayudara al general a conseguir empleo. Pawley dijo que conocía a Díaz Tamayo, que ya había hablado con King sobre él, y que pronto lo iba a ayudar en lo que pudiera. La CIA comenzaba a organizar Operación 40 para derrocar al régimen comunista de Fidel Castro. Díaz Tamayo fue al Pentágono buscando apoyo.[22]

Pawley se reunió en con el ex general José Eleuterio Pedraza, del 3 al 5 de diciembre de 1959, y le enseñó una lista con el nombre de Díaz Tamayo y otros seis[23] para saber si podía trabajar con ellos. Pedraza respondió favorablemente. Cuatro días después, Pawley se reunió en su oficina en Miami con Díaz Tamayo y ocho representantes de grupos opositores.[24] Díaz Tamayo dijo que comenzaría a trabajar inmediatamente con Pedraza para organizar unos 750 militares exiliados en Estados Unidos. La organización creada fue la Junta Cubana Anticomunista, presidida por el general Manuel Benítez Valdés. Díaz Tamayo tenía asignado el número clave C3-2 en la Junta y pertenecía a la sección militar, encabezada por Pedraza, con el teniente coronel Francisco Ángel Sánchez Mosquera y el vice almirante José Rodríguez Hernández. El general fue asignado a organizar el ejército de ocupación llamado Guardia Nacional y confeccionó un organigrama para siete regimientos. Debido a pugnas internas en la agrupación, Díaz Tamayo presentó su renuncia escrita a Benítez el 23 de febrero de 1960. Al separarse firmó un recibo por $2,400 que le entregó Pawley.

---

[21] Joseph Caldwell King (octubre 5, 1900-enero 27, 1977) fue jefe de la División del Hemisferio Occidental de la CIA en los 1950s y 1960s. Su seudónimo para operaciones era Oliver G. Galbond.

[22] United States Department of State, *Foreign Relations of the United States, 1958-1960, Volume VI, Cuba*, 675.

[23] Los otros nombres en la lista eran el Dr. Jorge Mañach, coronel Ramón Barquín, coronel Enrique Borbonet, José M. Bosch, Antonio de Varona y Melchor Gastón.

[24] Raúl Menocal, Jorge García Montes, Alberto Sosa, Manuel Blanco Cañizares, José Regalado Santana, Francisco Rodríguez Couzeiro, Fabio Freyre y el coronel José Raúl Corzo Izaguirre.

El 10 de marzo de 1960, Díaz Tamayo telefoneó a Bernard E. Reichhardt[25] en Washington para informarle noticias confidenciales que entre el 17 de abril y el 1 de mayo de 1960, llegarían a Cuba de Europa tres embarcaciones repletas de armas que el gobierno cubano había comprado tres meses antes. El general previamente había reportado a Justin F. Gleichauf, agente de la CIA que monitoreaba a Cuba desde Miami, pero Reichhardt acordó que de ese momento en adelante Díaz Tamayo mantuviera contacto solamente con él.

El 15 de enero de 1961, el ex vicepresidente Guillermo Alonso Pujol invitó a Díaz Tamayo a un almuerzo para discutir cómo lograr la unidad de los grupos exiliados. Ambos estuvieron de acuerdo que Manuel Antonio de Varona era discordante y opuestos a Manuel Ray Rivero y su Movimiento Revolucionario del Pueblo (MRP), a quien el general consideró fidelismo sin Fidel. Según E. Howard Hunt, agente de la CIA que participó en el derrocamiento del presidente Jacobo Arbenz en Guatemala y ayudó a organizar la invasión de Bahía de Cochinos por la Brigada 2506, el nuevo presidente John F. Kennedy y su administración liberal impusieron a Ray en el liderato de la coalición de exiliados y omitieron a los batistianos.

Después del fracaso de la invasión, Díaz Tamayo viajó a Managua, Nicaragua, donde la CIA había establecido una base para operaciones contra Cuba, y regresó a Miami el 8 de noviembre de 1961. El general era coordinador militar de la organización Fuerzas Armadas de Cuba en el Exilio (FACE).[26] En abril de 1962, Díaz Tamayo y el ex general Jorge García Tuñón participaron en una reu-

---

[25] Bernard E. Reichhardt (febrero 22, 1914-noviembre 3, 2005) nació en Washington, DC, y fue paracaidista del ejército norteamericano durante la Segunda Guerra Mundial. En octubre de 1963 era jefe interino para la sección de Operaciones del Hemisferio Occidental de la CIA y en 1969 era jefe de la estación de la CIA en Asunción, Paraguay. Se retiró después de 25 años con la CIA.

[26] Los dirigentes de FACE incluían al coordinador Dr. Rubén de León García, ex ministro de Defensa del gobierno de Carlos Prío; el coordinador militar Martín Díaz Tamayo; el comandante Jorge Gutiérrez, delegado en Washington, D. C.; el sargento José R. Pérez, representante en Tampa; el general Jorge García Tuñón; los coroneles Daniel G. Martínez Mora; y José D. Ferrer Guerra; los comandantes Juan M. Batista Tamayo, José M. Castillo y Tulio Figarola Infante; capitán de navío Nicolás Cartaya Gómez; coronel Joaquín Varela Canosa de la Marina de Guerra; y el capitán Luis Morales Patino.

nión donde se discutió la formación de un gobierno en el exilio encabezado por el ex magistrado del Tribunal Supremo Dr. Julio Garcerán de Vall y Souza. Tres meses después, Díaz Tamayo declaró que el gobierno norteamericano encomendaría a FACE el mantenimiento del orden público al ser liberada Cuba. Los planes se descarrilaron a fines de 1962 cuando el presidente Kennedy concluyó la Crisis de los Misiles con un entendimiento secreto con la Unión Soviética. A cambio de que los rusos retiraran 42 cohetes nucleares de la isla, Kennedy acordó remover 104 cohetes nucleares de Inglaterra, Italia y Turquía; nunca volver a invadir a Cuba; prohibir ataques de los cubanos exiliados desde Estados Unidos; y permitió la permanencia indefinida de una brigada soviética de combate en Cuba, en violación de la Doctrina Monroe.

Díaz Tamayo obtuvo empleo como vendedor de autos y residió en Hialeah con su familia. El general se naturalizó ciudadano norteamericano el 1 de agosto de 1978 y al siguiente mes viajó a Madrid por una semana. En 1979, fue designado representante del concejal Andy Mejides en la Junta de Relaciones Comunitarias de la Ciudad de Hialeah. Estuvo activo como dirigente de la agrupación de las Fuerzas Armadas Profesionales de Cuba en el Exilio.

A principios de los 1980s, empezó a redactar sus memorias en forma cronológica poco antes de enfermar de esclerosis lateral amiotrofia, a veces llamada enfermedad de Lou Gehrig, lo cual aplazó el proyecto. Esta enfermedad neurológica progresiva ataca las células nerviosas que controlan los músculos voluntarios y es invariablemente fatal. En 1990, estando Díaz Tamayo permanentemente confinado a su lecho, comenzó a dictar sus memorias al ex comandante Claudio Medel Fuentes, quien aparece en el manuscrito mecanografiado como co-autor. Medel transcribió 134 páginas de 8½ x 11 pulgadas, a un renglón. Algunas hojas están escritas al frente y al dorso, otras sobre una sola cara. Trece hojas tienen el machón de Sheehan Buick en Miami y siete de Vic Potamkin Chevrolet en Miami Beach, donde Díaz Tamayo estuvo empleado en ambas empresas como vendedor. Catorce páginas tienen el logo de la compañía Military & Commercial Aircrafts, Engines & Accesories, Inc. Cincuenta y tres páginas fueron escritas al dorso de planillas de la llamada Guardia Nacional de Cuba, que iba a servir como Ejército de Ocupación. El proceso del dictado causó frecuentes digresiones, añadidas por Medel, especialmente sobre sus conocimientos de las guerras napoleónicas del siglo XIX. Con la aprobación de su hija Roraima Díaz Menéndez de Kanar, excluí estas referencias del libro.

Aunque el título del manuscrito inicialmente incluía «Mi Familia» y luego se tachó, mención de sus dos matrimonios y sus dos hijos quedaron excluidos. Dos hojas del manuscrito, enumeradas en ambos lados del 67 a 70, han desaparecido. La secuencia de los años concuerda con la época del divorcio de su primera esposa y su segundo matrimonio el 17 de julio de 1942 con Rosaura Menéndez Hernández de Tejada. Rosaura es mencionada una sola vez señalando que lo ayudó a esconder documentos durante la conspiración del golpe de Estado.

El mayor general tuvo cinco hermanos: Luis, Salvador, Ramón, Julio y Clemente y tres hermanas, Elena, Isabel y Marcela. Las memorias solo mencionan brevemente a Salvador, quien permaneció en Cuba, y a su hermano mayor Luis, quien le enseñó a leer y escribir. No dice que Clemente fue capitán de la Policía Nacional al mando de la Decimoséptima y de la Octava Estación en La Habana antes del golpe de Estado y que luego conspiraron juntos contra Batista. Tampoco menciona que su hijo Martín Díaz Menéndez nació en 1943 y de su hija Roraima solo dice que antes de nacer en 1953, Martha Batista le organizó un *baby shower* a Rosaura.

Además del manuscrito mecanografiado por Medel, hay veinticuatro páginas de su puño y letra que fue el comienzo de esta obra que tituló «Mis recuerdos Mi familia Vida Militar». Existen otros cinco segmentos de menos de una docena de páginas cada uno, escritas a mano por el general, que relatan los eventos más importantes de la autobiografía y fueron excluidos por Medel. He incorporado todo este texto que no sea repetitivo al libro en letras *itálicas*. Le he añadido las notas al pie de las páginas para identificar algunos personajes que menciona, además de precisar algunas fechas exactas y datos que no recuerda. El manuscrito contiene algunos lapsos de fechas, errores y omisiones, algunas intencionales y otras debido a falla de memoria después de muchas décadas. Por ejemplo, señala que su profesor de matemáticas, el teniente coronel Ángel Custodio Bisset Coll fue fusilado por los castristas, lo cual es erróneo. El gobierno revolucionario le dio un retiro anual de $3,000. Indica que Medel y su familia salieron de Cuba a principios de 1959 con la ayuda del mayor general Ralph Truman, hermano del presidente Harry Truman. Esto tampoco es cierto, ya que Medel inmediatamente se incorporó al Ejército Rebelde con el grado de capitán. Fue detenido en agosto de 1959 por participar en la conspiración de Trinidad y sentenciado a presidio. Parece que Medel realizó las omisiones y cambios en el manuscrito mecanografiado.

Conocí a Roraima Díaz de Kanar a través de FaceBook en el 2012. Me indicó que poseía las memorias de su padre, lo cual despertó mi interés en rescatar esta historia desconocida de Cuba. Durante un viaje a Miami con mi esposa Carlina, fuimos recibidos por Roraima y su familia. Pude examinar el manuscrito, fotos y documentos del general mientras su hija me aseguró que el deseo de su padre fue que se publicara el libro. Después de varios años y mi persistencia en obtener copia del manuscrito, Roraima me entregó el original para que se publicara. Le envié copia a Werner Korte en San José, Costa Rica, quien lo transcribió en forma digital. Las fotos, documentos y manuscrito que recibí prestados los incorporé a una página dedicada a Díaz Tamayo que aparece en el Internet en http://www.latinamericanstudies.org/diaz-tamayo.htm. El resultado ha quedado plasmado en esta obra, que es la última adición a la historia militar de la Cuba republicana.

Antonio Rafael de la Cova
West Columbia, SC, 2017

PREFACIO

Mis recuerdos ~~Mi Familia~~ Vida Militar

Me decidí a escribir este libro con la eficaz cooperación de mi amigo comandante C. M.[27] por aquello que alguien dijo, que todo hombre debe tener un hijo, sembrar un árbol y escribir un libro.

Yo me conozco lo suficiente para comprender, que casi todos los lectores de esta obra, que me conocen, saben que yo no soy escritor, ni universitario, ni tampoco aun irresponsable que desea decir lo que sabe solo por decirlo. Aquí existen tres cosas: grandes rasgos de vida, verdades históricas y rectificación de atrás.

Yo no soy un hombre polémico, ni tampoco quiero inventar argumentos fabricados por mi mente. Quiero eso sí, decir cosas inéditas, rectificar otras dichas por hombres que tuvieron mucha responsabilidad y otros que vaciaron sus pensamientos convertidos en hiel, no solo sobre mí, sino también sobre otros que no estábamos de acuerdo con las cosas mal hechas. Esto de las cosas mal hechas no es nada nuevo, ya es historia. Los únicos que no lo saben son aquellos que ponen primero los favores recibidos y después las cosas de la patria.

Creo ser un hombre polémico si polemizar es ir contra todo y contra todos los que se opongan al bien de la patria, de las Fuerzas Armadas y, sin apartarnos de lo que convenga a nuestro pueblo democráticamente. Grandes angustias sufrí en mi carrera militar por no estar de acuerdo en cómo procedían algunos jefes nuestros en el ejército. Creo que mi conducta militar y como ciudadano mismo, acredita esa posición de intransigente en lo que fuera contra la lógica, la honradez y la justicia, en sentido general.

---

[27] Claudio Manuel Medel Fuentes (diciembre 18, 1920-septiembre 10, 2003).

Mis polémicas sin publicidad, pero ciertas, me trajeron muchas inconveniencias de los cuales casi nadie se enteró. Es verdad que soy polémico, pero sin publicidad. No soy amante de la notoriedad en lo malo ni en lo bueno. Quizá por eso se cometieron ciertas injusticias conmigo que he querido hacer públicas, pues los culpables ya algunos están muertos y otros están gozando del producto de aquellas injusticias. Estoy seguro, que cuando lean este libro las recordarán.

Mayor General Martín Díaz Tamayo

CAPÍTULO I

SOLDADO DE LA REPÚBLICA

Cuba es una isla larga y estrecha, en forma de arco tendido hacia el Norte. Su longitud es de unos 1700 kilómetros de largo. Su ápice es la Bahía de La Habana. A partir de este punto desciende hacia el sureste, a todo lo largo de cinco de sus provincias. La rama occidental, más corta, cae al suroeste y va a morir en el Cabo de San Antonio: esta es mi patria chica. Es la provincia de Pinar del Río.

Un lomo montañoso, la Cordillera de los Órganos, llamada también de Guaniguanico, recorre esta región casi de un extremo al otro. Queda así compartimentada en dos vertientes, una Norte y otra Sur, pero son vertientes muy desiguales. Muy encimadas las montañas a la Costa Norte, el terreno aquí es angosto y quebrado. La llanura meridional, por el contrario, es llana, ancha y muy fértil.

Los productos principales de la Provincia son el azúcar, sobre todo en la Vertiente Norte, debido a que la amplitud de sus bahías hace fácil su embarque. Las montañas dan muy buenas maderas, aunque la explotación ha sido inmisericorde, y ya quedan pocas. El tabaco pinareño se considera el mejor del mundo, y también el ganado bovino y caballar abunda en la cuenca sur. Naturalmente, los frutos menores se ven por todas partes, así como algunos cítricos y la piña. Sobre esta piña debo adelantar algo: es magnífica y en los últimos años se establecieron plantas para enlatarla, pero su recogida es difícil y hasta dolorosa. Mi trabajo como recogedor de piña resultó, a la postre, un factor importante en mi determinación, a los 16 años, de emigrar a La Habana e ingresar en el Ejército.

Cuando yo nací, el 11 de noviembre de 1904,[28] mi provincia se hallaba en plena recuperación. La República, bajo los mejores auspi-

---

[28] Díaz Tamayo luego admite que al entrar en el ejército en 1926 tenía 17 años de edad y que falsificó el año de nacimiento de 1908 a 1904 para poder alistarse sin permiso de su madre y que entonces quedó como la fecha oficial.

cios, se había inaugurado en 1902, pero ya las pugnas políticas habían provocado una segunda intervención norteamericana, y gobernaba la Isla Mr. Charles E. Magoon.²⁹

Vine al mundo en el barrio de La Leña, en Consolación del Sur. Se llamaba mi padre Nicolás Díaz y mi madre doña Paulina Tamayo, «pichones», respectivamente, de asturianos e isleños.

Toda mi familia estaba compuesta por gente de campo. Humildes, pobres, trabajadores. Nunca habíamos conocido otra cosa. Allí, en esa región de Pinar del Río, continúan casi todos los parientes que aún tengo, menos un tío que emigró hacia la parte oriental de la República y nunca volvimos a saber de él.

Papá se dedicaba a la cría de ganado en un potrerito que había arrendado. Mamá se dedicaba a la casa y al cuidado de la prole, que era numerosa. Llegamos a ser nueve hermanos, tres hembras y seis varones. Sin embargo, yo no conocí a mi padre. No llevaba yo un año de nacido cuando murió, estando mamá embarazada del noveno hijo.

Las circunstancias del fallecimiento de mi padre no me son familiares. Ocurrió en 1909, *en el Barrio La Leña, Consolación del Sur*, y siempre se me dijo que fue en un accidente. Por otra parte, mamá siempre se mostró reticente a hablar del asunto. Sin embargo, siempre he sospechado que fue por alguna diferencia habida por cuestión de intereses.

Por algún tiempo nuestro estatus no cambió. Un tío que vivía cerca de nosotros atendió el negocio que dejó mi padre, pero bien fuera porque no tuvo suerte o por mala administración, el dinero se fue evaporando, y a la larga nos vimos reducidos a la mayor miseria. No quedó otro remedio a mamá que «colocarse», como se decía en Cuba. Trabajó como cocinera en casa de gentes más afortunadas.

---

[29] Charles E. Magoon (diciembre 5, 1861-enero 14, 1920) era abogado del Departamento de Guerra en Washington en 1899. Nombrado gobernador de la Zona del Canal de Panamá en 1905. Fue designado gobernador de Cuba el 13 de octubre de 1906 durante la intervención militar debido a la renuncia del presidente Tomás Estrada Palma. Bajo su mandato se construyeron 200 kilómetros de carretera y la Guardia Rural se convirtió en Ejército regular. Los cubanos nacionalistas lo acusaron de corrupción gubernamental pero el presidente William Taft lo felicitó oficialmente al concluir su mandato el 29 de enero de 1909. Magoon se retiró en Washington, donde luego falleció.

Mantuvo su casita y retuvo cerca de ella tantos hijos como pudo, pero a los demás, tal como era corriente en aquella época, los repartió entre diversas familias.

Esto último recuerda un poco a la Edad Media. La costumbre, que nos venía desde la colonia, no deja de ser una reminiscencia de ella. El niño era entregado al maestro de algún oficio para que lo aprendiera. El aprendiz recibía casa, comida y conocimientos, y a cambio, prestaba todo tipo de servicios en casa de sus amos. Y siendo yo hijo de campesinos y destinado a serlo, ¿qué otro oficio era el que debía dominar?

La familia a que se me confió era también de apellido Díaz. No me trataban mal, y reconozco que la dueña de la casa, la señora Clara Sánchez de Díaz, hizo cuanto en sus manos estuvo por hacer de mí un buen cristiano. Noche tras noche, antes de ir a la cama, me hacía parar frente a ella y recitar mis oraciones. No puedo decir lo mismo de los hijos del amo. Con frecuencia me maltrataban, aunque, para decir la verdad, yo también era bastante maldito.

La rutina se cumplía día a día: la jornada comenzaba de madrugada y, después de un magro desayuno, trabajar en el campo hasta caer la noche y, por fin, volver extenuados, para comer, dormir y reunir fuerzas para el día siguiente.

Desde muy temprano aprendí a chapear, a enyugar bueyes, a arar, a conducir una carreta, a sembrar, a aporcar, y algo que me valió sobremanera en el Ejército: a montar a caballo. Esta situación se prolongó, si la memoria no me es infiel, desde 1914, año en que comenzó la Primera Guerra Mundial, hasta 1919. Mamá iba a verme cada vez que podía, es decir, cuando su trabajo se lo permitía. Empleaba entonces su día libre en visitar a sus hijos, uno por uno. Esto ocurría cada dos o tres meses. Recorría entonces grandes distancias a pie, que ningún otro vehículo tenía a su disposición, y estaba un rato con cada uno de nosotros.

Otros recuerdos me vienen a la mente, de esta etapa de mi vida. Uno de ellos es que el señor Andrés Díaz (teníamos el mismo apellido, aunque ningún parentesco) y su familia, a diferencia de la mayor parte de nuestros campesinos, eran extremadamente limpios. Tenían agua corriente y el baño era frecuente. Diré también que éramos trece personas en la casa. Yo era el único niño, de modo que, coscorrón que se perdía, ya podrán ustedes imaginarse quién lo cogía. Algo que siempre les he tenido en cuenta, sin embargo, es que nunca se preocuparon de mandarme a la escuela. Esta era una actitud muy generalizada en el campo de Cuba.

Nuestros campesinos de principios de siglo eran, por lo general, ignorantes. Enviar sus hijos a la escuela significaba, simplemente, privarse de dos manos que ayudasen en el campo. Mantener una boca que no produjera nada iba más allá de sus entendederas. Creo que en todos aquellos años asistí un total de 29 días al colegio. Mis primeras letras las aprendí más adelante, cuando regresé al lado de mi madre, supongo que preguntando aquí y allá.

Para 1919, año en que regresé a casa, nuestra situación había mejorado un tanto. Un factor fue que, siendo ya todos hombres y mujeres (yo solo tenía once años, pero era muy espigado para mi edad. Además, casi todos los muchachos del campo trabajan como hombres, y yo no era la excepción) pudimos cerrar filas alrededor de nuestra madre; esto le permitió emanciparse de la servidumbre y consagrarse de nuevo al hogar. El otro factor lo constituyó don Alfredo Mason. Este señor era casado con una hermana de mi padre. Él, su esposa e hijos constituían una gran familia. También eran gente de campo y de trabajo, como los Díaz, y con idéntica situación desahogada. Tenían una finca llamada *San Jorge*, en la zona de Bacunagua, donde cultivaban tabaco, caña, papas, plátanos y otros frutos menores.

El señor Mason nos facilitó una casa recién construida. Me acuerdo bien de ella: piso de tierra muy apisonada, paredes de madera y techo de guano. Se nos facilitó la casa y la facilidad para realizar nuestros propios cultivos a cambio de nuestro trabajo. Y el trabajo era tan agotador allí como en todas partes. En temporada de cultivo del tabaco nos levantábamos a la una de la madrugada, y el trabajo se continuaba sin interrupción hasta por la noche. No menos de quince o dieciséis horas diarias. Pero el viejo Mason era el primero. A fuerza de mantenerse encorvado durante tantos años para chapear a lo largo de los surcos, su espalda había adquirido una joroba permanente. Es decir, caminaba con una inclinación de casi 90 grados de la cintura para arriba.

Terminada la temporada del tabaco, venía el tiempo muerto de éste, como después de la zafra azucarera venía el tiempo muerto de la caña. A partir de 1921, mi hermano Salvador y yo comenzamos a ir a una finca llamada *El Pañolón*, perteneciente a un español llamado Severo Jorge. *El Pañolón* se hallaba cerca de Santa Cruz de los Pinos, también en la Vertiente Sur de Pinar del Río. Aquí, y en cuantas partes se me presentó, Salvador y yo trabajamos en el corte de caña, en diversas clases de siembras, en la recogida de piña en la plantación de un señor de apellido Belén, y de nuevo en el trabajo. Y así, año tras año. Durante un tiempo logré colocarme en el Central Andorra, cerca de Artemisa. Allí hice de pintor, y hasta obtuve una promoción laborando, primero en la centrífuga y luego como ayudante en los tachos.

Cuando tenía unos 16 años, mi hermano Salvador (hoy en Cuba) y yo arrendamos una finca para sembrar tabaco. Este era de tabaco especial solo para capa o de tapado. Trabajamos como dos extraviados ese año. Había que trabajar de 1:00 AM hasta el oscurecer, con excepción de los Domingos. Todo esto durante un año: desde la preparación de las tierras hasta la venta de la cosecha. Valor de la venta $5,000.00. Resultado de todo esto, para no hacerlo cansado; las ganancias de mi buen hermano y yo fueron $1.40 en dinero cubano para los dos. Los dueños eran dos o tres españoles muy ricos y muy caballerosos, que se lo tragaron todo.

Cuando esto sucedía en Cuba, en la mayoría de los casos, al pobre campesino, no había comunismo. El comunismo vino después, cuando todo ese atropello al pobre trabajador ya había cambiado mucho; cuando el trabajador ganaba muchísimo más; había derecho de huelga; el trabajador tenía derecho a enfrentarse al patrono y el patrono podía defender su industria y su dinero; había sindicatos para la defensa del obrero y asociaciones de patronos para evitar los abusos de cualquiera de las partes. Ya Cuba tenía leyes extraordinarias a favor del trabajo y del capital (ambos hacen la vida de una nación).

Los sueldos en aquella época eran irrisorios, aunque también es verdad que las cosas costaban poco. Mi salario en todo ese tiempo fluctuó, de veinte centavos diarios en el corte de caña, hasta un peso cuando trabajé en el Central Andorra.[30] Con todo esto debía sufragar mis gastos y ayudar a nuestra madre. Algo que alivió mucho mi si-

---

[30] El Central Andorra, a cuatro kilómetros de Artemisa, se fundó en 1917.

tuación cuando anduve por los alrededores de Artemisa fue que nos alojábamos en casa de una prima llamada Anita.

Con los años, el guajiro cubano fue recibiendo más protección, pero a comienzos de la República, y prácticamente hasta 1933, carecía de toda defensa. Por ejemplo, la mayor parte de los ingenios azucareros no pagaba con dinero, sino con vales y fichas válidos solamente para los establecimientos de dicho ingenio, que vendían con el consiguiente sobreprecio. Para 1912, es decir, en época del presidente José Miguel Gómez, esta práctica fue abolida por la llamada «Ley Arteaga» aunque, repetimos, hasta 1933, no desapareció del todo. Tampoco existían leyes sociales que lo protegieran, ni retiro, ni salarios mínimos, ni compensaciones por accidentes de trabajo, ni hospitales. Solamente el médico de campo, aquel viejo médico que viajaba a caballo kilómetros y kilómetros para atender a un enfermo, y a quien muy pocos podían pagar, era casi nuestra única esperanza. También, aquellos guajiros que no eran dueños de sus tierras (la inmensa mayoría) podían ser desalojados del sitio en que vivían, bien porque no pudieran pagar el arriendo, o por necesitarse su lote para otro tipo de cultivo. Simplemente, llegaba el juzgado, y los ponían a él y a la familia con sus pobres bártulos en medio del Camino Real.

No me faltaron durante ese tiempo las diversiones, bastante inocentes, por cierto. Durante mi estancia en nuestra casa de San José, mis primos, los hijos de mi tío Flores Díaz, dos de mis hermanos y yo formamos una especie de orquesta. Constaba de un acordeón, un tres, una guitarra, un bongó, un güiro y claves. Yo tocaba la guitarra. Ya podrán ustedes imaginarse cómo sonaría todo aquello. Pero se nos invitaba a guateques y teníamos nuestro público. Tampoco diré que conocí el hambre. En el campo, si se trabaja, no falta lo más esencial en la mesa. Esta época en San José fue cuando, por mi cuenta, aprendí por fin, con la ayuda de mi hermano mayor, Luis, a leer y a escribir.

Mi pobre hermano siguió arañando la tierra para vivir. Yo muy poco después fui acercándome a La Habana y esperando tener más edad para ingresar en el Ejército en busca de otras cosas, sin sentir odio contra nadie. Siempre sentí deseos de ser militar, sin saber por qué.

Pero en 1926, encontrándome en la recogida de piña en la Finca *El Pañolón*, tomé una decisión aún más trascendental. Un día, no sé precisamente por qué fue ese día, me detuve en medio del trabajo. Miré mis manos inflamadas llenas de cortaduras y llagas infectadas, causadas por las espinas, y pensé que, si continuaba como hasta el momento, no habría futuro para mí. Un peón, un pobre guajiro, y nada más. Tenía una guataca en la mano, y con ella di un guatacazo a una palma. El mango se partió y me quedé con parte de él en la mano. Lo arrojé también y exclamé: —¡Se acabó el campo para mí! Me voy para La Habana. ¡Ingresaré en el Ejército!

No debe pensarse que mi decisión de ingresar en el Ejército fue una especie de revelación divina ni mucho menos. Era esa una idea que me rondaba desde hacía algún tiempo. Las generaciones de cubanos anteriores a la llegada del comunismo a Cuba recordarán las famosas parejas de la Guardia Rural, que patrullaban los campos de nuestra patria. No había trabajador que no levantara la cabeza del surco, o guajirita que no se asomara a la puerta de su bohío para verlas pasar. Uniforme caqui amarillo, sombrero de ala ancha rígida, sable y fusil en el arzón de la silla. Nos parecían, como canta Víctor Hugo, «hombres gigantescos sobre caballos colosales». Los veíamos como algo majestuoso, inaccesible, lejano como las estrellas. La Guardia Rural nos llenaba de admiración, no exenta de temor.

Había un coterráneo nuestro, *un amigo de la infancia*, que pertenecía también al Ejército. Se llamaba Clemente Pérez, y según me enteré después, pertenecía al Batallón 2 de Infantería, con sede en [el campamento] Columbia. Clemente era alegre, decidor, enamoradizo. Cuando venía en uso de licencia, se unía a nosotros en los guateques y, al igual que nosotros, cantaba décimas. Era unos doce años mayor que yo, pero siempre me atendía con afabilidad. Fue él quien me hizo notar lo alto que era para mi edad (16 años) y que eso me hacía aparecer mayor. En más de una ocasión me dijo que si algún día quería alistarme, que fuera a Columbia, en las afueras de La Habana, y preguntara por él.

Sin embargo, llevar adelante la resolución no era cosa fácil. Primeramente, no tenía un centavo en el bolsillo, ni aún para el viaje tan relativamente corto como lo era el de Artemisa a La Habana. Lo único que se me ocurrió fue ponerme a trabajar en un circo, uno de aquellos famosos circos de «ripiera» que iban de pueblo en pueblo, pero que tanta acogida tenían entre la gente de campo, donde las diversiones no abundaban. Los personajes eran siempre los mismos: el negrito, el gallego, la mulata. A veces tenían un mono, o un oso amaestrado. Mi circo, sin embargo, no tenía animales, pero sí un grupo de muchachas que bailaban, aunque no era mala la representación.

La casualidad me llevó a conocer a su dueño, el señor Regal Sánchez. Este estaba tratando de convencer a un tío mío por parte de padre para que le alquilara un camioncito del tipo «tres patadas» que éste tenía. Mi tío no se sentía muy inclinado a hacer el trato. Yo me había acercado a ellos dos y tercié en la conversación, y me ofrecí a manejarlo si mi tío se lo alquilaba. Quizás por ayudarme, o quizás porque me tuviera confianza y de este modo el negocio le pareció aceptable, lo cierto es que mi tío accedió. Yo casi no sabía manejar. Tampoco tenía licencia, pero como todos los desplazamientos se harían por caminos vecinales, era poco probable que hubiese un mal momento. Hay que añadir también que, en aquellos tiempos de poco tráfico, aún las vías principales estaban poco patrulladas. Mi misión consistía en llevar el circo de un pueblo a otro. Siendo el camión pequeño, cada mudanza implicaba varios viajes: primero la carpa; luego las sillas; después los artistas, la utilería, etc. Una noche me atasqué cerca de un pueblo llamado Quiebra-Hacha (mencionado por Cirilo Villaverde en *Cecilia Valdés*) y tuve que quedarme allí, comido por los mosquitos, hasta que al día siguiente me sacaron con una yunta de bueyes.

Al cabo de unos dos meses me pareció disponer ya de suficientes medios para emprender la aventura y devolví el camión a mi tío. He de admitir, sin embargo, una reserva mental que en aquel momento tenía. Con anterioridad al día aquel en que rompí el mango de la guataca, había ya hablado yo a mamá sobre las posibilidades de hacerme soldado. Nuestra madre nos trataba siempre con dulzura, pero también con firmeza. Y tal era el concepto que existía por aquel entonces sobre la autoridad paternal, que sus juicios resultaban para nosotros definitivos. Ni yo, ni mis hermanos ya casados se hubieran atrevido a discutirlos. En este caso, se negó rotundamente a que yo fuera militar. De no hallarme lejos de ella, en Artemisa, no me hubiese atrevido a desobedecerla. Así y todo, no tuve el valor de mandárselo a decir...

Pero, en fin, llegó el día, y tomando uno de aquellos ómnibus decrépitos de la época, con asientos anchos, uno detrás del otro, y salida por ambos lados, dando tumbos por la carretera, que estaba muy lejos de lo que después fue la «Central», me alejé hacia mi destino. Y se sucedieron los poblados: Guanajay, Caimito del Guayabal, Bauta, Punta Brava, Arroyo Arenas, La Lisa y, por fin, Marianao y el Campamento de Columbia. Frente a este histórico campamento me hallé al apearme del ómnibus en septiembre de 1926. Este me dejó frente a la Posta 4, precisamente por donde, 26 años más tarde, en la madrugada del 10 de marzo de 1952, entraría yo junto al general Batista. Y allí, en aquella posta, tuve el primer atisbo de lo que era la vida militar: el chasquido metálico del fusil al presentar armas el centinela al paso de los oficiales. Los saludos, la rigidez de las actitudes, y todo tan distinto de lo que había yo conocido hasta entonces, como si fuese otro planeta.

Ni qué decir que el soldado de posta me impidió el paso, cuadrándose ante mí y portando el arma. Gritó a continuación: ¡Cabo de Guardia!, al manifestar yo mis intenciones de pasar. Acudió el cabo con la misma severidad en el gesto, pero todo cambió cuando manifesté yo mis intenciones de alistarme. Y es que en aquel momento yo ignoraba que, casi desde el inicio de la República, nuestras fuerzas armadas padecían de una crónica falta de soldados. En parte debido a la escasa población del país, y en parte debido a la prosperidad, pocos hombres acudían a engrosar sus filas.

Había un teléfono junto a la garita, y el cabo llamó de inmediato al Cuerpo de Guardia. Yo había inquirido por el soldado Clemente López, del Batallón 2; por tanto, el Cuerpo de Guardia llamó al Batallón 2. La Jefatura del Batallón 2 llamó a su vez a la Primera Compañía, a la que pertenecía Clemente (de todo esto me enteré después. En aquel momento, estaba yo demasiado impresionado como para darme cuenta de lo que sucedía).

Siendo como las diez de la mañana, el Regimiento se encontraba en pleno ajetreo de ejercicios y faenas, y Clemente se hallaba en el campo, con su compañía, pero el sargento primero de la misma, José López, casado a su vez con una pinareña, y quizás por este motivo, tomó especial interés en mí y solicitó del Cuerpo de Guardia que me dejara pasar. Entonces el Cabo de Guardia, y creo que dos soldados más, me indicaron el camino a seguir: todo derecho hasta tropezar con el Polígono, y después hacia la derecha, casi hasta el final del campamento, donde se hallaba el Batallón 2 de Infantería.

Con el decurso de los años hice este recorrido cientos de veces, pero aquel primer día me quedó grabado en la mente de modo indeleble, y es que no había escena que no fuese nueva para mí . . . ¡Todo tan distinto de lo que yo conocía . . . !

Según me internaba yo en aquella ciudadela, pelotones en marcha se cruzaban conmigo. Por doquier oficiales a caballo. Toques de corneta a la distancia. Luego, más adelante, la música regimental que ensayaba y, al tropezarme con el Polígono, vi por doquier unidades desplegadas en batalla, en todo lo que comprendía aquel enorme descampado. Luego, dominándolo todo, surgiendo de aquí y de allá, las voces de mando, esas viriles expresiones que sazonan el espíritu de nuestra profesión. ¿Qué impacto no haría todo esto en este pobre guajirito de 16 años?

¡Y hay quien afirma que no hay poesía en el Ejército! Yo digo que, después de la mujer, nada ha inspirado tanto a los poetas como la gloria militar. Ningún otro tema inflamó tanto la pluma de Víctor Hugo. No en balde existen tantas estatuas elevadas a los grandes capitanes victoriosos, porque, ¿a quién se le ocurriría elevar una estatua a un vendedor de muebles a plazos cómodos?

Llegué por fin a la Jefatura del Batallón 2. De allí, me dirigieron a la Compañía y el Sargento López comenzó de inmediato a preparar mi expediente. Pero de pronto, al consultar la nómina, apareció que no había plaza vacante en el Batallón, aunque sí en la Caballería.

De inmediato surgió un capitán. No se me olvida su nombre: Colín Herrera, quien saltó sobre mí como un tigre sobre su presa. Me iría con él para el Tercio Táctico. Sería yo un hombre de a caballo, tal como esos Guardias Rurales que yo tanto admiraba. El capitán Herrera preparó todo lo pertinente, y ya estaba yo a punto de estampar mi firma, cuando el Batallón 2 reaccionó. ¿Quién dijo que no había plazas en el Batallón? Además, un soldado del Batallón 2 me había reclutado, y no era justo que el Tercio me arrebatara. Llegó entonces mi amigo el soldado Clemente Pérez con la noticia de que había plaza vacante y que se me esperaba. Y ahora se me ocurre adelantar: ¿Quién diría que, andando los años, sería yo Capitán Ayudante del Tercio Táctico? Pero por lo pronto, y como cuestión de ética, el capitán Herrera me dio a escoger. O me iba para la Infantería, o me quedaba con la gente de a caballo. Yo decidiría. Verdaderamente, yo me hubiera quedado en la caballería, pero teniendo en cuenta mi amistad con Clemente Pérez y las instancias del sargento López, opté por la tropa de a pie, y allá volví.

Quien conociera la minuciosidad con que se llenaba en Cuba el expediente de un soldado, y la cantidad de documentos que le eran necesarios, no dejará de extrañarse por la facilidad con que se pasaron por alto en mi caso. El hecho de que yo fuera menor de edad no pareció molestar a nadie. Tampoco que no presentara antecedentes penales, ni inscripción de nacimiento, pues, como mencioné antes, la escasez de reclutas era tal que, poco tiempo después, pude ver a las bandas de música de los regimientos, acompañadas de sargentos reclutadores, recorriendo las poblaciones con el objeto de lograr alistamientos («enganchar» es el término militar apropiado). En Cuba la escasez de personal era motivo de preocupación constante.

MIS PRIMEROS PASOS

Y por fin, el 19 de septiembre de 1926, quedé convertido en soldado de la República. *Ingresé como recluta en la 2da Compañía del Batallón 2 de Infantería. Tenía yo entonces 17 los 21 años cumplidos.* Solo recuerdo los aspectos exteriores de la que sería mi carrera de toda una vida. Carrera a la que amé apasionadamente mientras duró, y cuyo recuerdo venero tanto como el de mi propia patria.

En el ejército no se ganaba mucho, había mucha disciplina y había que andar al trote siempre, pero siempre fue una Escuela de hombres. Hubo raras excepciones, como en todas partes y en todos los tiempos, pero era eso una verdadera fragua de ciudadanos. Jamás olvidaré ningún tiempo vivido en el Ejército, ni me arrepiento de lo que para mí fue. Tampoco me arrepiento de lo que hice o dejé de hacer. Porque cada acto realizado en mi vida militar tiene un por qué y a mi juicio una razón, un perfecto acuerdo con mi consciencia.

Por aquella época se estaba construyendo en la Isla de Pinos, al sur de Cuba, el Presidio Modelo, otra de las grandes obras del presidente Machado. Este presidio estaba constituido por cinco edificios de forma circular y llamados así, «circulares». Visto desde el aire, parecen el número 5 de un dado. El central contenía las cocinas, comedores y servicios, mientras que los otros cuatro estaban destinados para los reclusos. Cada circular tenía cincuenta y dos celdas por piso. Cada celda con dos camas, servicios sanitarios y lavabo. La idea era concentrar allí a todos los presos comunes de la Isla, para su rehabilitación mediante el trabajo. Andando el tiempo, se envió allí a muchos presos políticos. Se dice que en cierta ocasión preguntaron al presidente Machado el porqué de un establecimiento penal tan grande, teniendo Cuba una población tan pequeña. Machado replicó: —Ya vendrá después de mí algún loco que la llene. Fue profético: bajo [Fidel] Castro, cada celda llegó a tener hasta seis inquilinos, sin contar con que se habilitaron para recibir presos los cobertizos que quedan directamente bajo la techumbre.

Pues bien, para la custodia del personal recluso que trabajaba en la construcción del presidio, y de las obras en general, se envió a la Isla de Pinos el Batallón 1. Esto fue a principios del mes de octubre de 1926. En Columbia, todos los soldados recién alistados se destinaron a pasar por la Escuela de Reclutas. Para su alojamiento se aprovecharon dos de las barracas vacías del Batallón 1.

Si bien todo fue como miel sobre hojuelas hasta el momento en que estampé mi firma, todo cambió de inmediato. El trato a los soldados no era inhumano, pero sí riguroso. En la Escuela de Reclutas, la diana era a las 5:00 AM. Luego, la instrucción, los trabajos y los ejercicios se sucedían sin más interrupción que un breve paréntesis para almorzar hasta las 11 de la noche, en que caíamos extenuados en nuestros camastros. Todo ello a un ritmo que no vacilaré en calificar de violento. También, los castigos se sucedían a los castigos, y no puedo decir que ocurriera todos los días, pero en varias ocasiones vi a oficiales instructores golpear con el plano del sable o con la fusta a soldados morosos.

Pero nada de esto me sorprendía ni me parecía fuera de lugar, ni siquiera difícil. El refrán español nos dice: «Al buen soldado, sácalo del arado». Porque, en efecto, ¿qué era para mí, o para otros tantos como yo, saltar del lecho a las cinco de la mañana, cuando me era cosa corriente hacerlo a la una de la madrugada? Tampoco los ejercicios en el Polígono: avanzar, tenderse, marchar horas y horas bajo el sol, formar en orden cerrado o desplegar en guerrilla, con ser tan fatigoso, podía rivalizar con las horas y horas chapeando en el surco, o bien cortando caña. Mucho más penosa me era la inspección «seca» de los sábados.

La limpieza de equipos al final de cada día era obsesionante y, en la mañana del sábado, antes de salir de pase, tenía lugar una inspección a fondo de todas las pertenencias del soldado. Esta inspección comenzaba casi al toque de diana, y se prolongaba hasta el mediodía. El gran «finale» era la inspección seca: uniforme, fusil y bayoneta en medio del Polígono, a pleno sol. Durante todos los días de la semana, las armas eran engrasadas al anochecer, después de los ejercicios. Los sábados, por el contrario, había que presentarlas completamente limpias, y sin el menor vestigio de aceite. Formada la Escuela, abiertas las filas, el oficial inspector comprobaba, hombre por hombre, si existía algún remanente de grasa en la recámara, óxido en el ánima, en el cerrojo, o en el mecanismo elevador de municiones. Quiere esto decir que, a partir del viernes por la tarde, después de la ceremonia de retreta, comenzaban los trabajos de limpieza y preparación para la inspección del día siguiente. Estos trabajos se prolongaban hasta pasado el toque de silencio. Allá por la medianoche, los sargentos instructores realizaban una inspección previa, verificando que todo estuviera listo para el día siguiente. Solo entonces se nos concedía unas breves horas de sueño.

Como antes dije, nada de esto me molestaba gran cosa. A decir verdad, siempre me ha gustado la limpieza y, cuando llegué a oficial, fui bastante exigente en ese aspecto. Solo que, tras esas horas inmóvil bajo el sol de mediodía, la prueba era de temer.

Hombre por hombre el oficial inspector tomaba su fusil y preguntaba el número. A continuación, lo examinaba con todo cuidado. Luego los botones del uniforme, el brillo de zapatos y polainas. Cuando llegaba al último soldado, bordeaba el flanco de la formación y hacía el recorrido a la inversa, inspeccionando ahora las bayonetas. Los reportados perdían el pase, o bien se les enviaba a las cocinas. Todo esto podía durar más de una hora por pelotón, y éramos varios pelotones. Esta exposición al sol del mediodía, en la inmovilidad de la posición de atención, producía a veces desvanecimientos. Me avergüenza confesarlo, pero un día me tocó a mí. Según me dijeron mis compañeros, caí al suelo de cara, tieso como una estaca.

Esta escuela de reclutas tuvo una súbita interrupción. Uno de los huracanes más violentos que jamás azotaron a Cuba, el «Ciclón del 26»,[31] pasó sobre La Habana y el campamento. Como en su mayor furia, el viento soplaba del este, las barracas de los batallones uno y dos se fueron abatiendo una tras otra. Si mal no recuerdo, cayeron siete en total. Los árboles que bordeaban el Polígono fueron arrancados de cuajo. A partir de ese día, y durante varias semanas, el personal del Batallón 2 y los reclutas tuvimos que acampar en tiendas de campaña. Cada día, y una vez terminados los ejercicios, pasábamos a ayudar al resto del regimiento a reconstruirlo todo, a replantar los árboles, etc.

La escuela duró tres meses y, por fin, en enero de 1927, el Batallón 2 pasó a Isla de Pinos y relevó al 1. Allí también acampamos bajo tienda, pero después de la Escuela de Reclutas, el servicio de línea me pareció juego de niños. En la Isla, aparte de los trabajos usuales en un campamento, teníamos a nuestro cargo la custodia de los presos que trabajaban en la construcción del Presidio Modelo. Esta fue una etapa rutinaria hasta que, en abril, relevados por el Batallón 3, regresamos a Columbia.

En este mundo no puede decirse que haya acontecimientos aislados. Todo viene encadenado, y cada paso conduce al siguiente en la vida de cada persona. Así, quizás fuera por los hábitos de limpieza adquiridos durante mis años con la familia Díaz, o bien por contagio con el ejército, lo cierto es que siempre traté de vestir lo mejor posible. En la ceremonia del relevo de la guardia, el soldado mejor vestido y con armas más pulidas era escogido como «Ordenanza del Jefe de Puesto». El ordenanza no hacía la posta fusil al hombro, sino que permanecía en el Cuerpo de Guardia, llevaba mensajes y realizaba trabajos menores. Durante la noche, y a menos que se presentara algo especial, dormía a pierna suelta. Yo tuve la suerte de ser designado en varias ocasiones Ordenanza del Jefe de Servicio. Esto me llevó a ser escogido como «Soldado Distinguido de la Unidad». Más adelante pasé a ser «Soldado Distinguido de Batallón», después del Regimiento, hasta competir por esa misma posición como «Soldado Distinguido Nacional». Pero hasta aquí no me acompañó la fortuna, y esto último no pude lo-

---

[31] El huracán pasó por La Habana el 20 de octubre de 1926, con vientos de 150 millas por hora, y dejó veinte pulgadas de agua en la ciudad. Unas 150 casas fueron destruidas al igual que la cuarta parte del campamento Columbia.

grarlo. Estas cosas parecen insignificantes si se comparan con las posiciones que llegué a ocupar después, pero para un soldado, las pequeñas distinciones que esto acarreaba eran motivo de orgullo y alegría.

Mi sueldo por aquella época era de $19.20 mensuales, y teniendo en cuenta lo que de ahí debía enviar a mi madre, ya podrá calcularse lo que quedaría. Pero siempre se podía leer, y el leer cuesta poco, máxime teniendo cada unidad una pequeña biblioteca. Así, pues, me dediqué a leer y a aprender por mí mismo todo lo que podía. El capitán de la compañía se llamaba José Córdoba Gómez. Un poco influido quizás por el sargento primero López, o quizás observando que casi no salía del cuartel, y que me pasaba muchas horas libres leyendo y escribiendo, se hizo traer mi expediente y, un buen día, me llamó a su despacho. Una vez allí me sugirió la idea de que solicitara mi ingreso en la Escuela de Clases. Así lo hice, y en el mes de abril de 1927 fui aceptado *para aspirar al grado más emocionante de un alistado: el de Cabo*.

Esta Escuela duró cuatro meses, de septiembre a diciembre de 1927. Fue una versión aún más rigurosa, si cabe, de la de Reclutas, pues ahora se incluían estudios superiores y, además, clases de equitación y caballería.

El por qué una escuela de infantería recibía instrucción de combate montado y desmontado, demuestra hasta qué punto el espíritu ecuestre dominaba en nuestro ejército. La caballería fue siempre un arma de choque y abordaje: sus grandes ventajas estribaban en la rapidez de sus movimientos, y en su efecto psicológico sobre la infantería hostil. También resultaba incomparable como fuerza de reconocimiento. Su gran desventaja era que, frente a una fuerza de a pie en posición y decidida a defenderse, el caballo resultaba impotente.

Es bien sabido que casi todos los campesinos cubanos aprendían a montar a caballo desde su infancia. Yo no fui la excepción, pero al tomar clases de equitación, aprendí a hacerlo con elegancia. Y esto me fue de inestimable valor años más tarde. Esta Escuela de Clases finalizó en diciembre de 1927. Resulté aprobado, y volví a mi compañía como «cabo interino». Comencé a fungir de inmediato como tal. *Ya era jefe de Escuadra y con aspiraciones futuras*. El reglamento establecía que, si al cabo de dos años no pasaba a ser cabo en propiedad, mi diploma caducaba, y tendría que revalidarlo mediante un nuevo curso.

Algo que siempre observé en el Ejército fue que, cuando un hombre mostraba intenciones de superarse, recibía ayuda de sus superiores y de muchos compañeros. En noviembre de 1928 vacó una plaza en otra compañía, y el capitán Córdoba facilitó el traslado a ella de un cabo de la 2a., a fin de que yo ocupase la vacante. Mi sueldo aumentó a $21.25. También, en 1928 se produjo otro movimiento en mi compañía que, andando el tiempo, iba a tener consecuencias para mí. Fue este el ascenso a sargento mayor de batallón del sargento López, y su sustitución como sargento primero por el sargento [José] Eleuterio Pedraza.[32]

Vino ahora un período de tranquilidad. Hasta 1933, fue la mía una vida rutinaria de servicio de guardia, ejercicios, retenes y francos de servicio. Pero como me seguía aquejando la falta de dinero, opté por seguir estudiando. Terminé «por la libre» mi primera enseñanza y matriculé, también «por la libre», el bachillerato en el Instituto de Pinar del Río.

Se me preguntará por qué matriculé en Pinar del Río, tan lejos, y no en La Habana, que estaba ahí mismo. ¡Simplicimus! En Pinar del Río me hallaba en mi tierra, conocía a mucha gente y, a no dudarlo, más de un profesor me daría la mano. Otra cosa, y esto fue consejo de mis jefes, los soldados no eran bien vistos por los estudiantes a quienes, por aquellos días, ya los comunistas comen-

---

[32] José Eleuterio Pedraza Cabrera (abril 18, 1903-julio 17, 1989) natural de Esperanza, Las Villas. Alistó en el Ejército en 1919 y era sargento primero cuando participó en la Revolución del 4 de Septiembre de 1933. Al siguiente mes ascendió a teniente coronel y fue nombrado jefe de la Policía de La Habana en abril de 1934. Dos años después era jefe de la Policía Nacional y en 1940 fue designado jefe del Ejército. Batista lo destituyó al siguiente año por planear un golpe de Estado y fue a residir a México. Regresó a Cuba clandestinamente con un alijo de armas a mediados de marzo de 1945 tras el asesinato del Dr. Eugenio Llanillo por el jefe del Buró de Investigaciones. Fue arrestado dos días después en Batabanó con unos 30 ex oficiales del Ejército y la Policía Nacional y civiles en una reunión conspirativa contra el gobierno del presidente Grau y fue sentenciado a un año de presidio. Batista lo restituyó al Ejército el 26 de diciembre de 1958 como mayor general y jefe de operaciones en Las Villas. Seis días después, acompañó a Batista al exilio en República Dominicana. Falleció en Miami y fue inhumado en el cementerio Woodlawn.

zaban a azuzar y a utilizar. Más de una vez algún camarada cambió la guardia conmigo para que yo pudiera asistir a un examen. Más de una vez el sargento primero, o el Jefe de Compañía, me concedió algunas horas de permiso. . . ¿Cómo olvidar esas cosas? También, en nuestro Ejército, había oficiales y clases que ofrecían clases privadas, y a ellos me dirigía yo cuando no podía aprender las cosas por mí mismo.

Todo este ajetreo de los estudios atrajo la atención del nuevo sargento primero [José] Eleuterio Pedraza. En todo ejército, este cargo es el más espinoso. Los sargentos primeros constituyen el centro nervioso de las compañías. Ellos transmiten las órdenes de los jefes, establecen los servicios para todo el personal, mantienen al día sus expedientes. Pedraza era un hombre muy serio, jamás sonreía y hablaba muy poco. Yo también soy hombre de pocas palabras, y quizás por eso nos entendimos. Comenzó a llamarme de vez en cuando para que le diese una mano en su trabajo, y esto continuó, siempre que se vio apurado en el servicio, hasta 1933. Y pese a su sequedad, más adelante dio pruebas de no haberme olvidado.

En 1928, y por orden del presidente, se dispuso que todos los militares tenían que presentar sus papeles en regla. Para mí este fue un golpe terrible, pues consideraba que ninguna documentación era tan crítica como la mía. Los antecedentes penales me sería fácil obtenerlos, y por ese lado no sentía temor alguno. Pero recuérdese que me había alistado a los 17 años, aunque mi expediente decía que lo había hecho a los 21, para que no hiciera falta la autorización de mi madre. Si todo esto se averiguaba –pensaba yo– sería culpable de un delito de «alistamiento fraudulento». Mi alarma era indebida. Como yo, había muchísimos soldados. En realidad, el golpe iba dirigido contra ciertos elementos maleantes que, al igual que en la Legión Extranjera francesa, habían buscado refugio en sus filas. El Batallón 4, por ejemplo, al que llamaban «los pieles rojas», tenía gran número de delincuentes. El Gobierno prefirió desprenderse de ellos, pues su conducta estaba acarreando un sinnúmero de problemas. Pero yo me asusté tanto que, en la primera oportunidad, corrí a Pinar del Río. En el Juzgado era Alcalde de Diario uno de aquellos Díaz en cuya casa transcurrió parte de mi infancia. Gracias a él, se me preparó una inscripción donde aparecía nacido cuatro años antes, ¡y así ha quedado hasta hoy!

Otra cosa que no podía dejar de hacer era visitar a mi madre. Durante más de dos años, y temeroso de un regaño, dilataba día a día el ir a verla. El dinero que le enviaba, y las cartas que le escribía, aparecían fechadas en Artemisa, donde suponía ella que seguía yo como obrero. Al fin me decidí, y aprovechando uno de mis viajes de estudio a Pinar del Río, fui a verla. No me reconoció, tanto había yo cambiado y tan distinto lucía en mi uniforme. Uno de mis hermanos le dijo: —Mamá, ¡mira quién está aquí! Ella se me quedó mirando. Me quité el sombrero de ala ancha rígida que usaba el ejército, y fue entonces que exclamó: —¡Al fin hiciste lo que querías! Rompió a llorar, pero eso fue todo, y jamás después me dirigió un solo reproche.

Algo más deseo consignar sobre esta etapa de mi vida. El deporte, sobre todo el balonmano y el béisbol, se practicaba por varios oficiales de Columbia. El balonmano se jugaba con dos parejas. El teniente coronel Erasmo Delgado, Jefe Militar de La Habana, el capitán Marín y el teniente González eran grandes aficionados. A menudo les faltaba un jugador para integrar las dos parejas, y no recuerdo quién les sugirió que yo podía suplir ese cuarto jugador. Parece una contradicción a lo que llevo dicho de la distancia entre oficiales y alistados, pero ello no fue óbice para que me llamaran un día, y después siguieran llamándome.

Un primer teniente, Rufino Blanco, era quien había organizado el equipo de pelota (béisbol). Jugaban a veces, aunque fuera del equipo, el teniente Arteaga, del Tercio, el teniente Enrique Meléndez, de la Inteligencia Militar, y el teniente Manuel Benítez Valdés,[33] residente hoy en Miami como general retirado. Yo, por mi parte, había también practicado una especie de béisbol de manigua

---

[33] Manuel Nilo Benítez Valdés (septiembre 26, 1910-enero 6, 2003), natural de Pinar del Río, fue Director General de Inmigración en 1939 y jefe de la Policía Nacional en 1940-1944. Fue destituido por Batista el 13 de junio de 1944 y deportado a Miami por cinco meses cuando intentó dar un cuartelazo para impedir la toma de posesión del presidente electo Ramón Grau San Martín. En 1948 fue electo Representante por el Partido Liberal. Ocupó su escaño en el congreso hasta 1958. Se exilió en Miami, donde se naturalizó ciudadano estadounidense el 13 de enero de 1984, para aspirar en la elección a la alcaldía al siguiente año prometiendo «ley y orden». Tras su derrota electoral, estableció un programa de radio. Falleció en dicha ciudad.

cuando me hallaba en la finca del Sr. Mason. Ya aceptado por los oficiales en el balonmano, llegó el día en que se me propuso jugar también a la pelota. Aún hoy estoy consciente del honor que se me hacía, permitiéndome competir en un plano de igualdad deportiva. Más de medio siglo ha transcurrido desde entonces; casi ninguno pertenece ya al mundo de los vivos, pero sí ha quedado viva en mí la gratitud. Cuando en 1933 las circunstancias enfrentaron a soldados y oficiales, me alegré infinitamente de que mi unidad no tomara parte en el combate del Hotel Nacional. Me hubiera sido doloroso batirme con mis antiguos superiores. En todo momento fueron conmigo estrictos, pero justos, y más de una vez, bondadosos.

NUESTRO ARMAMENTO

Después de la Primera Guerra Mundial (1914-1918), los sobrantes de guerra del Ejército de los Estados Unidos permitieron a Cuba dotar su ejército con el famoso Springfield. Los Estados Unidos habían enviado a sus fuerzas expedicionarias a Europa sin artillería ligera. Les era más fácil adquirirla en Francia, cuyo cañón de 75 mm. era superior a cualquier otro de aquella época. Después de la guerra, llegaron a Cuba una batería ligera y dos de montaña de 75 mm. Schneider, y también, más adelante, morteros de trinchera de 60 mm.

En cuanto a las ametralladoras pesadas Browning 30.06 con alimentación por cinta y enfriamiento por agua, sí eran típicamente norteamericanas, y excelentes, por cierto. Igualmente lo era el revólver Colt calibre .45 y el machete *Collins*, nuestro famoso «paraguayo». Los sables de nuestros oficiales eran en algunos casos *Solingen* alemanes, pero en su mayoría provenían de Toledo. Ningún país ha podido sobrepasar a la Madre Patria en la calidad de su acero.

NUBES EN EL HORIZONTE

La vida en los cuarteles transcurría como de costumbre, pero la situación política iba agravándose en nuestro derredor. Al terminar su primer período presidencial, el presidente Machado se reeligió y, lo que es más, prorrogó sus poderes mediante un referéndum. Es decir, que en su segundo período permanecería en el poder ya no cuatro años, sino seis. La reelección fue siempre nefasta en Cuba, y la de Machado no fue la excepción. Aparte ello, la depresión de 1929 repercutió en la Isla. El descontento era evidente, y si a esto se aúna la entrada en liza de maestros de la perturbación como son los comunistas, tendremos una idea de lo que se iba gestando. Hasta llegar a un punto, los soldados ganábamos poco, pero nuestras necesidades básicas estaban cubiertas y se nos pagaba con puntualidad. Ahora empezamos a dejar de percibir nuestros haberes. Momentos hubo en que se nos adeudaban hasta tres meses. Empero, la disciplina era tan rígida que todo siguió como siempre, y si alguien murmuraba, lo hacía en voz muy baja.

CAPÍTULO II

LA REVOLUCIÓN DE 1933

Al no haber en Cuba solución política, la lucha entre el gobierno y la oposición se había enconado. Fracasada la oposición en el campo de batalla, se sumergió en la clandestinidad. Comenzaron las bombas y los atentados. El gobierno respondía con métodos igualmente rigurosos. Hacia 1933 la situación era tan dramática, que el gobierno de los Estados Unidos se sintió obligado a mediar en la cuestión.

Por aquella época subió al poder en los Estados Unidos el candidato demócrata Franklin Delano Roosevelt. Este presidente envió a La Habana, como embajador, a un diplomático de carrera, el señor Sumner Welles.[34] No olvidemos, al tratar este tema, que la Enmienda Platt autorizaba a los Estados Unidos a intervenir en los asuntos de Cuba siempre que el orden y la seguridad de uno u otro se vieran amenazados. Es lógico pensar que, con la venida de Welles a Cuba, el destino de Machado quedaba sellado. Leyendo a [Orestes] Ferrara, se da uno cuenta de que Machado estaba de acuerdo en renunciar, pero que no hallaba la fórmula adecuada. Welles se entrevistó tanto con los funcionarios del régimen como con los de la oposición. *Mr. Welles usó sus medios sin tener prontos resultados, pues unos estaban de acuerdo y otros no, en hacer un arreglo sin el presidente Machado. La Universidad de la Habana se oponía.* Para agravar aún

---

[34] Benjamin Sumner Welles (octubre 14, 1892-septiembre 14, 1961), miembro de una familia aristocrática de Nueva York, entró en el departamento de Estado tras su graduación de la universidad de Harvard, y especializó en asuntos latinoamericanos. Llegó a La Habana en mayo de 1933 como enviado especial del presidente Franklin Roosevelt y arquitecto de la política del Buen Vecino. Trató de negociar un acuerdo entre Machado y la oposición para evitar la intervención norteamericana bajo la Enmienda Platt. Roosevelt lo nombró subsecretario de Estado en 1937 pero tuvo que renunciar seis años después tras un escándalo cuando solicitó relaciones homosexuales a dos porteros negros durante un viaje por ferrocarril de Alabama a Washington. Wells se retiró prematuramente y escribió varios libros.

más la situación, se produjo una huelga general. *Cuando Mr. Wells se dio cuenta que no tenía oportunidad de acuerdos, y fue decretada la huelga por [Rubén] Martínez Villena,*[35] *Mr. Welles decidió ponerse en contacto con altos oficiales del Ejército y anunció la intervención si el Pres. Machado no dimitía.* La presión del embajador se fue haciendo más y más fuerte, pero inesperadamente, fue por la oficialidad académica del Ejército por donde vino el desenlace.

Los altos oficiales que fueron consultados por Mr. Welles trataron de controlar y dirigir la situación, pero la influencia de los estudiantes y cierta tolerancia habida en Columbia a los sargentos, hizo que aquello cambiara de recurso, haciéndose fuertes los sargentos P. Rodríguez y F. Batista. Los altos oficiales que habían intervenido, que me recuerde hoy, entre otros fueron: coronel Sanguily, Erasmo Delgado, que era jefe de la Plaza de La Habana, el Tte. Cor. Perdomo y el Capt. [Mario] Torres Menier. El Cor. Cruz Bustillo, jefe de la Fortaleza de la Cabaña, también estuvo inmiscuido o trataron de inmiscuirlo en una conspiración contra el Pres. Machado.

A mi juicio, la verdadera causa del resentimiento de la oficialidad estaba en el estancamiento del escalafón. Machado siguió desde el principio la práctica de llenar los cuadros superiores con hombres de su confianza, generalmente veteranos, muchos de ellos sacados del retiro. Esto iba, como es normal, en perjuicio de las aspiraciones de los subalternos. Pasaban años y no había un ascenso. Realmente, era un choque de dos generaciones, la del 95, que usufructuaba el poder desde 1902, y la más joven, que ahora pugnaba por alcanzarlo.

Y como mediaba el juramento de defender la Carta Magna, un grupo de *oficiales de academia* comenzó a deliberar para restaurarla, terminar la ola represiva y encauzar al país por las vías democráticas. En otras palabras, parte de la oficialidad comenzó a conspirar.

Como puede verse, el conspirar se había hecho una consuetudinaria, casi un deporte, entre los oficiales de academia. Y lógico es, por tanto, que Machado desconfiara de esta oficialidad académica.

---

[35] Rubén Martínez Villena (diciembre 20, 1899-junio 16, 1934) natural de Alquízar, la Habana, abogado y dirigente del Partido Comunista de Cuba. Trabajó en la Sección Latinoamericana de la KOMINTERN en Moscú durante 1930-1932. Murió de tuberculosis en el sanatorio La Esperanza en La Habana.

En todo político existen siempre ribetes de demagogia. Los golpes de efecto le son necesarios para, en su momento, ganarse votos. El presidente era ante todo un político, y además, liberal. El Ejército constituía su única base de sustentación efectiva. Lógico es que, al aparecer fisuras en esa base, actuara en consecuencia. Machado era un campesino avispado y no un militar. Su grado de mayor general lo había ganado en la manigua, combatiendo y batiendo a la oficialidad académica del ejército español. Su condición de militar había sido circunstancial y, por tanto, el Ejército y todas sus tradiciones lo tenían sin cuidado. Al desafecto de la oficialidad académica respondió apoyándose más aún en sus antiguos compañeros, los veteranos, y en los sargentos, porque si algo no escapó a su observación, fue que el mando efectivo del ejército lo tenían estos. Los oficiales ofrecían conocimiento técnico, dirección superior y, llegado el momento, hasta inspiración, pero que en los actos de la vida diaria su origen y su estilo de vida los mantenía alejados de la tropa. Y naturalmente, respondió al reto de los oficiales apelando a esos sargentos, y a esos soldados, campesinos en su mayoría, como él.

La cabeza visible de esa maniobra consistió en un banquete, un almuerzo criollo, que los sargentos y la clase de tropa le ofrecieron en el Campamento de Columbia. El almuerzo tuvo lugar en el Polígono, al aire libre. Yo asistí a él, como todos los soldados y, como todos, recibí una cartera muy bonita con un billete de a peso en su interior, y con una inscripción en letras doradas que decía «Obsequio del general Gerardo Machado y Morales. 10 de octubre de 1930». Los oficiales, aún sus más íntimos del Estado Mayor, fueron totalmente excluidos. A su llegada a Columbia, fue recibido por una comisión de sargentos, y vitoreado por los soldados. Al contestar al discurso de bienvenida, el presidente hizo hincapié en el hecho «de haber nombrado él más oficiales procedentes de la clase de tropa que todos los demás presidentes anteriores juntos».

De poco le sirvió a Machado su maniobra. Al debilitarse su posición por las presiones del embajador norteamericano, y notando la crisis de autoridad, los oficiales académicos terminaron por derribarlo. Con aquel banquete, con la propaganda realizada en los cuarteles, quedó sembrada la semilla. Mediante una especie de acuerdo tácito entre los sargentos y los antiguos compañeros de Machado, todavía en el Ejército, se produjo el famoso golpe del 4 de septiembre de

1933, y esta oficialidad académica quedó destituida en masa. La semilla había dado sus frutos. Para bien o para mal, Cuba entraba en una nueva era. Con la ayuda de los textos que a mano tengo, los recuerdos de algunos compañeros que aún quedan vivos aquí en el exilio, y con los míos propios, trataré de hacer una relación muy breve del acontecimiento.

Situémonos en los primeros días de agosto. El embajador de los Estados Unidos va y viene, se entrevista con éste, con aquél, celebra una mesa redonda adonde concurren los principales grupos de oposición. Se llega a acuerdos, y el principal, desde luego, es que Machado debe renunciar. La oposición, al ver su triunfo asegurado, redobla los ataques. Los comunistas, maestros de la agitación, dirigen o influyen en la acción violenta, en la campaña de rumores. Se decreta una huelga general. La vida pública se paraliza, Los principales personeros del gobierno, atemorizados por lo que ven venir, están a la defensiva. Machado, cada vez más atadas sus manos por la actuación del embajador, actúa con lo que le queda. Una noche, el 7 de agosto, los «expertos» de la Policía Secreta ametrallan a la muchedumbre que, ante el rumor de su ida, se lanza a la calle. Toda esta inquietud se pulsa en el Ejército. Los oficiales hablan entre ellos en voz baja. ¡El león ya no pega! ¡El león es impotente! El presidente sabe que la oficialidad académica le es hostil. Confía, solamente, en las tropas del 6º Distrito Militar, esto es, Columbia, a cuyo frente se halla el coronel Rafael del Castillo Márquez, veterano de la Guerra de Independencia y su amigo personal. Así, Machado ordena recoger las ametralladoras de las unidades militares y llevarlas a Columbia, comenzando por el Batallón 1 de Artillería.

Recuérdese que el Estado Mayor se encontraba por aquel entonces en el Castillo de la Fuerza. Junto a éste, en terrenos de dicho castillo, y con uno de sus ángulos dentro del foso, existía un edificio construido en tiempos de Menocal. Este edificio, donde después estuvo la Audiencia de La Habana, fue al fin demolido en 1958, cuando el Castillo de La Fuerza se destinó a Museo del Ejército. Pero en 1933 acantonaba en él el Batallón 1 de Artillería, como protección al Estado Mayor. Y por este batallón, al recibirse la orden de entregar las ametralladoras, comenzó la rebelión de los oficiales. El teniente coronel Erasmo Delgado, Segundo Jefe de Distrito, acababa de ser trasladado a Cienfuegos, pero hallándose aún en La Habana, se presentó en el batallón y asumió el mando. Su primera directiva, muy inteligente, por cierto, fue la ocupación del vecino Estado Mayor. Claro está que ya la autoridad del gobierno se desmoronaba a ojos vistas, y las condiciones para la rebelión eran obvias, pero posiblemente la ocupación del Estado Mayor fue determinante. Uno de sus primeros efectos fue la presentación en el Castillo del coronel Julio Sanguily Echarte.[36] Por ser de mayor jerarquía, el teniente coronel Delgado le entregó el mando. Ahora Sanguily actuó: ordenó llamar a todos los mandos, menos a Columbia (sabía que el coronel Castillo no lo secundaría) e invitarlos a sublevarse. Posiblemente fue por prevenir la llamada del Estado Mayor, que todos respondieron afirmativamente.

Al conocer estos hechos, Machado optó por refugiarse en Columbia. El coronel Castillo no le falló. Lo esperó y le dio amparo. Pero las noticias habían permeado dentro del Campamento. Dejemos la palabra al Dr. Ricardo Adam y Silva en su libro *Cuba: Raíces del Desastre*:

> El coronel Rafael del Castillo, jefe del Sexto Distrito Militar (Columbia), permaneció fiel al presidente hasta lo último. Formadas las tropas en espera de la llegada del general Machado, que allí venía con ánimo de resistir, se inició la sublevación cuando el teniente Abelardo Concepción quiso disparar contra aquél y los suyos con las ametralladoras del Batallón N° 3 de Infantería, que estaban situadas frente al Club de Oficiales. El autor de estas líneas fue el jefe de esa unidad durante varios años. La rápida y oportuna mediación de otros oficiales, y en particular la del Capitán Ayudante del Distrito, Andrés Angulo, evitó el choque, pero el resto de las tropas se incorporó a la sublevación que acababa de estallar, con la exigencia de que Machado renunciara al punto. Fue entonces cuando el coro-

---

[36] Julio Sanguily Echarte (1879-diciembre 25, 1935), hijo del mayor general Julio Sanguily Garrite, fue coronel del Ejército Libertador en la Guerra de 1895. Era coronel jefe del Cuerpo de Aviación del Ejército el 12 de agosto de 1933 cuando anunció por la radio de dicho cuerpo la sublevación militar que derrocó al presidente Machado. El presidente provisional Carlos Manuel de Céspedes lo nombró mayor general y jefe del Estado Mayor del Ejército. Fue destituido por la Revolución del 4 de Septiembre y reemplazado por Fulgencio Batista. El general y sus dos hijos fueron arrestados en el Hotel Nacional tras el combate del 8 de octubre de 1933 y encarcelados en la fortaleza de La Cabaña. Falleció al ser atropellado por un tranvía en La Habana.

nel Castillo hizo saber al Ejecutivo que no podía contar con sus fuerzas.

Después de esto no quedaba al general Machado otro remedio que renunciar e irse, y así lo hizo. A continuación, tomó un avión y desapareció de escena. Como sucesor, dejó al secretario de Guerra y Marina, general Alberto Herrera como sucesor. Para ello lo nombró secretario de Estado. Con ese objeto, y para darle sus instrucciones finales, lo hizo llamar a Columbia.

Yo no presencié ninguno de estos acontecimientos. En la mañana del 12 de agosto, recibí la orden de ocupar el Puente de Pote, con cuatro hombres de mi escuadra. Este puente, casi en la desembocadura del antiguo río Casiguaya, hoy en día Almendares, unía al aristocrático barrio de El Vedado con el no menos aristocrático de Miramar. Mis instrucciones eran la de no dejar cruzar a nadie, absolutamente a nadie, desde El Vedado (La Habana) hasta Miramar (Marianao). Situé dos hombres en cada cabecera del puente y procedí a desviar el tráfico que, por cierto, no era mucho.

A media tarde apareció, procedente de La Habana, nada menos que el general Herrera, acompañado de dos ayudantes, y naturalmente, el chofer. Con mucho respeto le comuniqué la orden. El general me pidió entonces que permitiera a su ayudante cruzar el puente, para hacer una llamada telefónica desde un café que se encontraba a la entrada del Reparto de Miramar, donde después estuvo el restaurante Kasalta. Autoricé el paso del ayudante, y a poco me llamó éste para que me pusiera al aparato. Era el Capitán Ayudante de Columbia, quien me dijo: —Cabo Díaz, deje usted pasar al general Herrera.

Di entonces paso al general, al cual saludé al pasar. Pero el general detuvo el auto, me llamó y me dijo: —Cabo, lo felicito. Ha cumplido usted con su deber.

Esto fue para mí un alivio, porque con los jefes, nunca se sabe . . . Una camioneta nos recogió al anochecer, y volvimos al Campamento. Todo había pasado ya, pero la expectación del personal era evidente. Como siempre, los soldados eran los menos enterados de todo, inclusive de lo que había ocurrido ante sus ojos. Todos los cuchicheos giraban alrededor de «¿qué es lo que está pasando aquí?», y yo también, con esa interrogante en la mente, me fui a acostar...

AL DÍA SIGUIENTE

Hace algunos años, en los Estados Unidos, el vicepresidente [Spiro Agnew] y con posterioridad el presidente mismo [Richard Nixon], se vieron obligados a renunciar bajo un cúmulo de acusaciones, sin que se produjera el menor disturbio, ni un solo ciudadano dejara de concurrir al trabajo. Pero en nuestras latitudes, donde en un movimiento pendular, el caos hace imperativa la dictadura, ésta, después de llenar su misión, se gasta. Porque las dictaduras son el orden y el progreso a cambio de la represión al individuo. Andando el tiempo, esta dictadura se hace odiosa, ha de continuar manteniéndose por la violencia, y cuando las circunstancias la derriban, es como destapar la Caja de Pandora. Esa fue la caída de Machado. Las muchedumbres se lanzaron a la calle a saquear y a matar. Muchos «expertos» y policías fueron muertos a tiros, a golpes, a pedradas. Muchos allegados al presidente, previendo tal situación, se habían escondido o abandonado el país con anticipación. Sus casas quedaron abandonadas, y sobre ellas se lanzó la chusma.

Leyendo yo a Ferrara, encontré un pasaje que me recordó algo muy cierto, y que tuve ocasión de observar, por lo menos en dos ocasiones: en muchos de estos saqueos, iban a la cabeza miembros (generalmente mujeres) de familias prominentes, y hasta íntimas de los asaltados. Su consigna era: «antes que se lo lleve otro, me lo llevo yo». Y frases como esta: «¡Allí, allí, en la gaveta del centro! ¡Allí es donde ella guarda los manteles!».

Para contener en lo posible estos desórdenes, se envió tropas a La Habana para suplir a la policía, que había desaparecido. Las turbas no nos miraban con ojeriza, y hasta nos vitoreaban, pero poco podía hacerse si no se empleaban las armas, y la orden era más bien contemporizar y no ganarse la antipatía del populacho. El contacto con éste condujo a la confraternización, y esto siempre es desmoralizador para la tropa. Existe una fotografía, muy difundida en su tiempo, en que se ve a un soldado elevado en andas por los que lo rodean. El soldado se había unido a las turbas en esta cacería de brujas, y había dado muerte, de un certero balazo, a un jefe de la anterior policía secreta. Ignoraba este soldadito, muy ufano por haber matado a un antiguo camarada que, en las revoluciones, los héroes de hoy son llevados al día siguiente a la guillotina por los mismos que ayer los vitoreaban. En cuanto a mí, se me destacó con once hombres en el Reparto Buenavista, no lejos del Campamento. Acantonamos en la residencia del coronel Espinoza, antiguo director del Instituto de La Habana. El portal de su casa era corrido, todo alrededor de la planta baja. Allí pernoctábamos. Desde allí partíamos de patrulla por las calles del reparto. Algo pudimos hacer para contener los excesos, pero no mucho. Así transcurrieron los días hasta el 4 de septiembre.

El plan del embajador norteamericano había sido deponer a Machado, sustituyéndolo con el general Herrera, quien para ello había sido nombrado Secretario de Estado. El golpe de los oficiales lo sorprendió e irritó, pero el hecho estaba consumado. Para complicar aún más las cosas, los oficiales se negaron a aceptar al general Herrera, al cual consideraban demasiado allegado a Machado. Después de agrias discusiones entre Sumner Welles y el coronel Sanguily, se nombró en su lugar al Dr. Carlos Manuel de Céspedes y Quesada,[37] hijo del Padre de la Patria.

Comenzaron entonces algunos oficiales académicos a hablar de depuración, pero esta palabra ha tenido siempre resonancias omino-

---

[37] Carlos Manuel de Céspedes y Quesada (agosto 12, 1871-marzo 28, 1939) hijo del Padre de la Patria, nació en Nueva York donde su madre estaba exiliada. En 1879, residió en Paris, con su madre y hermana. Estudió en Charlier Institute en Nueva York, en Alemania, Francia y Derecho en la Universidad de La Habana. Hablaba seis idiomas. Fue agricultor en Venezuela durante 1892-1895. Expedicionario del «Laurada», desembarcó en Oriente el 28 de octubre de 1895. Gobernador Civil de Oriente durante la República en Armas, delegado a la Asamblea Constituyente de la Yaya, y coronel jefe del Estado Mayor de la Inspección General del Ejército Libertador. Elegido Representante a la Cámara por Oriente en 1901 y 1904. Ministro Plenipotenciario en Italia y Argentina (1909-1913) y Washington (1914-1922). Contrajo nupcias con la condesa italiana divorciada Laura Bertini Alessandri (julio 30, 1880-febrero 21, 1956) en la alcaldía de Nueva York el 25 de febrero de 1915 en una ceremonia civil realizada por el alcalde. Secretario de Estado e interino de Hacienda y Guerra (1922-1926). Ministro Plenipotenciario en Paris y Londres (1927-agosto 1932) y Embajador en México hasta mayo de 1933. Designado presidente por convenio de oposicionistas y mediadores el 12 de agosto de 1933, fue desposeído del cargo por la revolución del 4 de Septiembre. Falleció en La Habana tras una larga enfermedad.

sas. Significa que un grupo de individuos se constituye en «Junta Depuradora» y determina quién es «puro» y quién no lo es. Los procedimientos de estas juntas depuradoras, y de ellas hemos tenido unas cuantas, resultan por fuerza irregulares e incompletos. Limitadas en su tiempo y embebidas de las pasiones del momento, prevalecen en ellas, aún en las mejor intencionadas, los intereses, la antipatía o la amistad, pero su resultado final es siempre el mismo. Es decir, muchos hombres, culpables o no pierden su profesión, su modo de vida, y una vez que se comienza por el camino de la depuración, nunca se sabe qué cabezas han de rodar, ni a quienes se considerarán «manchados». La verdadera depuración iba dirigida contra los altos cuadros del Ejército, contra la mayor parte de los oficiales no académicos, y contra lo que quedaba de los veteranos.

Quizás todo esto hubiera podido llevarse a cabo, pero el destino jugó una mala pasada a los señores oficiales. Su jefe, el ya general Sanguily, fue operado de una úlcera perforada a solo tres días de caído Machado. Con ello quedó acéfalo el movimiento de los oficiales, porque para sustituirlo se nombró en su lugar a un general de prestigio, pero ya retirado y ajeno a lo que estaba ocurriendo, el general [Armando] Montes. Este, que aparentemente vivía en el mejor de los mundos, en lugar de asumir el mando con mano de hierro, y con mano de hierro restaurar el orden en el país, partió en unión del presidente a visitar en Camagüey una zona damnificada. Por sustitución reglamentaria –¡Dios mío, qué ironía!– el mando temporal pasó a manos de un oficial no académico, y futuro «depurado», el teniente coronel [Héctor de] Quesada.[38]

Desde la Edad Media, el Rey y el Estado llano, con la distancia que mediaba entre ambos, se entendieron frente al enemigo común, que era la nobleza feudal. En 1933, el Estado Mayor y los sargentos se entendieron a maravilla ante la inminente depuración planteada por ciertos oficiales de academia.

¿Acuerdo tácito o expreso? El co-autor de este libro [Claudio Medel] era hermano de logia del entonces sargento Pablo Rodrí-

---

[38] El teniente coronel Héctor de Quesada es descrito como «un consumado oficinista que nunca mandó tropas y carecía de carácter». Ricardo Adam Silva, *La Gran Mentira: 4 Septiembre 1933 y sus Importantes Consecuencias* (Santo Domingo: Editora Corripio, 1986), 81.

guez.[39] Desde 1944 hasta su muerte, acaecida este año [1987] fueron amigos, aparte de su vínculo masónico. Muchas veces, en la secretaría de la Logia «América», se abordó este tema. Siempre afirmó Pablo que él, quien dirigiera la conspiración de los sargentos, que siguió a la de los oficiales, recibió en todo momento estímulo del Estado Mayor, siendo el teniente coronel [José] Perdomo el vínculo entre ambos. Dice el Dr. Adam y Silva (pp. 32-33, op. cit.):

> Por Pablo Rodríguez, presidente del Club de Alistados, conseguí ver a Perdomo sin dificultad, y aunque era delito de sedición hacer peticiones de tipo colectivo, le remito una lista de mejoras: un balneario para la tropa, dos botones más en el uniforme, amplitud en los permisos y aumento de sueldo. Perdomo estuvo de acuerdo en todo entonces.

Conviene adelantar que, si bien muchos oficiales conspiraban contra Machado desde 1930, hubo también sargentos que vieron tan lejos como ellos, y con o sin él, trataron de asegurar su situación futura. Pablo Rodríguez fue uno. Quizá sus vinculaciones masónicas lo alertaron en ese sentido. En secreto, Pablo se afilió al ABC, una de las organizaciones clandestinas más poderosas. En cuanto al sargento Batista, no perdió ocasión de establecer contacto con muchos individuos de la oposición. Su actuación como sargento taquígrafo, en los consejos de guerra celebrados a presos políticos facilitó estos contactos. Batista logró conocer a muchos de ellos y hasta prestarles pequeños servicios, tales como llevar mensajes a sus familiares o hacer en su nombre llamadas telefónicas. Como veremos, todo esto tuvo sus consecuencias más tarde.

No recuerdo si el 1° o el 2 de septiembre, me llegó el mensaje del sargento Pedraza de personarme, a una hora determinada, creo que en la Gran Logia Masónica sita en Belascoaín y Carlos III.[40] Este deseo de Pedraza no pude cumplirlo: recuérdese que me hallaba destacado en la casa del coronel Espinoza. Nadie me podía relevar y no me atreví a ausentarme sin la autorización del coronel. Con poste-

---

[39] Pablo Rodríguez Silverio (junio 22, 1897-octubre 15, 1987) natural de Jovellanos, era cuartel-maestre de la tercera compañía, Batallón 2 de infantería. Se asiló en Estados Unidos en 1968.

[40] La primera de las reuniones conspirativas en la logia fue el 21 de agosto de 1933.

rioridad me enteré de que la reunión versó sobre la asamblea de clases y soldados que se celebraría el día 4 de ese mismo mes. Si a Pedraza le contrarió que yo no fuese, jamás lo supe, porque nunca me dijo nada al respecto. Tampoco me lo tuvo en cuenta, porque me siguió tratando como siempre. Pero a veces me pregunto cuál hubiese sido mi destino de haber asistido. Quizás hubiese estado en el meollo de los acontecimientos y hubiese ascendido meteóricamente, y no paso a paso, con el decurso de los años. Pero no me quejo; pienso que fue mejor así, y no puedo quejarme de como la vida me ha tratado.

Otra cosa que me viene a la mente es que por aquellos días los sargentos Pablo Rodríguez, Batista y Pedraza almorzaban juntos, bien en una compañía, bien en otra, pero además hubo otras reuniones en la oficina del sargento Rodríguez, aunque en ningún modo fueron ocultas. Es evidente, sin embargo, que se daban los toques finales del acto del 4 de septiembre.

Del 12 de agosto al 4 de septiembre (23 días) Cuba estuvo gobernada por muchos presidentes, pero casi sin gobierno. Las Fuerzas Armadas fueron las que en realidad sostuvieron aquella caótica situación desde el mismo 12 de agosto y hasta después.

Inmediatamente del golpe militar comenzado por oficiales del Ejército Nacional, me di cuenta como se les escapó de las manos a aquellos experimentados oficiales algo que tan mansamente se deslizaba o escapaba del control del gobierno constituido, para pasar por tantas etapas y venir a caer suavemente a los pies de las clases y soldados.

El 4 de Septiembre traía un destino marcado. La conducta del presidente Machado lo provocó, los estudiantes lo desearon, un grupo de oficiales del Ejército Nacional lo acariciaron y los alistados lo disfrutaron. Y fue así, porque fueron los que supieron retenerlo y encaminarlo contra todo y contra todos. Si no hubiese sido así habríamos presenciado un caos de largo metraje.

Y llegó el 4 de septiembre de 1933. Los sargentos, muchos cabos y soldados delegados de todas las unidades militares de la República, se constituyeron en asamblea en el Club de Alistados de Columbia. Comenzó en horas del mediodía, y se desarrolló sobre la base de pedir mejoras para la clase de tropa. Se sucedieron en ella los discursos, pronunciados algunos con exaltación. No está de más decir que la mayor parte de los oficiales no se preocupó ni poco ni mucho de todo aquello, y que casi todos se mantuvieron en sus ocupaciones habituales, o bien ausentes en sus casas. En mi unidad, Segunda Compañía del Batallón 2, no apareció ninguno en todo el día. De las compañías vecinas, recuerdo únicamente al teniente de la Séptima, O'Bourke, y al teniente Máximo Gómez, también en su trabajo rutinario. Un pequeño grupo sí me preocupó. Varios de ellos no cesaron de rondar el Club de Alistados, y hasta hicieron acto de presencia en él. Uno de ellos, el teniente Rabelo,[41] trató de llegar armado hasta donde estaban Pablo Rodríguez y Batista. Se le detuvo, se le desarmó y se le ordenó retirarse.

También se personó en la reunión el capitán [Mario] Torres Menier. Desde su lecho de enfermo, el ya general Sanguily lo había comisionado para que averiguara lo que ocurría en el Club de Alistados. Tengo entendido que el capitán comunicó a los sargentos que aquello era una sedición y los invitó a disolverse. Pablo Rodríguez le dijo a Batista: —¡Contéstale tú! Me atrevo a afirmar que, de hecho, fue en ese momento que la dirección pasó a manos de este último.

He aquí un punto que, durante años, ha intrigado a muchos estudiosos de este proceso. ¿Por qué, siendo Pablo Rodríguez el principal organizador del movimiento, quedó eliminado del mismo de modo tan súbito y definitivo, por su camarada y amigo Fulgencio Batista? ¿Cómo pudo Batista adueñarse de la situación de modo tan completo? De conocerse en lo íntimo ambos personajes, la verdad no es difícil de establecer. Tanto el coautor de este libro como yo tuvimos larga relación con ambos. Naturalmente, [Claudio] Medel, por razón de su grado, tuvo menos acceso al presidente Batista que yo. En cambio, solo recuerdo a Pablo Rodríguez en sus días de Sargento Cuartel-Maestre, pero al cambiar impresiones y recuerdos, ambos estuvimos de acuerdo: Pablo era un organizador, pero un completo introvertido. En círculos íntimos resultaba ameno y agradable, pero ante situaciones inesperadas reaccionaba como todos los introvertidos. Esto es, tartamudeaba y terminaba enmudeciendo. Batista, por el contrario, era decidor y espectacular. Se sentía a sus anchas frente

---

[41] El capitán Demetrio Ravelo era el Oficial del Día del Campamento que habló con Batista. Ravelo posteriormente fue herido durante el combate del Hotel Nacional. Adam Silva, *La Gran Mentira*, 108-109, 167.

a gentes que lo escucharan. Que su oratoria no fuese de las más brillantes no viene al caso. En aquella famosa asamblea, al pedirle Pablo a Batista que contestara al capitán Torres Menier, Pablo se situó en la posición que le era más cómoda. Batista, al hacerse cargo de la situación, y aún con su primitiva oratoria de aquellos días, enredó a Torres Menier, también hombre de pocas palabras. También ayudó a Batista la actitud de la asamblea que, al igual que él, olfateó el peligro, y con gestos y actitudes respaldó al sargento. Viéndose solo ante aquella multitud semi-hostil, el capitán se retiró lentamente, dignamente, como los grandes señores, y no volvió más. A partir de aquí, todos los ojos de la asamblea se volvieron a Batista, que sin vacilar continuó dando órdenes y disposiciones, mientras Pablo mantuvo silencio.

Según el Dr. Adam y Silva, quien dice que presenció la escena, el sargento Batista respondió demagógicamente, aunque no sin cortesía, a Torres Menier, porque también el entonces capitán Adam y Silva, acompañado de otro capitán, Evelio Dina, se había personado en el Club de Alistados. Después de este incidente, pasó a ver de inmediato al Jefe del Regimiento, para informarle e instarle a que lo autorizara para disolver la reunión por la fuerza.

El teniente coronel Perdomo había sido trasladado a Camagüey aquella misma mañana, y relevado por el jefe del Tercio, comandante Antonio Pineda. Pero ello no varió el estado de cosas. Este comandante era, al igual que el coronel del Castillo Márquez, amigo de Machado. Tengo la afirmación de un testigo presencial, que lamento no me autorice a pronunciar su nombre, de que el día 12 de agosto, sabiéndose ya en Columbia la toma del Castillo de la Fuerza por el Batallón 1 de Artillería, se presentó ante el presidente, que ya estaba en el Campamento, y le pidió autorización para marchar sobre La Habana con el Tercio y recobrar el Estado Mayor. Machado agradeció la iniciativa, pero no la autorizó. Como se ve, Pineda era otro futuro «depurado», y en modo alguno lo ignoraba.

Inocua como fue la presencia de los antedichos oficiales a la reunión de los sargentos, tuvo, sin embargo, la virtud de inquietarlos. A media tarde se produjo un receso para deliberar, seguido de una segunda reunión a las ocho de la noche.

Mi destacamento había regresado a Columbia, aunque no recuerdo exactamente el día. No asistí a la sesión del mediodía, pues me había quedado trabajando en la oficina del sargento primero. Pero a la segunda, poco antes de las ocho de la noche, fui citado al Club. Llegué a tiempo para oír como el sargento Batista, después de expresarse con gran respeto de los oficiales inferiores, dispuso que todos los concurrentes regresaran a sus unidades, armaran al personal y asumieran el mando.

Es innegable que había fermento en la tropa. Por muy disciplinados que fuésemos, tres semanas hacía que vivíamos entre el saqueo, el desorden y la fraternización con el populacho. Una parte de la prensa, influida por los comunistas, exhortaba a los soldados a unirse a estudiantes y obreros, y a llevar adelante «la verdadera revolución». Durante todo ese 4 de septiembre, habíamos permanecido en nuestras barracas, [en espera] de los acuerdos que surgirían de la Asamblea. Cuando poco después de las ocho de la noche regresamos a los cuarteles con la orden de armarnos, la ansiedad de los que esperaban estalló en acción. En mi compañía, los soldados corrieron a los armeros y tomaron sus fusiles, pero quedaban muchos hombres sin armar, porque los asistentes y todo el personal administrativo se encontraban acuartelados.

El armamento de reserva se encontraba bajo llave, en el cuartel-maestre de la compañía. El sargento cuartel-maestre, de apellido Lastres, era compadre mío. Al igual que al sargento Pedraza, yo ayudaba a Lastres algunas veces en la confección de las nóminas, y aparte de haberle bautizado yo una hija, él me tenía cierta amistad, pero ese día no aparecía por ninguna parte, y solo él tenía las llaves del recinto donde estaban las armas y las municiones de reserva.

Conociendo todo esto, el sargento de tercera Torriente me preguntó: —¿Tienes tú las llaves del cuartel-maestre?, porque Lastres no aparece. Yo le contesté: —No tengo la llave, pero si usted me autoriza, puedo romper la cerradura. ¡Rómpela!, me dijo el sargento Torriente. Y yo metí el hombro y rompí la puerta. Los que estaban desarmados se precipitaron del recinto, tomaron fusiles y abrieron las cajas de municiones. Poco después, una nueva orden procedente de los sargentos, ahora constituida en junta: «En lo adelante, los soldados solo obedecerán órdenes del nuevo Estado Mayor». Y, además: «Trátese a los señores oficiales con cortesía y respeto, pero adviértaseles que deben mantenerse al margen de este movimiento hasta nueva orden y, si lo desean, regresar a su domicilio». Así terminó el 4 de septiembre.

Dos aspectos de este «golpe» desearía yo contribuir a poner en claro. Uno es la destitución de los oficiales por los sargentos. Esto ha sido descrito por algunos historiadores como algo sin precedentes, pero estos abundan. Creo haber tratado el otro aspecto con suficiente claridad. Me refiero a la sustitución del sargento Pablo Rodríguez por Batista. Sin embargo, tengo a mano un buen antecedente que la Historia ha recogido. El estallido de la Guerra de los Diez Años fue el resultado de una larga conspiración. Si hemos de atribuir algún crédito a las memorias del hijo de don Francisco Vicente Aguilera, terrateniente oriental, y uno de los hombres más ricos de la Cuba española, fue Aguilera quien, en una paciente labor de años, preparó el levantamiento que culminó el 10 de octubre de 1868. Utilizando a la masonería como vehículo de propagación de sus ideas, y regalando a los campesinos de la zona con el fruto de sus innumerables fincas, logró articular un movimiento, con tanto acierto y secreto, que cuando llegó la orden de detención de los comprometidos con [Carlos Manuel de] Céspedes, ni Aguilera ni ninguno de los suyos estaban incluidos. Siguiendo de cerca estas memorias, publicadas por la Academia de la Historia de Cuba, vemos que alguien propuso a Aguilera, unos seis meses antes del Grito de Yara, la iniciación de Céspedes en la conspiración. Aguilera se opuso, entre otras cosas, por considerar que Céspedes era demasiado exaltado e indiscreto. Las presiones de los amigos lo hicieron ceder, con el resultado de que, al entrar en el secreto de la conspiración, Céspedes, con su conducta, alarmó a las autoridades españolas, que ordenaron su arresto. Sabiendo de su próxima detención, el futuro Padre de la Patria se sublevó por su cuenta y escamoteó a Aguilera la dirección del movimiento. ¿Puede esto justificarse? La Historia solo acepta realidades y no subjetivismos. El tiempo dio la razón a Céspedes. «Fantasmón» y todo como lo llama Máximo Gómez en su diario, Céspedes aupó la revolución y la llevó adelante allí donde Aguilera, con su temperamento suave y complaciente, pudiera haber fracasado.

El error de Pablo Rodríguez fue no conformarse con el papel de segundo que las circunstancias le señalaban. De momento, Batista lo nombró comandante. Como amigo y hombre de su confianza, a todo hubiese podido aspirar, salvo a esa primera posición que Batista no cedía a nadie. Tal vez mal aconsejado, Pablo Rodríguez reaccionó a posteriori. Nombrado jefe de la Casa Militar del presidente provisional, Dr. Ramón Grau San Martín, trataron ambos de eliminar a Batista, quien los eliminó a los dos. Aunque al correr de la pluma hablaré del presidente Batista sin escatimarle críticas, justo es decir que no era nada rencoroso. Para él, un enemigo dejaba de serlo cuando no representaba un peligro. Pablo fue retirado con su grado de comandante y recibió, además, una posición burocrática que le permitió vivir decorosamente. La vida ordenada y modesta que llevó después, hasta su muerte, es el mejor exponente de su verdadera personalidad.

AL DÍA SIGUIENTE

Pablo Rodríguez y Batista tenían grandes vinculaciones civiles. Es creíble incluso que fueran asesorados por algunos de estos civiles en los días previos al 4 de septiembre. Así, tan pronto tuvieron conocimiento del éxito del golpe, todos estos señores se apoderaron, con la aprobación de los sargentos, del poder civil. El presidente Céspedes y el general Montes se desvanecieron del escenario político-militar. Pero, ¿quiénes eran estos civiles? No pertenecientes al ABC, por cierto. El ABC era conservador y figuraba en el gobierno destituido, pero había otras organizaciones que no fueron consideradas por el embajador de los Estados Unidos en la formación del gobierno de Céspedes. Tenemos entre estos a los comunistas y a sus instrumentos más o menos conscientes, los estudiantes. En su *Historia de Cuba*, el Dr. Márquez-Sterling llama «amalgama» a todo este conjunto de personalidades disímiles, pero concurrentes a un mismo fin. En este caso, el fin era el poder, pero como eran tantos los apetitos que había que satisfacer, se optó por un gobierno colegiado de cinco miembros, la famosa «Pentarquía», que los representaba a todos. Dos de los miembros de esta pentarquía, el Dr. Grau San Martín y el Sr. Sergio Carbó,[42] jugaron un papel posteriormente; los otros tres desaparecieron poco después de la vida pública.[43]

---

[42] Sergio Carbó Morera (julio 29, 1891-abril 18, 1971) natural de La Habana, fue maestro público y comenzó en el periodismo redactando la crónica teatral en *El Fígaro* y en *La Prensa*. Ingresó en la redacción de *El Día* antes de asumir su dirección en 1915. En 1921 fundó el diario *La Libertad*, apoyando al presidente Alfredo Zayas, y su postura en el periódico provocó el 17 de agosto de 1922 un duelo a

Tocante a los sargentos, el éxito de su golpe había sido tan absoluto, que posiblemente fueron ellos los primeros sorprendidos. De momento, sus aspiraciones se limitaron a ser nombrados oficiales y, desde luego, a obtener garantías para su futuro. Fuera de volver las tornas a los depuradores, depurándolos a su vez, en ningún momento pensaron prescindir del Cuerpo de Oficiales, porque la mayor parte de estos oficiales no había conspirado contra Machado, ni eran estos hombres mal vistos por la tropa, pero por una cuestión de ética, casi ninguno aceptó la realidad de hallarse los sargentos al mando y se marcharon a sus casas.

Fue legítima la preocupación del sargento Batista y de sus colaboradores inmediatos ante el éxodo de los oficiales, y cierto es que trataron de lograr que volvieran a sus puestos . . . y comenzaron a elaborarse fórmulas y más fórmulas que satisficieran a una y otra parte, y que hicieran posible este regreso.[44]

Pero ninguna fórmula apareció. Menudearon las conversaciones, y gestiones más o menos conciliadoras. Como es normal, los oficiales querían el mando sin cortapisas, sin limitaciones, tal y co-

---

espadas donde resultó herido por el senador Rosendo Collazo. En 1926 fue candidato a Representante a la Cámara por el Partido Conservador Nacional pero no fue elegido. Fundador y director del semanario satírico *La Semana* (1926-1933) por lo que fue encarcelado y exiliado varias veces durante el machadato. En 1927 viajó a la Unión Soviética para la celebración del décimo aniversario de la Revolución de Octubre y publicó un elogio del sistema comunista en su libro *Un viaje a la Rusia Roja* (1928). Integró la fracasada expedición armada de Gibara en 1931 y regresó al exilio hasta la caída de Machado. Como ministro de Gobernación, Guerra y Marina de la Pentarquía, nombró a Batista coronel y jefe de las Fuerzas Armadas. Al ponerle tres estrellas en las hombreras le dijo: «Tú eres Petrus (piedra) y sobre tus hombros edificaré el nuevo Estado cubano». Fundador y director de «Radiario Nacional» (1937-1941) y del periódico *Prensa Libre*. En septiembre de 1933 creó el Partido Nacional Revolucionario (Realista) que apoyó la candidatura presidencial de Batista en 1940. Fue profesor de la Escuela Profesional de Periodismo «Manuel Márquez-Sterling». *Prensa Libre* le dio cobertura tanto a la oposición como al gobierno de Batista. El 16 de mayo de 1960, la milicia castrista se apoderó de *Prensa Libre*, el último periódico independiente que quedaba en la isla. Carbó inmediatamente se asiló en Miami donde posteriormente falleció.

[43] Los otros tres miembros de la Pentarquía fueron: Guillermo Portela Möller, Porfirio Franca Álvarez de la Campa y José Miguel Irisarri Gamio.

[44] Casi el 20 por ciento de los oficiales jóvenes, unos 112 tenientes y capitanes, se unieron al movimiento de los sargentos.

mo correspondía a su jerarquía, pero los sargentos tenían el mando efectivo y temían que, si ese mando regresaba a los oficiales, ellos serían tratados como sediciosos.

La última gestión tuvo lugar en el Palacio Presidencial el 7 de septiembre. Aunque la comisión designada para representar a los oficiales constaba solo de cuatro personas, más y más de ellos siguieron llegando durante el día, hasta sumar cerca de 200. Por el gobierno había tres civiles, mejor dicho, cuatro, si incluimos al Sr. Carbó, y al sargento Batista. Carbó, periodista de profesión y antiguo expedicionario de Gibara, ostentaba en aquel momento el cargo de Comisionado (Ministro) de Guerra y Marina.

Carbó se dio cuenta perfectamente de que Batista, militar al fin y al cabo, sentía escrúpulos hacia sus antiguos jefes, y de que estaba dispuesto a transigir en muchas cosas. Tras horas y horas de discusión, la negociación no avanzaba. Se produjo entonces una escena que narraré a continuación, pero de la que no puedo dar fe, porque los que la presenciaron no me autorizaron en Cuba, ni ahora en el exilio, a citar sus nombres. En el antiguo Palacio Presidencial, construido en tiempos de Menocal, existe en el primer piso un pasillo que comunica el despacho del presidente con el salón del Consejo de Ministros. Según mis informantes, Carbó llamó al sargento Batista a este pasillo y le dijo, poco más o menos: «¡Estás comiendo basura! Si esa gente vuelve a tomar el mando, te fusila. ¡Aquí no hay más hombre que tú! ¡Sal ahora mismo al salón y mándales para el carajo...!».

Acto seguido, firmó un decreto nombrando a Batista coronel y Jefe de Estado Mayor del Ejército.

SERGIO CARBÓ: Unas palabras sobre este personaje. Carbó dirigía un semanario político-satírico llamado *La Semana*. Sus caricaturas contra Machado lo malquistaron con éste, y tuvo finalmente que exilarse. Regresó en 1931 en la expedición de Gibara, y fue el único expedicionario que logró escapar al cerco del Ejército.

Al caer Machado y formarse el gobierno de Céspedes, tal parece que no mereció suficiente crédito al embajador norteamericano, porque éste no lo tomó en consideración para formar parte de él. Por tanto, Carbó pasó a la oposición y publicó artículo tras artículo de encendida prosa revolucionaria. El 4 de septiembre, sus antecedentes como antiguo expedicionario y periodista de algún renombre le valieron el formar parte de la Pentarquía. Desde su posición se dio cuenta de que el Ejército era el único y verdadero poder en Cuba, y de que este Ejército tenía que estar en manos amigas, so pena de que el vacilante andamiaje que era el gobierno de facto se viniera abajo. Que en aquel momento firmara el decreto nombrando a Batista coronel sin contar con el resto de la Pentarquía quizás no fuera un acto legítimo, pero lo cierto es que el resto del llamado gobierno lo acató . . . y también la tropa. Los acontecimientos hicieron el resto.

Batista agradeció toda la vida a Carbó aquel impulso inicial. El periódico *La Prensa Libre*, que más adelante Carbó fundara, recibía un crecido subsidio confidencial del Gobierno. Yo puedo testificar que las sumas mensuales que el periódico recibía en la década de 1950 rebasaron a veces los $37,000. Pese a la semblanza de oposición que Carbó hizo a Batista durante su último período, en el fondo siempre fueron amigos. Batista incluso perdonó a Carbó algunas travesuras, tales como la de publicar un retrato de la Primera Dama junto a otra de la alta sociedad habanera a quien el vulgo le atribuía amores con el presidente.

El 10 de septiembre fue derogada la Pentarquía y fue nombrado el Dr. Grau San Martín como jefe único del gobierno provisional. Los estudiantes lo apoyaron con entusiasmo. Grau San Martín abrogó la Constitución de 1901 que había restablecido Céspedes, aprobando nuevos estatutos y declaró que esta era una «auténtica revolución».

Volviendo a la noche del 7 de septiembre, los ahora ex-oficiales, coléricos, se marcharon de Palacio. También, como Pablo Rodríguez, tuvieron una reacción tardía. Un gran número de ellos acudió al Hotel Nacional, y terminó haciéndose fuerte en él. Da la casualidad de que se hospedaba allí el embajador de los Estados Unidos, y muchos han querido ver una relación entre una y otra cosa. La verdad parece ser que no fue esa la razón. El hijo del coronel Sanguily era médico del hotel, y en virtud del estado de casi anarquía existente en aquellos días, pensó éste que su padre, recién operado, se hallaría mejor allí, donde pudiera estar a su lado y atenderlo en cualquier emergencia.

Los ex-oficiales fueron acudiendo y quedándose junto a su antiguo jefe en señal de protesta. La voz pasó de unos a otros, y pronto hubo allí alrededor de 800, incluyendo a los de la Marina, que habían corrido parecida suerte. Tal vez la cercanía del embajador les resultara reconfortante, pero el señor Sumner Welles hizo sus maletas y se fue del hotel.[45] No abrigo dudas de que esta concentración en el Hotel Nacional se realizó sin plan alguno, pero poco a poco fue surgiendo la idea de que, si se mantenía esta situación, lo anormal de la situación terminaría por producir una cuestión internacional, con la probable intervención de los Estados Unidos.

Para entender esto hay que situarse en el contexto de las circunstancias que imperaban en aquel momento. Para apoyar su política, Sumner Welles había logrado el envío a La Habana de una flotilla integrada por el crucero pesado *Richmond*, y de varios destructores. Si se considera la contrariedad del embajador ante tantos contratiempos; si se tiene en cuenta la anarquía reinante en el país –en algunos ingenios azucareros los comunistas habían izado la bandera roja– si se piensa que los Estados Unidos tenían, por la Enmienda Platt, derecho a intervenir militarmente cuando lo estimaran oportuno, nada se opone a la idea de que, ante un acto como el del 4 de septiembre, generador de un gobierno de facto en que figuraban elementos radicales, los Estados Unidos pudieran decidirse a tomar la situación en sus manos. Aparentemente el embajador norteamericano estuvo ponderando recomendar esta decisión, y fue el comandante de la escuadra destacada en La Habana, contraalmirante [Charles S.] Freeman,[46] quien comunicó a sus superiores que un desembarco armado produciría una confrontación con el Ejército de Cuba, al que en ese caso el pueblo indudablemente apoyaría, con la consiguiente secuela de muertos y heridos, y que eso sería perjudicial para la recién estrenada política del «Buen Vecino».

---

[45] Sumner Welles abandonó el Hotel Nacional a mediados de septiembre de 1933, después que Batista cortó el agua, y se estableció en el Hotel Presidente.

[46] Charles Seymour Freeman (noviembre 19, 1878-febrero 22, 1969), graduado de la Academia Naval en Annapolis en 1900. Durante la Primera Guerra mundial comandó los buques USS Manchuria, USS Maui y USS Orizaba. Superintendente del Observatorio Naval, 1927-1930. Comandante de la escuadra naval en Cuba 1933-1934, del astillero en Norfolk, Virginia, 1935-1937, y de la Escuadra Submarina de la flota estadounidense 1937-1939. Durante la Segunda Guerra Mundial fue comandante de astillero en Puget Sound hasta su retiro por edad en noviembre de 1942.

Como consecuencia, los Estados Unidos se contentaron, por el momento, con negarse a reconocer la Pentarquía. Por otro lado, ésta no duró gran cosa, y todos sus miembros renunciaron en favor de uno de ellos, el Dr. Ramón Grau San Martín. Así, y temiendo nuevas complicaciones, el ahora coronel Batista se decidió a liquidar la situación anómala creada por los ex-oficiales y, en la madrugada del 2 de octubre atacó el hotel. El ataque consistió en hacerle fuego con todas las armas de que disponía, incluso la artillería de 75 mm. Los oficiales respondieron con el corto número de fusiles que tenían. Había entre ellos varios tiradores internacionales que hicieron numerosas bajas a los soldados. Durante varias horas, los defensores del hotel pusieron su esperanza en la intervención, si no de los Estados Unidos, al menos del cuerpo diplomático acreditado en Cuba. Pero nada ocurrió, y al fin, en horas de la tarde, los ex-oficiales se rindieron. Fueron concentrados en los jardines que dan a la parte posterior del hotel, y transportados en camiones a las prisiones militares de La Cabaña. Cuando la mayor parte había sido evacuada, se produjo un incidente desagradabilísimo. Un cabo, armado de un fusil automático, apuntó de repente a la masa de prisioneros y vació sobre ellos su carga.[47]

Quedaron muertos en el sitio alrededor de diez oficiales, y heridos ___ más.[48] El combate liquidó de una vez por toda la cuestión de los oficiales. Después de una corta prisión, Batista los envió a sus casas, y más adelante, les acordó una pensión que, ¡humanus est!, la mayoría aceptó. Todos se abrieron paso en la vida civil, y no sé de ninguno que no lo hiciera honradamente.

Justo es consignar, sin embargo, que no todos se marcharon el 4 de septiembre, y que, andando el tiempo, muchos de estos oficiales volvieron a filas. De ellos, tres llegaron a generales. Recuerdo por lo menos dos que llegaron a coroneles, y por lo menos seis a tenientes

---

[47] El teniente Ricardo M. Adam Silva (noviembre 3, 1897-mayo 15, 1995), que fue uno de los prisioneros, afirmó en sus memorias que «un grupo de civiles armados, pertenecientes al ABC Radical y algunos estudiantes, abrieron fuego de revólver y pistola sobre nosotros, ya desarmados». *La Gran Mentira*, 165.

[48] El embajador Sumner Welles reportó que catorce oficiales resultaron muertos y diecisiete heridos. Entre sus contrincantes hubo ochenta soldados y civiles aliados muertos y unos doscientos heridos.

coroneles. Uno de ellos, el coronel [Manuel] León Calás, ocupó los cargos de director de la Academia Militar y de la Escuela Superior de Guerra. El secretario de esta Escuela, capitán [Mario E.] Forest, también era de la antigua oficialidad. Fueron nuestros maestros y mucho les debemos. Profesores en todas nuestras escuelas, de ellos recibí yo mucha de mi preparación ulterior.

EL 8 DE NOVIEMBRE

A una nueva prueba, más severa aún, si cabe, se vio sometido el nuevo régimen. En la noche del 7 al 8 de noviembre se sublevó la Aviación Militar, así como las guarniciones del Castillo de Atarés, del Cuartel de Dragones y del de San Ambrosio. Esta sublevación, bajo el mando militar del comandante del antiguo ejército Ciro Leonard,[49] se hizo en combinación con el ABC, organización aún poderosa, que derramó por toda La Habana grupos armados. Muchos de ellos ocuparon las azoteas como francotiradores, otros recorrían la ciudad en automóviles, haciendo fuego contra los soldados y marinos que hallaban al paso. Se decía también, aunque afortunadamente no fue cierto, que el Regimiento de Matanzas también había tomado las armas en contra del gobierno, y que marchaba sobre La Habana. Durante la noche, un avión militar trató de bombardear el Palacio Presidencial. El avión no alcanzó a lanzar sus bombas y parece que fue tocado por el fuego antiaéreo, yendo a caer en Matanzas.

Esa misma noche recibimos órdenes de recobrar el campo de aviación que, como se recordará, se hallaba al norte del Campamento de Columbia, y en un plano inferior a él. Más allá del aeropuerto se encuentra el Reparto de Miramar y, aún más lejos, el mar. De Columbia se descendía al campo de aviación por una pendiente suave. Los cuatro batallones de Columbia y algunos elementos del Tercio tomaron posición a todo lo largo del borde de esta pendiente y, a eso de las nueve de la noche, nos llegó la orden de avanzar. Nos recibió un fuego nutridísimo y, de no mediar la oscuridad, las bajas hubiesen sido de consideración. Así y todo, tuvimos que lamentar once muertos y más de veinte heridos.

---

[49] Ciro Leonard era veterano de la Guerra de Independencia. Su biografía aparece en *Bohemia*, noviembre 19, 1933.

El personal de la aviación era reducido, pero había sido reforzado con gran número de Abecedarios. Mi esposa[50] cuenta que, siendo ella una niña, vivía muy cerca del Miramar Yacht Club, y veía llegar los automóviles cargados de civiles armados. Este aristocrático club fue punto de concentración, por pertenecer muchos de sus miembros al ABC. Una vez reunidos podían fácilmente pasar al campo de aviación, que se hallaba a un paso.

Bajo aquel diluvio de balas avanzábamos a saltos. Es decir, corríamos diez o quince metros y nos tendíamos. Recuerdo como, hallándome yo tendido, un cabo de apellido Verdecia, que marchaba a mi lado, recibió un balazo que lo dejó muerto en el acto. Verdecia pegó un salto y, de no apartarme, hubiera caído sobre mí. A poco, en el momento de incorporarse, cayó el soldado mecánico de mi compañía. A este pobre soldado lo mató un tiro que provino de nuestras propias filas. Parece que, al incorporarse, alguien disparó y él se interpuso en la línea de tiro.

Como las edificaciones de la aviación se encuentran agrupadas al este del aeropuerto, y el avance se realizaba en un frente muy amplio, resultó que a los batallones 1 y 2, que estábamos a la derecha de la línea, nos tocó avanzar directamente sobre ellas, mientras que los batallones 3 y 4, más a la izquierda, no tenían ante sí más que las pistas de aterrizaje, donde no había defensores. De aquí que nosotros recibiéramos todo el fuego, mientras que aquellos avanzaron sin oposición y, al rebasar los edificios, terminaran por virar hacia la derecha, envolviendo los mencionados edificios. Fue entonces que se declaró el pánico en las filas contrarias, porque ya iba amaneciendo, y desde la torre de control y el Hotel Almendares, que era donde nuestros adversarios se hallaban parapetados, pudieron apreciar que pronto quedarían cercados. Los abecedarios huyeron abandonando a los soldados de la aviación, aunque capturamos a unos cuantos, más a casi todo el personal militar.

Los primeros en entrar en el edificio principal de la aviación fueron los capitanes [Ignacio] Galíndez y [Gregorio] Querejeta,[51]

---

[50] Se refiere a su segunda esposa Rosaura Menéndez y Hernández de Tejada.

[51] El afrocubano Gregorio Querejeta Valdés (1885-1984) ascendió a comandante por sofocar la insurrección. El 24 de diciembre de 1945, cuando estaba al mando del Regimiento 7 Máximo Gómez destacado en La Cabaña, fue nombrado briga-

antiguo oficial de la Academia, que quedó con nosotros el 4 de septiembre. Me ha quedado presente que, al subir a la azotea en busca de una ametralladora que nos había estado hostilizando toda la noche, hallamos que un proyectil le había atravesado la camisa de agua, junto al ánima. Al salir por la recámara, arrastrando consigo el cerrojo, le arrancó la mitad de la cara al ametrallador, que yacía boca arriba en un charco de sangre.

La persecución se prolongó hasta más allá de los límites del aeropuerto, y penetramos en Miramar. Existía allí un descampado llamado «El Monte de Barreto». Entre la maleza hallamos armas, equipos, brazaletes, etc., en cantidades increíbles, y es que los abecedarios, en su retirada, se despojaron de cuanto pudiera comprometerlos.

Hallándome en el Monte de Barreto, recibí la orden de regresar a Columbia. Había omitido decir que, habiendo ascendido Pedraza a capitán, pasé yo a ser sargento de tercera, y ocupé la plaza de sargento primero que él dejó vacante. También se me nombró presidente del Club de Alistados, cargo que dejó vacante el sargento Pablo Rodríguez. Como se ve, Pedraza no me había olvidado. Justo es consignar, sin embargo, que siempre traté de cumplir con mi deber. Siendo yo un soldado del tipo reglamentista resultaba, también por mi carácter, lo que se conocía en el servicio como «barra de catre», es decir, duro en el servicio. No me pesa haber sido así, pues si se es firme, sin ser injusto, termina uno por ganarse el respeto de los subordinados.

Volviendo a lo anterior, cuando me presenté en la Jefatura del Campamento, se me encargó que preparase en el Club de Alistados el tendido de los muertos. Por eso me quedó tan grabado que fueron once.

Con respecto a los regimientos de provincia, todos se mantuvieron fieles. La Marina, por su parte, sostuvo casi sola un duelo a muerte durante todo el día 8 en la capital. La Cabaña se mantuvo en reserva.

---

dier e Inspector General del Ejército. En diciembre de 1948 fue retirado por antigüedad con 44 años de servicio y una paga anual de $1,920 que disfrutó es su casa en la playa de Santa Fe. Su hija María del Carmen fue esposa del teniente Jesús Yánez Pelletier.

Pero en la noche del 8 al 9 el enemigo nos hizo un regalo inesperado. En lugar de mantenerse diseminado por La Habana, haciéndonos la vida imposible desde las azoteas, el comandante Ciro Leonard ordenó concentrar todos los efectivos en el Castillo de Atarés. El comandante Leonard, por su integridad e inteligencia, era uno de esos hombres que Batista hubiese querido retener. Pero aquí cometió un error de bulto concentrando todas sus fuerzas en un solo sitio fácilmente sitiable.

¿Cómo pudo el comandante Leonard pifiar de este modo? Cualquier manual de estrategia previene al oficial estudiante contra la falsa seguridad de las fortalezas. Sin embargo, este fue el caso. Durante la noche, los sublevados evacuaron Dragones, San Ambrosio y las calles y azoteas en favor del Castillo de Atarés.

El antiguo cuartel del Regimiento de Dragones de Edimburgo, derribado un año más tarde para construir en su emplazamiento una estación de policía, así como el que fue Hospital de San Ambrosio, y con posterioridad Cuartel-Maestre General del Ejército, fueron ocupados por nuestras tropas sin disparar un tiro. Sus guarniciones sublevadas los habían abandonado.

Este castillo, que domina el fondo de la bahía, fue construido por el ingeniero militar Agustín Kramer en 1763. Su planta es un pentágono regular rodeado de un profundo foso. Más allá de la contraescarpa, es decir, por fuera del foso, un terraplén, protegido por el glacis y con banquetas de tiro para la infantería provee una línea exterior de resistencia. Para asaltarlo, sería preciso subir la loma bajo el fuego de los defensores. A continuación, tomar esa línea exterior, salvar el foso y trepar por la escarpa hasta las almenas. Se habilitó para una guarnición de ochenta hombres, pero el 9 de noviembre una multitud de soldados y civiles se apiñó en el recinto. La loma del Soto, en cuya cumbre está el castillo, es redonda, y puede ser investida desde todos los ángulos.

Así, el Ejército rodeó el castillo y abrió fuego de cañón contra él. Desde la bahía, el crucero *Cuba* comenzó también a batirlo con sus piezas de cuatro pulgadas. El castillo respondió con dos ametralladoras calibre 50 emplazadas, una hacia el lado de tierra y la otra hacia el mar. Por la parte del mar sus balas rociaron no solo al *Cuba*, sino también a los destructores norteamericanos. La marinería se encontraba acodada en las barandillas, contemplando el combate, cuando las balas comenzaron a golpear las corazas. Los destructores levaron anclas y zarparon mar afuera. Los impactos en el *Cuba* aún podían verse años después.

En las prisiones comunistas de Cuba, mi coautor Medel conoció a dos civiles que habían estado en Atarés. Uno era un galleguito recién desembarcado. Tenía por aquella época unos dieciocho años, y contaba que la curiosidad lo llevó a San Ambrosio, y que después, sabiendo manejar, condujo un camión de municiones a Atarés. Que la cantidad de gente dentro del castillo era tal que daban prácticamente hombro con hombro. Él se paró a contemplar como un cabo disparaba la [ametralladora] calibre 50 que daba a tierra. Este cabo tenía una personalidad histriónica. Cada vez que se le presentaba un blanco, se volvía hacia el público, se inclinaba saludando, y mostraba una bala trazadora. Luego se volvía hacia la pieza, introducía el proyectil en la recámara y disparaba la trazadora para medir la distancia. Después, con gran deliberación, disparaba varias ráfagas. Así desmontó una ametralladora calibre 30 que se hallaba en la azotea del Mercado Único y mató e hirió a sus servidores. Después de cada hazaña, se volvía el cabo hacia el público, que lo aplaudía a rabiar. El galleguito se dijo: —Es un superhombre. Con él no podemos perder.

Después de una salva de aplausos, a los que correspondió con otra reverencia, tornó el cabo hacia su pieza. Pero, de repente, pegó un salto y cayó hacia atrás. Una bala le había destrozado la cabeza. A partir de aquí, contaba el galleguito, ya hombre maduro, el ánimo se le vino a los pies. Muerto su héroe, se sintió perdido.

Los obuses de 75 mm. reventaban en los glacis del castillo sin causar daño, pero por la tarde se trajeron morteros de 60 mm. Las primeras granadas pasaron sobre Atarés, inofensivas, y la gente se mofaba de ellas. El otro civil, que en 1933 era un niño de 13 años, cuenta que se había escapado de su casa y se metió en Atarés, también por curiosidad. Que, al ver pasar las granadas, Ciro Leonard, que estaba muy cerca de él, exclamó: —Han traído los morteros y están encuadrando el blanco. Dentro de poco empezarán a caer aquí, y solo se salvarán los que estén bajo las bóvedas. ¡Dios mío!, ¡y pensar que yo mismo fui a comprarlos a Francia! Acto seguido, entró a los servicios sanitarios y se pegó un tiro en la sien. El testigo añade que él siguió al comandante Leonard y que presenció su suicidio. Y que, al verlo caer, corrió aterrado hacia la Plaza de Armas (patio central). En ese instante, la primera granada había estallado en medio de la multitud, y que el espectáculo era espantoso. Cuerpos destrozados y un mar de sangre por doquier. La gente saltó por los parapetos exteriores y corrió glacis abajo en total desbandada, con las manos en alto y agitando cuanto objeto blanco tenían a mano. El fuego cesó, el levantamiento había terminado.

AL DÍA SIGUIENTE

Durante todo el período republicano, desde 1902 hasta 1933, los Estados Unidos intervinieron en la política de Cuba de manera más o menos encubierta, pero constante. Aunque se protestaba, y la prensa de aquella época hacía eco de estas protestas, y aunque hoy en día nos parezca increíble y hasta lamentable, lo cierto es que la situación fue aceptada, gobierno tras gobierno, como inevitable. Es más, no hubo presidente para el cual no fuese una premisa mantenerse en la gracia de los Estados Unidos. ¿Qué hizo Batista al día siguiente del golpe de los sargentos? ¡Exactamente lo mismo!, y con la bahía de La Habana llena de barcos de guerra norteamericanos. Pequeños y solos, locura hubiera sido proceder de otro modo. A partir del mismo día 5 de septiembre, el entonces sargento Batista comenzó a visitar al embajador. Por otra parte, es de suponer la cólera de Sumner Welles. El 12 de agosto, los oficiales se le inmiscuyeron en sus planes para sustituir a Machado por el general Herrera. Ahora, los sargentos hacían lo propio con el gobierno provisional que él al fin había constituido. Podemos imaginarnos también la frialdad con que el embajador trataría al sargento.

Sin embargo, la situación resultaba ya demasiado alarmante, y el Presidente terminó por llamar a Welles por teléfono. Cabe imaginarse lo que le dijo, porque a partir de ese momento la actitud de Welles se hizo más cordial, aunque Washington siguiera sin reconocer al gobierno de facto. También se hizo evidente la conveniencia de relevar a Sumner Welles, quien estaba demasiado implicado en los acontecimientos ocurridos en Cuba en los últimos dos meses. Era menester otra persona, una mente fresca que, desapasionadamente, estudiase la situación y propusiese la solución adecuada. Este hombre fue Jefferson Caffery,[52] a quien no movía ni la pasión ni el amor propio, y que vio de inmediato en Batista al hombre capaz de restablecer el orden y el principio de autoridad. Batista se mostraba, además, deseoso de agradar y de servir a los Estados Unidos, a cambio, claro está, de su permanencia en el poder. Así lo informó Caffery a su gobierno y, a vuelta de correo, recibió éste la orden de transmitir la siguiente proposición: si Batista eliminaba a Grau, a los estudiantes y a los comunistas del poder, el reconocimiento y el apoyo de los Estados Unidos estaba asegurado.

En el gobierno que se formó a raíz del 4 de septiembre, aparecían tres tendencias bien definidas:

- La tendencia militar (Batista)
- La estudiantil (Grau)
- La radical de izquierda (Guiteras)

De estas tres tendencias, las dos últimas, detentadoras del poder civil, produjeron leyes que a la larga beneficiaron al país, pero también sus consignas (no pagar luz, no pagar alquiler, no pagar teléfono), destinadas a ganarse el apoyo popular, eran bastante demagógicas. También habían hecho su aparición las milicias (esta es una maniobra típicamente comunista). Recuerdo el nombre de dos de esas agrupaciones: «Ejército Caribe» y «Pro Ley y Justicia». Todas ellas fueron uniformadas de modo similar al ejército.

Dije que las milicias constituyen una maniobra comunista. Ellos las emplean como aparente apoyo al ejército, pero según se van cimentando en el poder, los marxistas debilitan a éste por medio de leyes, hasta disolverlo y sustituirlo por dichas milicias que, después de depuradas, se convierten en el ejército regular comunista.

Todos estos peligros acechaban a Cuba. Así, cuando Batista recibió la proposición de los Estados Unidos, se apresuró a disolver las milicias y a deponer al poder civil, sustituyéndolo con un presidente, el coronel de la Guerra de Independencia Carlos Mendieta y Monte-

---

[52] Jefferson Caffery (diciembre 1, 1886-abril 13, 1974), natural de Lafayette, Luisiana, abogado graduado de Tulane University que entró en el servicio diplomático en 1911. Fue embajador norteamericano en El Salvador (1926-28) y Colombia (1928-33) antes de tomar el puesto en Cuba (1934-1937). Se retiró en 1955 a residir en Roma y regresó a Lafayette un año antes de su muerte.

fur, totalmente sometido a él. Desde 1933 hasta 1944 Batista gobernó el país con poder absoluto. Los diversos presidentes: Mendieta, [José] Barnet,[53] Miguel Mariano Gómez[54] y [Federico] Laredo Brú[55] no fueron sino sus criaturas. Uno de ellos, Miguel Mariano Gómez creyó que de verdad era el Ejecutivo, y el Congreso, a una señal de Batista, lo depuso en 24 horas.

---

[53] José Agripino Barnet (junio 23, 1864-septiembre 18, 1945) nació en Barcelona de padres cubanos. Graduado de abogado de la Universidad de la Habana. Residió en Paris de 1887 a 1902, cuando entró en el servicio diplomático cubano. Fue cónsul en Japón, Brasil, Alemania y Suiza antes de ser presidente del 11 de diciembre de 1935 al 20 de mayo de 1936.

[54] Miguel Mariano Gómez Arias (octubre 6, 1889-octubre 26, 1950) nació en Sancti Spíritus, hijo único del presidente José Miguel Gómez. Electo varios términos a la Cámara de Representantes antes de asumir la alcaldía de La Habana en 1926. Dos años después, la reforma constitucional anuló la Alcaldía y salió al exilio. Participó en la fracasada expedición de Río Verde en 1931, fue encarcelado, y regresó al exilio hasta la caída de Machado. Fundó el Partido Acción Republicana y fue reelecto alcalde de La Habana en 1934. Asumió la presidencia de la República el 20 de mayo de 1936. El Congreso lo desaforó el 24 de diciembre de 1936 por haber vetado el impuesto de Ley de los 9 centavos sobre cada saco de azúcar de producción nacional destinados al sostenimiento y ampliación de las Escuelas Cívico-Rurales. Volvió al exilio y regresó en 1939 aspirando nuevamente a la alcaldía de La Habana, pero perdió las elecciones. Se retiró de la vida pública hasta fallecer de cáncer cerebral.

[55] Federico Laredo Brú (abril 23, 1875-julio 7, 1946) nació en San Juan de los Remedios y se graduó en Derecho en 1895. En la Guerra de Independencia perteneció al Estado Mayor del Cuarto Cuerpo de Las Villas y alcanzó el grado de coronel. En 1900 fue secretario de la Audiencia de Santa Clara y presidente de la misma en 1907. Teniente Fiscal del Tribunal Supremo y en 1910 Fiscal de la Audiencia de La Habana. Secretario de Gobernación del presidente José Miguel Gómez (1911-1913) y posteriormente abrió bufete de abogado en Cienfuegos hasta 1930. En 1933 fue designado Secretario de Gobernación en el gabinete del presidente Céspedes y después vicepresidente de la República por elección. Asumió la presidencia al ser desaforado Miguel Mariano Gómez, hasta el 10 de octubre de 1940. Bajo su mandato se crearon las Escuelas Cívico-Rurales y el Instituto Cívico-Militar, los Hogares Infantiles Campesinos, la Dirección Nacional de Deportes, el Servicio Técnico de Salud Pública y el Consejo Nacional de Tuberculosis. En 1937 se estableció la Ley de Coordinación Azucarera en defensa de los pequeños colonos.

CAPÍTULO III

FULGENCIO BATISTA

Tanto se ha escrito sobre Batista, tan conocida es su vida, que poco más podría yo añadir. Los juicios sobre él son, por lo general, apasionados. Se le admira o se le odia, y es que con una figura así es difícil ser neutral. Durante su segundo período de gobierno nuestras relaciones llegaron a ser muy estrechas y, aunque en los últimos tiempos disentimos y nos separamos, siempre lo recuerdo con afecto. Ahora, transcurridos tantos años desde su desaparición y desde los acontecimientos que ahora narro, creo que, por lo menos, puedo permitirme el lujo de ser imparcial.

Bien conocido es su origen tan humilde. Sus primeros años fueron tan pobres y tan llenos de necesidad como los míos. Al igual que yo, viajó a La Habana e ingresó en el Ejército buscando mejorar su situación. Tan pronto pasó la escuela de reclutas, no perdió su tiempo, sino que aprendió a leer y a escribir con corrección, estudió taquigrafía y mecanografía, y terminó ganando una oposición para sargento mayor taquígrafo. Como su trabajo de sargento mayor taquígrafo destinado al Estado Mayor le dejaba más tiempo libre, fundó una academia donde personalmente enseñaba su especialidad. También, y como antes dije, su cargo en el Estado Mayor lo llevó a conocer, en los juicios y consejos de guerra, a personalidades que más tarde le fueron útiles y que, en verdad, supo usar.

Reza el refranero español que «lo que Natura no da, Salamanca no lo presta». La cultura se adquiere, pero la inteligencia y el carácter nacen con el individuo. Batista fue un verdadero dirigente. Su don de gentes y su magnetismo eran increíbles. Sus soldados lo adoraban. Sobresalió, además, sobre todos los políticos de su época, a los cuales, amigos y adversarios por igual, dominó y utilizó.

Sin embargo, han de coincidir las circunstancias específicas para que surja un personaje epónimo. De no ser por la Revolución

Francesa, Napoleón no hubiera pasado de ser un oscuro oficial de artillería. De no mediar la caída de Machado, con su secuela de caos, pillaje y desórdenes, Fulgencio Batista hubiera llegado quizás a suboficial taquígrafo.

Afirmé que Batista, al igual que yo, había ingresado en el Ejército para mejorar su situación, pero hasta ahí llega el paralelo: la vida militar me fascinó desde un principio. Nunca me interesó servir sino en la línea, y todos mis estudios posteriores, hasta graduarme en la Escuela Superior de Guerra, estuvieron encaminados a capacitarme aún más como soldado.

En cuanto a Batista, fue político por excelencia. Jamás le interesó el Ejército como profesión. Una vez pasada la escuela de reclutas, no volvió a tocar un fusil, pero era el ídolo del Ejército y, a falta de apoyo popular, fueron las fuerzas armadas su base de sustentación. Esto lo sabía él de sobra y, por tanto, jamás perdió el contacto con sus soldados, a los que beneficiaba en todo cuanto podía.

Tampoco permitió que las tropas fueran mandadas sino por hombres que le fueran totalmente adictos, que se debieran exclusivamente a él, y esto fue en mengua de la preparación técnica da las fuerzas armadas, porque en la mayoría de los casos, estos hombres de confianza tenían escasa preparación, y bajo ellos el espíritu de antaño languideció.

Algo había que hacer. No podía permitirse que el Ejército se convirtiera en una turba. Tan pronto consolidada su posición, se hizo patente la necesidad de restablecer la disciplina. Así, al alborear el año 1934 se reabrieron las escuelas.

Yo, por mi parte, continué en mi función de sargento primero de mi antigua compañía, la segunda del Batallón 2 de Infantería, pero ahora se me confió una función extra. En unión de otra clase, y vestidos de civil, salíamos por las noches a patrullar las calles. Nos situábamos en diversos barrios de la capital, observando el ánimo de la población. Esto era hasta la madrugada, y al despuntar el alba regresábamos a Columbia. Casi no dormía, porque a la diana tenía que entrar de servicio.

Fue en los días en que aún Grau era presidente, que se produjo el incidente de los restos de Mella.

Julio Antonio Mella[56] había sido un cuadro comunista, graduado en Moscú. Fue él quien introdujo el comunismo en la Universidad de La Habana. Bajo Machado tuvo que exilarse en México, donde murió en un atentado. Después del 4 de septiembre, y aprovechando las circunstancias caóticas en que vivía el país, los comunistas trataron de producir un golpe de efecto, sepultando unas cenizas que dijeron eran de Mella, y nada menos que en el Parque de la Fraternidad. Este parque había sido, desde principios del siglo XIX, Polígono de maniobras del Ejército Español. El Gobernador Tacón[57] lo hermoseó, rodeándolo de vallas con entradas monumentales. Bajo la República perdió su función militar, y Machado hizo de él un bello parque, en cuyo centro hizo sembrar un árbol abonado con tierra de todas las naciones de América. Este fue el Parque de la Fraternidad, de gran extensión y bordeado de edificios coloniales.

---

[56] Julio Antonio Mella (marzo 25, 1903-enero 10, 1929) inscrito al nacer con el nombre de Nicanor McPortland, es producto de la unión extramatrimonial de un sastre dominicano y su amante irlandesa. Se crio entre Estados Unidos y Cuba durante su niñez hasta estudiar la secundaria en el Chandler College de Marianao. En 1921 comenzó estudios de Derecho y Filosofía y Letras en la Universidad de La Habana, y dos años después fundó la Federación de Estudiantes Universitarios. En 1924 se unió al Partido Comunista Cubano respaldado por Moscú y al siguiente año fue cofundador del primer Comité Central. El 25 de septiembre de 1925 fue expulsado de la universidad por un año al darle una bofetada al profesor Rodolfo Méndez Peñate quien había suspendido a su esposa. Dos meses después fue arrestado por la explosión de una bomba en el teatro Payret. Salió en libertad bajo fianza y huyó a México bajo nombre falso en enero de 1926. El Partido Comunista lo acusó de desertor, de «resquebrajamiento de la disciplina, oportunismo táctico, y relaciones con la burguesía», y lo depuraron de sus filas. En México fundó la Asociación de Nuevos Emigrados Revolucionarios Cubanos y escribió para periódicos comunistas. En 1927 viajó a Moscú para participar en el Congreso de la Internacional Sindical Roja. Integró el estalinista Comité Central del Partido Comunista de México, del cual fue expulsado por su asociación con trotskistas. Fue asesinado misteriosamente en Ciudad México el 10 de enero de 1929, mientras iba acompañado en la calle por la fotógrafa italiana comunista Tina Modotti, quien mantenía relaciones amorosas con Mella, el mexicano Xavier Guerrero y el italiano Vittorio Vidali. Se especula que su muerte fue por motivos de un triángulo amoroso, el conflicto entre trotskistas y estalinistas, o un agente de Machado.

[57] Miguel Tacón y Rosique (enero 10, 1775-octubre 12, 1855), teniente general de la Real Armada, Mariscal de Campo del Ejército de Tierra, Primer Duque de la Unión de Cuba y senador en la Cortes Generales de España. Gobernó la isla desde el 1 de junio de 1834 hasta el 20 de abril de 1838.

Aprovechando la falta de vigilancia y las circunstancias semi-caóticas que aún prevalecían, los comunistas levantaron una especie de cenotafio para encerrar en él las cenizas. Al día siguiente,[58] señalado para el entierro, el gobierno envió una compañía de infantería (la mía), una de marina, una de artillería y elementos del Tercio. No tuvimos dificultad en desbaratar el monumento y deshacer la manifestación, pero una vez dueños nosotros del terreno, es decir, de la Plaza de la Fraternidad, comenzaron a hacernos fuego desde las ventanas y azoteas de las casas que bordeaban la plaza. Temiendo devolver el fuego por temor a herir a los moradores de las casas, nos tendimos y guarecimos en lo posible detrás de los árboles. Como es natural, no quería yo ser herido, pero no por eso dejé de levantar la cabeza de vez en cuando y mirar. Recuerdo los puntitos luminosos de los disparos, que se veían surgir, aquí y allá, de los edificios circundantes. También las balas que, al golpear contra el cemento de las aceras, hacían saltar chispazos. Por fortuna no tuvimos bajas.

Quizás mi actuación cuando el ataque a la aviación, y a partir de los servicios que desde el 8 de noviembre presté, no hubieran tenido para mí mayores consecuencias, pero de nuevo Pedraza dio pruebas de buena memoria, y en diciembre de 1933 ascendí a segundo teniente *por decreto presidencial. Había que cubrir los cuadros de oficiales, exactamente igual que había que cubrir la primera magistratura de la nación, los ministerios, etc. etc.*[59]

Ya restablecido el orden público en la nación, el gobierno y los jefes de las Fuerzas Armadas empezaron a preocuparse por la urgente preparación de la nueva oficialidad nombrada. Ya que fueron muy pocos los oficiales antiguos del Ejército Nacional que quisieron aceptar el regreso a las filas, ofrecimiento hecho reiteradamente y con absoluta sinceridad por el entonces jefe del Ejército Coronel Fulgencio Batista. Hubo casos de oficiales del antiguo Ejército que nosotros lamentamos profundamente que no volvieran. En cambio, otros muchos, su tratamiento para con los alistados, como humanos, no era correcto, aún dentro de la más estricta disciplina. La disci-

---

[58] 29 de septiembre de 1933.

[59] En diciembre de 1933, ya eran oficiales del Ejército por decreto unos 363 sargentos, 26 cabos, 32 soldados, 28 técnicos y 63 civiles.

plina es para el Ejército o cualquier otra organización armada lo que la sangre es al cuerpo ~~humano~~ animal. Es su propia existencia.

Quizá por muchas cosas que nunca se han escrito, también hasta las Fuerza Armadas llegó la revolución de agosto y septiembre de 1933. Los pundonorosos y capaces militares que no pudieron evitar que la revolución llegara hasta lo sargentos, cabos y soldados de las Fuerzas Armadas, eran tan cubanos como lo eran los propios sargentos, cabos y soldados. Ni más ni menos.

El pueblo de Cuba trató de quitarse de encima al gobierno que no quiso soportar más y los alistados de las Fuerzas Armadas encontraron un apoyo en el estudiantado y el pueblo en general para buscar un cambio entre ellos; pues era muy difícil lograr esto, sin variar el concepto en lo racional, entre toda la oficialidad que existía en el Ejército Nacional. Hubo muchísimas excepciones entre la oficialidad, pero muchos, los más, nos miraban como cosas, como objetos. En nosotros había miedo como respeto por aquellos jefes. La disciplina no debe ser miedo sino respeto y raciocinación.

Como hombre amante de la disciplina y un enamorado de la carrera militar, bien entendida, creo que el distanciamiento que existía entre la oficialidad y la tropa tuvo que ver con el descontrol de los jefes en los mandos. Esa es la razón más poderosa del 4 de Septiembre de 1933, que estuvo incluido en la propia revolución de agosto del mismo año.

Mucho se ha escrito en el exilio sobre el caso, pero también otro mucho vivimos aquellos instantes, que hay que considerarlos como un hecho histórico que no admite pequeñeces. O el Sgto. Rodríguez o el Sgto. Batista u otro lo hubiese tenido que hacer. La fuerza revolucionaria, o parte de ella, el estudiantado, no se dirigió a los jefes ni a los oficiales de las Fuerzas Armadas, sino a la tropa. A esta dio su apoyo y ayudó a su dirección. Otro hecho que quizá restó fuerza a la oficialidad del Ejército Nacional fue la entrada en el Hotel Nacional, abandonando sus mandos.

El 4 de Septiembre no creo sea un cuartelazo como llaman vulgarmente, sino que fue parte de los hechos acaecidos, y que decidió y dio en parte, solución a un caos que se agrandaba por momentos, mientras la única reserva disponible en el instante era las Fuerzas Armadas. Fueron controladas y reordenadas por los Sargentos y poco después empezó a verse un horizonte más claro. Nosotros pre-

senciamos hechos de saqueos en muchos sitios de la Habana. Presenciamos incendios y atropellos en las calles porque no había una dirección responsable de las autoridades. Controlaba la Marina y el Ejército, pronto se notó el cambio.

Tan pronto hube recibido mi ascenso, se me envió a Camagüey, y no solo yo, sino a un grupo de segundos tenientes, pues la diáspora de los oficiales había dejado en esqueleto los mandos de la Guardia Rural. Para la zafra pidieron refuerzos de oficiales subalternos, y allá fui yo, pero los hados no me favorecieron. Mientras se me destinaba a algún puesto, quedé en la Jefatura del Regimiento 2 que, como todos los del interior, era de caballería. Y mientras esperaba a que se me destinara a alguna tenencia o a algún central azucarero, pude dedicarme a mi pasión favorita: la equitación. Horas y horas me las pasaba en la silla, trotando y saltando obstáculos en el picadero, pero como todo tiene su fin, una mañana recibí la orden de traslado a Piedrecitas.[60]

Esperábamos disturbios en aquella zafra, pero el país parecía tan harto de desórdenes, que los obreros realizaron sus tareas hasta el final. En los meses anteriores los comunistas, que eran pocos, pero muy activos, aprovecharon la ocasión de la crisis de autoridad subsecuente a la caída de Machado para, incluso, organizar soviets e izar la bandera roja en algunos centrales, pero ahora parecían haberse esfumado.

Terminada la zafra regresamos a La Habana. Es preciso admitir que estos meses en Camagüey fueron para mí unas vacaciones. Desde la caída de Machado vivíamos sobre el quién vive. Casi no podíamos desnudarnos para dormir, pues las alarmas sucedían a las alarmas. El último servicio antes de ascender a segundo teniente, patrulla civil por las noches y sargento primero de día, me había extenuado. Cuando regresé a Columbia, me sentía hombre nuevo.

Los acontecimientos de 1933 habían traído un verdadero desajuste en el cuerpo de oficiales. Muchos ascensos, realizados «revolucionariamente», fueron verdaderos desaciertos. Otros fueron más acertados, pero en casi todos los casos carecíamos de la preparación necesaria. La solución se caía de la mata: reabrir las escuelas. Tan pronto estuve de regreso en mi unidad (siempre la 2da. del 2) se me

---

[60] Piedrecitas era un caserío en el municipio Florida en Camagüey.

comunicó que pasaría a un curso de capacitación para oficiales, que tendría lugar en el Castillo de Atarés. Este curso constaba de 75 oficiales, escogidos entre los más jóvenes. Duró año y medio, y de nuevo volvieron la inspección de armas, el rasqueteo de los caballos, los ejercicios extenuantes de infantería y educación física, y por las tardes, clase en las aulas.

El director del curso fue el comandante Salcedo, uno de los antiguos oficiales que no causaron baja el 4 de septiembre. Era también profesor (y muy bueno, por cierto) de equitación y de caballería. Recuerdo también a otros profesores como, por ejemplo, al capitán Fajardo, instructor de infantería, y al entonces teniente [Juan A.] Moreno Romaní, de Educación Física. Al teniente Dr. [Santiago] Codina [Aramburu] lo tuvimos de gramática, y de historia militar al teniente Yeste. En cuanto a las matemáticas, nuestro profesor lo fue el coronel retirado [Fernando] Driggs [Acosta]. Los estudios de infantería alcanzaron hasta la escuela de batallón, y los de caballería hasta el Tercio. Recibimos también nociones de artillería, aunque sin profundizar mucho en la materia. Me vienen a la mente algunos compañeros de curso que después llegaron lejos en su carrera. Genovevo Pérez Dámera,[61] después Jefe de Estado Mayor, fue uno de ellos. Ángel Bisset, después teniente coronel y fusilado por Fidel Castro,

---

[61] Genovevo Pérez Dámera (enero 3, 1910-junio 27, 1992) natural de Matanzas. Al terminar el bachiller se alistó en el ejército como soldado el 5 de julio de 1929. La Revolución del 4 de Septiembre de 1933 lo ascendió a teniente y fue nombrado ayudante de campo del presidente Ramón Grau, a quien acompañó al exilio en 1934. Luego pasó al Regimiento No. 2 de Camagüey donde fue profesor de matemáticas de la Escuela de Reclutas. En 1938 ascendió a capitán por oposición y tres años después obtuvo el grado de comandante. Cuando Grau asumió la presidencia, lo nombró mayor general y jefe de las Fuerzas Armadas en febrero de 1945. En 1948 fue condecorado por el gobierno español con la Gran Cruz de Mérito Militar Español. El presidente Prío lo retiró por insubordinación el 23 de agosto de 1949 cuando descubrió sus contactos secretos con el dictador Rafael Trujillo. Posteriormente fue acusado ante un tribunal de delitos diversos de malversación por más de $18 millones. Sin embargo, otro tribunal desestimó los cargos el 10 de enero de 1951. El 24 de diciembre de 1951 fue ametrallado desde un automóvil mientras conducía su Jeep en la ciudad de Camagüey. Sobrevivió tres balazos .45 en el cuello, el hombro y un pulmón. Fue electo senador por la provincia de Pinar del Río en 1954 y 1958. Se asiló en Estados Unidos el 21 de octubre de 1965 y se naturalizó ciudadano estadounidense el 12 de agosto de 1974. Tristemente recordado por su frase: «Al periodista se le paga o se le pega».

fue otro.[62] Bisset era un gran matemático, y mucho debí a sus enseñanzas.

Por aquellos días no andaba yo muy bien de salud. Quizás las aguas de Camagüey no me asentaron, o por cualquier otro motivo, lo cierto fue que una fuerte colitis me estuvo afectando durante todo el curso. Pese a eso, luché con todas mis fuerzas. Mucho había llovido desde que, con una preparación muy deficiente, me había alistado en el Ejército. Los estudios que como cabo pude hacer, incluyendo las asignaturas de bachillerato, que cursé en el Instituto de Pinar del Río, me valieron de modo increíble. Ya a los finales, competíamos por el primer puesto el teniente [Miguel] Álvarez de la Noval[63] (español) y yo. Él era muy estudioso, y solo con un gran esfuerzo logré acumular los puntos para ganarle.

A veces, por las tardes, me sentaba en las almenas del Castillo a contemplar la ciudad, que dominaba desde su altura. Menos de un año antes, Atarés había sido el centro del combate del 9 de noviembre. En ese patio central, donde formábamos todas las mañanas para entrar a clases, las granadas de mortero habían destrozado a los hombres por docenas. En los servicios sanitarios, que varias veces al día visitábamos, el comandante Ciro Leonard se había saltado la tapa de los sesos. En la ladera sur, frente a las cuadras, se levantaba un obelisco que señalaba el lugar donde, en 1851, fueran fusilados 52 expedicionarios norteamericanos de la expedición de Narciso López, entre ellos el teniente coronel [William L.] Crittenden.[64] Los ingleses

---

[62] Ángel Custodio Bisset Coll no fue fusilado y se incorporó al Ejército Rebelde, siendo retirado en noviembre de 1959 con una pensión anual de $3,000.

[63] Miguel Álvarez de la Noval (diciembre 13, 1904-febrero 1, 1985) nació en Asturias, España, y emigró a Cuba en 1916. Alistó en el ejército en 1921, contrajo matrimonio con María Consuelo Iglesias en 1927 y se naturalizó ciudadano cubano el 14 de octubre de 1932. Graduado de la Academia Militar en 1934 y diez años después fue nombrado Jefe de Sección de Orden Público del Estado Mayor del Ejército. Obtuvo el título de abogado de la Universidad de La Habana en 1946. Fue jefe del Buró de Investigaciones en 1947 y en 1951. Recibió asilo político en Miami en 1959 y al siguiente año fue a residir a Puerto Rico hasta 1973. Regresó a Miami, donde posteriormente falleció.

[64] William Logan Crittenden (1823-agosto 16, 1851), sobrino del gobernador de Kentucky (1848-50) y senador John Jordan Crittenden, graduado el último de su clase de 1845 de la Academia Militar en West Point y veterano de la guerra con México.

estuvieron a punto de ocupar esta loma del Soto en 1762. De haberlo hecho, la flota española surta en puerto hubiera quedado a su merced, porque Atarés domina el fondo de la bahía. Fue por esa experiencia que los españoles construyeron este bastión.

Ya hacia fines de curso tuvo lugar, en Rancho Boyeros, una competencia de salto. Me tocó en suerte saltar el primero, y gracias a mi caballo, Nerón, y a las enseñanzas del comandante Salcedo, logré hacer un recorrido totalmente limpio que me valió el premio «Coronel Batista». *Entonces fue que empezó el problema de la «Dama Audaz», hasta que por poco desgracia mi carrera militar.*

Tan pronto hube egresado del curso, se presentaron oposiciones para primer teniente de infantería. Me sentía yo tan seguro de mis conocimientos, que me presenté a ellas. Mi único contendiente fue el segundo teniente Alejandro Batista (sin parentesco alguno con el coronel, pese a su apellido). El teniente Batista era un magnífico instructor de infantería, y sus conocimientos prácticos eran vastos, aunque sin base teórica. Quizás peque algo de inmodesto en lo que voy a decir, pero yo tenía también años de experiencia en la instrucción de esta arma y, recién graduado además de Atarés, me conocía los manuales al derecho y al revés. Gran parte del examen fue oral. Sentados los dos opositores frente al tribunal, contestábamos a las preguntas que alternativamente se nos hacían. Mi ventaja en todo momento fue tan evidente que, al terminar, no abrigaba yo dudas de que había sido el ganador.

Pero el teniente Batista pertenecía a la escolta del coronel. El entonces comandante [Raimundo] Ferrer, antiguo oficial que quedara con nosotros, era Jefe de los Ayudantes y presidente del tribunal de examen. En un gesto de amistad, quiso halagar a su jefe, y Batista fue el ganador. ¿Que cómo me sentí? ¿A qué decir que cómo me sentí? Jamás había recibido un golpe tan inesperado. Desde soldado había marchado siempre adelante. Lentamente, pero siempre adelante, sin un revés de importancia.

Sin embargo, en medio de todo tuve una gran satisfacción que en gran parte compensó el disgusto. En una ceremonia que por esos días tuvo lugar en Columbia, el coronel Batista me vio de lejos y me llamó. Tomándome del brazo me llevó aparte y me dijo, poco más o menos:

—Martín, sé todo lo ocurrido. Mundito (el comandante Ferrer) es mi amigo, y al aprobar a Batista, quiso darme una satisfacción. Pero se equivocó, lo que me ha dado es un disgusto, y así se lo dije. Hice traer tu expediente y lo examiné. Eres un buen oficial. Yo quiero, Martín, que no te desanimes. La vida está llena de estas basuras: cárgalo a la cuenta de la experiencia. Prepárate para las próximas oposiciones y yo me encargaré de que se te haga justicia.

Esas palabras de nuestro jefe me llenaron de orgullo. Alguien más las oyó, y el asunto trascendió. Algo más me llamó la atención ese día. No habían pasado aún dos años del 4 de septiembre. Recordaba al Batista de 1933: más bien bajo de estatura, delgado, cetrino. Un sargento y nada más. Ahora, su presencia resultaba imponente. Todos cuantos le rodeaban, militares, civiles, diplomáticos, se mostraban obsequiosos y llenos de adulación. Y Batista recibía todos aquellos homenajes con aplomo, con naturalidad, como si toda la vida hubiera sido lo que era en aquel instante.

Volví a mi servicio rutinario de oficial de guarnición, siempre en Columbia, siempre en mi compañía, y seguí siendo segundo teniente, pero acababa de abrirse la Escuela de Artillería. Para el primer curso fueron escogidos los que mejor expediente tuviesen en matemáticas entre los graduados de Atarés, quince en total más de la Marina de Guerra. A casi ningún oficial le agradan estos cursos, A los oficiales de guarnición se les hace la vida relativamente cómoda. Pasar a un curso de superación significa dejar de tener mando, volver a las aulas, someterse de nuevo a una disciplina casi de cadete. Vuelven los estudios, con largas horas de trabajo y noches de insomnio cuando se aproximan los exámenes. Al saber de mi designación, hubiera podido moverme y quitarme el curso de encima, pero no vacilé. Dicen los franceses que el apetito viene comiendo, y eso me había pasado a mí. Tres años atrás no era yo sino un cabo, con posibilidades de llegar a sargento, y quizás hasta a suboficial, ya en los umbrales del retiro. Pero siendo ahora teniente, en la flor de la edad, y con la reciente contrariedad habida en las oposiciones, la ambición, una ambición que considero legítima, había hecho presa en mí . . . y fui a dar con mis huesos a la Batería de La Pastora.

La Pastora es una batería rasante construida en 1735 por el gobernador [Juan Francisco de] Güemes y Horcasitas.[65] Su emplazamiento está al pie de la Fortaleza de La Cabaña, a flor de agua, y desde donde se domina la boca de la bahía. Los primitivos cañones de bronce fueron sustituidos alrededor de 1840 por los gruesos cañones *Barrios*, recién inventados y que, si los comunistas no han enviado a Rusia, se encuentran allí todavía. En *septiembre de* 1935 se habilitó para Escuela de Artillería. Todos los días, a la diana, cruzábamos el canal de entrada a la bahía en la lancha del Morro. Las clases se prolongaban desde las ocho de la mañana hasta las cinco de la tarde, de lunes a viernes. Las aulas, antiguos cuarteles españoles, eran amplias y ventiladas. Para las prácticas de tiro contábamos con la batería de costa N° 1, también española. Esta batería constaba de cuatro cañones *Ordóñez*, de 120mm.[66] Su emplazamiento se hallaba en el litoral de la Costa Norte, al oeste de Cojímar. Aunque los cañones eran de modelo anticuado, se hallaban en muy buen estado. Con un alcance de unos once kilómetros, resultaban ideales para los estudios de balística. También, con el tiempo fuimos a un Polígono de tiro de artillería que tenía el Ejército en la provincia de Pinar del Río, al oeste de la capital de este nombre, en un sitio llamado Guanito. Llevamos con nosotros la batería ligera de 75mm. Entre los maestros, recuerdo al coronel retirado Driggs, que ya había sido profesor mío en la Escuela para Oficiales, y al después teniente coronel [Antonio] Blanco Montalván.

Así fueron transcurriendo los meses, y ya tenía vencido el curso *de quince meses*. Faltaban 26 días para la graduación, cuando me sobrevino el desastre.

Un marido ofendido acusó a su esposa de infidelidad, siendo yo la contraparte de esa infidelidad. Quizás el asunto no hubiese tenido

---

[65] Juan Francisco de Güemes y Horcasitas, conde de Revilla Gigedo (1682-1766), general español que fue gobernador de La Habana y capitán general de Cuba (1734-1736) cuando remozó las fortificaciones de la isla. Como Virrey de la Nueva España (1746-1755) fomentó la colonización de California. Al regresar a España tuvo el mando de Capitán General del ejército.

[66] El cañón Ordóñez era una pieza de artillería costera diseñado a fines del siglo XIX por el oficial de artillería español Salvador Díaz Ordóñez. Los cañones en La Habana se utilizaron durante la guerra Hispano-Cubano-Americana de 1898.

mayores consecuencias, de no ocupar este señor una posición prominente. El señor perdonó a la esposa, pero yo recibí órdenes de trasladarme inmediatamente para el Regimiento 1, en la Provincia de Oriente. Todo sucedió tan rápidamente que llegué a mi destino aturdido, sin conciliarme con la idea de que mi universo se derrumbaba.

Al presentarme en la Jefatura, en el Cuartel Moncada, en Santiago de Cuba, el Jefe del Regimiento, teniente coronel Diego Rodríguez, me llamó a su presencia. Este jefe me conocía bien; en Columbia había sido sargento mayor del Batallón Nº 3. Recuerdo que me dijo: —Oye, Martín, esto huele mal. Las órdenes que tengo son de enviarte a Imías (el puesto más remoto de la Isla, cerca de la Punta de Maisí). Pero, para empezar, dime la verdad de lo que te pasó.

Yo le conté el asunto con pelos y señales, y al terminar, el coronel rompió a reír, exclamando: —Perdóname, viejo, no me río de tu desgracia, pero el asunto es comiquísimo. ¡He ahí un marido que no sabe llevar los cuernos con dignidad!

Después, vuelto a su seriedad habitual, continuó: —Si no es más que eso, ya pasará, como pasan todas las cosas. Los ánimos se enfriarán. Desde que ascendiste, tienes dos escuelas en tu haber y eres, además, un buen jinete. Yo, por mi parte, estoy demasiado carente de oficiales para enterrarte en Imías. El Escuadrón 2 del Tercio no tiene capitán, y está al mando de un primer teniente. Ve y hazte cargo como segundo jefe. Y no hables de tu problema con nadie.

Pero el coronel Rodríguez se equivocaba. El marido siguió pidiendo mi cabeza, y a los pocos días me llegó un escrito confidencial del Estado Mayor. Se me pedía que, en bien de la institución, presentara mi renuncia alegando una enfermedad o algún otro motivo personal. Yo siempre fui un militar disciplinado y, como tal, dispuesto a obedecer y a soportar muchas cosas, pero no la pérdida de mi carrera a la que había dedicado tantos años y mi corazón por entero. Por otra parte, resultaba extraño que, si se deseaba eliminarme, no me hubieran simplemente dado de baja «por alta conveniencia al servicio», medida arbitraria, que generosamente se practicó en nuestro Ejército. Pero así fue. Pedí autorización para consultar a un abogado, y el Capitán Ayudante me facilitó al teniente Dr. Sigfrido Solís de León. Siguiendo el consejo de éste, contesté por conducto reglamentario exigiendo que, de haber cometido yo un delito, se me juzgara en consejo de guerra privado o público. Que, de requerirse una reparación personal, yo estaba dispuesto a batirme (el duelo estaba permitido en esos días) con el marido ofendido. Pero que de ningún modo renunciaría, sino que me defendería por todos los medios legales a mi alcance.

El silencio más absoluto siguió a esta carta. Once meses pasé en Santiago de Cuba. Cada vez que llegaba el correo, esperaba yo la llamada de la Jefatura para comunicarme el retiro. En medio de esta incertidumbre transcurrió el tiempo hasta que, como explicaré más adelante, volví a La Habana.

Años más tarde me enteré de lo sucedido. Pedraza, ahora teniente coronel y Jefe de la Policía, supo accidentalmente del asunto. Mi antiguo sargento primero era, y es, hombre de carácter. Me atrevo a decir que era uno de los pocos subalternos con quien Batista se medía mucho, y hasta temía un poco. Un ayudante de Pedraza, amigo mío de años, me contó lo sucedido. En este caso, Pedraza fue a ver a Batista, que, por su parte, parecía dispuesto a retirarme. La entrevista fue un tanto borrascosa, pero por fin se llegó al compromiso de dejarme en paz, aunque «pro forma» quedaría yo un tiempo en el «destierro».

Y yo ansioso e inquieto, sin saber a qué atenerme. Aparte de eso, estos once meses transcurridos en Oriente fueron los más felices de mi vida, porque al poco tiempo de figurar como segundo en el mando del escuadrón, su jefe fue trasladado, quedando yo al frente. ¡Todo un escuadrón del Tercio Táctico para mí solo! ¡Un cargo de capitán, siendo yo solo un segundo teniente! ¡Hubiera querido tener a los muchachos a caballo todo el día!

El Jefe del Regimiento, teniente coronel ____ era muy amante del béisbol. Recordó que, años atrás, había yo jugado en el equipo de Columbia, equipo que llegó a ser considerado como semiprofesional. Así, me nombró director del equipo que él había formado en el regimiento. Una vez que lo tuve en forma, jugamos contra novenas civiles de Santiago de Cuba. Luego extendimos nuestras actividades hasta Bayamo, Manzanillo y Banes, pueblo natal del coronel Batista. Unas veces teníamos éxito, otras no tanto, pero siempre resultaba agradable.

Hasta llegar Machado al poder, la República mantuvo muchas de sus características coloniales, cuya máxima expresión era la industria azucarera, tal como la habían desarrollado los españoles. Machado sentó las bases de la diversificación industrial de Cuba, pero fue la era de Batista la que dio de lleno en los problemas sociales. Cierto es que el efímero gobierno surgido del 4 de septiembre promulgó leyes que, a la larga, beneficiaron al pueblo cubano, pero Batista, funcionando como autócrata hasta 1944, conservó estas leyes y, podándolas de sus ribetes demagógicos, las llevó adelante. No hay que olvidar el origen tan humilde de este sargento. La tragedia íntima de ver a un hermano muerto de tuberculosis sin la atención médica adecuada, se traduce más adelante en el Sanatorio de Topes de Collantes. La obra de los institutos cívico-militares se comprende solo a través de su infancia atormentada.

Como retribución a las deficiencias de su propia enseñanza, hizo que quisiera él llevar ésta a los confines de la República. En nuestra época, el índice de analfabetismo era aún muy grande, sobre todo en los rincones más apartados de la República. Sobraba razón a los maestros por mostrarse remisos a internarse en las serranías, sin facilidades para vivir y sin garantías para su vida, y sin autoridad para imponerse a montunos ignorantes, que en muchos casos ni comprendían ni deseaban esta enseñanza para sus hijos. La solución ideada por Batista fue habilitar como maestros a bachilleres, a normalistas y a profesionales sin empleo, nombrarlos oficiales y sargentos del Ejército, y ya bajo el fuero militar, y con el prestigio del uniforme, enviarlos a los lugares más remotos. Allí, imponiendo su autoridad, se obtenía de forma más o menos voluntaria el concurso de los campesinos para construir casas-escuelas, y se les obligaba a que enviaran a sus hijos al colegio.

Los alumnos que más se distinguieran eran enviados a centros superiores de estudio, los llamados Institutos Cívico-Militares, donde se capacitaban como técnicos en diversos oficios. El presupuesto para esta obra se logró con un impuesto de nueve centavos por cada saco de azúcar que se produjera en Cuba. La resistencia a sancionar esta ley fue lo que motivó que el presidente Dr. Miguel Mariano Gómez fuera depuesto en 24 horas.[67]

El montaje de este plan fue eminentemente militar. Cada regimiento recibió órdenes de organizar escuelas para disciplinar a los

---

[67] El presidente Gómez vetó la ley el 21 de diciembre de 1936 y al día siguiente fue destituido por el congreso.

aspirantes a maestros. Yo fui el encargado de la correspondiente al Regimiento 1. Se me dieron órdenes de formarlos militarmente y, en realidad, en los tres meses que estuvieron conmigo, les apreté las tuercas al máximo. Se trataba de imbuirlos en lo posible del espíritu castrense, y de instilarles el don de mando que tanta falta les haría para lidiar con el campesinado de tierra adentro. También, y como necesitarían trasladarse a caballo por lugares donde no existían otros medios de locomoción, empleé los del Tercio para darles, al menos, rudimentos de equitación.

El tiempo pasó, y un buen día recibí la orden de traslado. Volvería a La Habana, pero no a Columbia, sino al Regimiento Nº 5 de la Guardia Rural (Quinto Distrito Militar). Se me destinó al Escuadrón 2, cuyo jefe era el entonces capitán Pilar García.[68] Cuando llegué, no se me asignó misión alguna, salvo la de montar constantemente a caballo: mucho picadero y salto de obstáculos. Pilar venía a verme montar y sostenía frecuentes conversaciones conmigo, siempre sobre temas ecuestres.

Poco a poco las noticias se fueron filtrando: Cuba había sido invitada a participar en un concurso hípico internacional que se celebraría en Chile. El coronel Batista dio gran importancia a esta invitación, y quiso que Cuba estuviese bien representada. ¿Por qué llamarme a mí, entonces? Por haber ganado yo el trofeo «Coronel Batista», allá por 1935.

El equipo fue poco a poco precisándose. Si bien no puede decirse que fuese yo un gran jinete, los demás sí lo eran. Esta fue la organización final:

---

[68] Pilar D. García García (octubre 12, 1896-enero 1983) Nació en San José de las Lajas, Las Villas, y alistó en el Ejército el 22 de abril de 1915. Ascendió a segundo teniente en 1926. En 1944 era capitán y jefe del Regimiento No. 3 en Santa Clara cuando fue retirado por el presidente Ramón Grau por sus vínculos a Batista. Participó en la conspiración del golpe de Estado de Batista y ascendió al día siguiente a teniente coronel. Era jefe del Regimiento No. 4 de la Guardia Rural en Matanzas cuando el cuartel Goicouría fue atacado por rebeldes Auténticos el 29 de abril de 1956. Fue nombrado jefe de la Policía Nacional el 19 de marzo de 1958 y sofocó la insurrección del 9 de abril en La Habana. El 13 de agosto de 1958 es ascendido a General de Brigada del Ejército. Partió al exilio con sus hijos Irenaldo y Roberto el 1 de enero de 1959 con los Tabernilla y otros en el avión que los llevó a Jacksonville, Florida. Falleció en Queens, N.Y.

Jefe de Equipo: Capitán Rodríguez Sáenz.
Integrantes: Teniente [Gerardo] Padrón [Pérez]
Teniente Capote.
Teniente Díaz Tamayo.

Poco puedo aducir en favor de los caballos. Tras la caída de Machado, este tipo de evento había venido a menos. Por el momento, no había buenos saltadores. Fue preciso adquirirlos a toda prisa en los Estados Unidos. Con ellos nos trasladamos para Columbia, donde se nos destinó un espacio para el alojamiento, y parte del Polígono para las prácticas de salto.

Encontré el Campamento profundamente modificado. A mi partida para Oriente, ya comenzaban los trabajos de remozamiento. Ahora se hallaban en pleno desarrollo. Las antiguas barracas de madera, construidas en 1901 por el Ejército de los Estados Unidos daban paso a cómodos, amplios y ventilados cuarteles de mampostería. Del otro lado del Polígono las casas de los oficiales, también de madera, se transformaban en bellas residencias.

El Estado Mayor, por otra parte, no continuó en el Castillo de La Fuerza. Recordando sin duda lo fácilmente que fue tomado el 12 de agosto, el coronel Batista lo trasladó para Columbia. Allí ocupó, hasta 1959, el antiguo edificio de la Escuela de Aplicación. Quedaba así el jefe en medio de sus tropas, y no a una hora de camino de ellas.

¡Embarcamos para Chile! Un navío de la Flota Blanca[69] nos tomó a bordo, caballos y caballeros. El viaje duró dieciocho días. Tocamos en Colombia, atravesamos el Canal de Panamá; también hicimos escala en Ecuador y en Perú, hasta que, por fin, desembarcamos en Valparaíso. De allí a Viña del Mar, donde se nos alojó en los cuarteles del Regimiento de Coraceros. Magnífico el lugar, y la hospitalidad, regia.

En las competencias que siguieron estuvieron representados los Estados Unidos, Bolivia, Chile, Ecuador, Perú y Cuba. Solo había equipos militares y, una vez celebradas, pasamos a otra en Santiago

---

[69] La Flota Blanca era el servicio de vapores de la United Fruit Company que durante 108 años, hasta el 2007, transportaron cargo y pasajeros en el hemisferio occidental.

de Chile, donde tomaron parte equipos civiles. Los cubanos salvamos la honra, pero poco más. ¡Imposible competir con los formidables saltadores que presentaron los demás países! Pero competir da experiencia, tranquilidad, seguridad en uno mismo. Los reveses en Chile nos valieron triunfos futuros.

Me impresionó sobremanera lo que vi del Ejército Chileno. Disciplina extremadamente rígida, de modelo prusiano. Tengo entendido que en nada ha cambiado. No es extraño que, cien años atrás, vencieran los chilenos a la coalición Perú-Bolivia. Es el Ejército Chileno quien ha salvado a Chile del comunismo.

Nuestra ausencia de Cuba duró 60 días. Este viaje a Chile fue el comienzo de lo que se me ocurre llamar mi «etapa ecuestre». Permanecí en el equipo durante cinco años y, como es natural, tomé parte en múltiples competencias nacionales. En aquel momento, tan pronto regresamos de Chile, comenzamos de nuevo a prepararnos para competir, ahora en el Madison Square Garden. Para allá fuimos en noviembre de 1938.[70] Allí, nuestro papel resultó bastante más airoso que en el Cono Sur y, cuando terminamos, pasamos al Canadá, donde tomamos parte en la Royal Winter Fair. Al concluir, en ruta otra vez, y ahora hacia México, donde figuramos en nuevas competiciones. ¡Qué época! ¡Cuánta nostalgia da recordarla! Estos eventos hípicos iban acompañados de fiestas brillantísimas. Concurrían a ellos los mejores jinetes del mundo, y el todo realzado por la presencia de mujeres hermosísimas, de la alta sociedad panamericana y europea. A veces, al contemplarme en aquel medio deslumbrador, no podía menos que comparar mi presente con mis días de obrero agrícola, cortando caña o recogiendo piñas por menos de dos pesetas al día. ¡Qué cambio! ¡Qué acertado estuve cuando rompí mi guataca contra un árbol y me alisté en el Ejército!

---

[70] Díaz Tamayo arribó a Nueva York desde La Habana en el S.S. Orizaba el 18 de octubre de 1938, acompañado del comandante Cecilio Pérez Alfonso y los tenientes Luis Cantón, René Chipi Córdova, Ángel C. Fajardo, Manuel Hernández, Gerardo Padrón Pérez, y el oficial veterinario Tulio Figarola. Llevaban ocho caballos para competir contra los jinetes militares de otras cuatro naciones en el 55th National Horse Show, Madison Square Garden, Nueva York, noviembre 5-12, 1938. Los ganadores del trofeo fueron los oficiales del ejército estadounidense de Fort Riley, Kansas.

A comienzos de 1939 regresamos a Columbia, y me enteré de que había en perspectiva oposiciones para primer teniente. No tengo que decir que empecé de inmediato a prepararme para ellas. Se me brindó también la oportunidad de inscribirme en un curso de aviación, y así lo hice. He aquí una nueva experiencia. Después de «solear» (volar solo, sin el instructor, por primera vez) llegué a acumular 26 horas de vuelo. Fue entonces que el jefe de la aviación, comandante [Rogelio] López Jorge, me citó a su despacho y me dijo:
—Mi hijito (él le decía mi hijito a todo el mundo), si aspiras a piloto de guerra, bienvenido seas, pero acabo de enterarme de que también te estás preparando para las oposiciones a primer teniente de infantería. Oye mi consejo: decídete por una de las dos cosas, porque te faltará el tiempo para prepararte como es debido, y no vas a hacer un buen papel, ni aquí, ni allá.

López Jorge tenía razón. Estaba mordiendo más de lo que podía masticar, y ¡me decidí por la infantería! Yo era soldado de a pie o de a caballo. Como aviador, nunca sería sino un diletante.

Sin embargo, tampoco en la infantería había llegado mi momento. Mi opositor lo fue el cadete-graduado [Eduardo E.] Martín Elena. La posesión de una condecoración, concedida en esos días a este oficial por el gobierno mexicano, hizo bascular la balanza a su favor por 62 centésimas de punto.

Seguí siendo segundo teniente, pero no por mucho tiempo. Un año después hubo de nuevo oposiciones y, ¡por fin!, ascendí. Había permanecido seis años en el grado.

Esta promoción a primer teniente conllevó mi designación como Ayudante del Tercio Táctico. Es decir, pasé a la caballería. En muchos aspectos esto gratificó mi ego. No había olvidado que allá por 1926, el capitán Colín Herrera quiso alistarme en esa unidad cuando, por un momento, el Batallón 2 creyó no tener plazas vacantes. Ahora venía yo a ser, prácticamente, el segundo jefe de la misma, pero para mí tenía un inconveniente: la Ayudantía de una unidad es una posición eminentemente administrativa, y si bien yo transmitía y hacía cumplir las disposiciones del Comandante, no tenía mando directo de tropas. Tuve un consuelo, sin embargo, y era que, como miembro del Equipo Hípico, seguía montando a caballo varias horas al día.

LA SEGUNDA GUERRA MUNDIAL

Como siempre, dejo a los historiadores la tarea de pormenorizar la historia de Cuba a partir de 1933, pero quisiera yo, por mi cuenta, decir unas palabras sobre el tema.

Desde 1933 hasta 1944, Batista dirigió la nave del Estado. Mi opinión es que lo hizo con habilidad. Para evitarse tropiezos, se adhirió estrictamente a la política exterior de los Estados Unidos. Acató, inclusive, hasta sus más leves indicaciones. A cambio de su lealtad, y de la tranquilidad que ésta proporcionaba a Washington, Batista logró para Cuba múltiples concesiones. Unas fueron de índole económica, otra fue la abrogación de la Enmienda Platt.

En los Estados Unidos, el presidente Roosevelt había producido una verdadera revolución económica. Pero como sus reformas hallaron fuerte resistencia en las clases conservadoras, para poder llevarlas a cabo fue apoyándose cada vez más en las izquierdas. Naturalmente, si uno incursiona demasiado hacia la izquierda, termina por toparse con los comunistas, y esto fue lo que le sucedió a Roosevelt. Los comunistas pactan con el diablo si ello conviene a sus intereses. Siempre poco numerosos, pero muy disciplinados, obedecieron las órdenes de Rusia de apoyar a Roosevelt hasta sus últimas consecuencias, y el presidente, necesitado de este apoyo, también se aferró a ellos hasta sus últimas consecuencias.

En Cuba, los comunistas habían hecho en todo tiempo la guerra a Batista. Contra él, azuzaron a los estudiantes. Contra él, produjeron disturbios tales que lograron que fueran clausurados de nuevo los institutos y la Universidad. Con posterioridad, en 1935, contribuyeron a vertebrar una huelga general, similar a la de 1933 contra Machado. Se creía que esta huelga sería el golpe final contra el «sargento» Batista. Sin embargo, la huelga fracasó, en lo que el entonces coronel Pedraza tuvo mucho que ver con el triunfo del gobierno.

Pero ahora viene lo bueno: de repente, llegan órdenes a los comunistas de pasar a las filas del gobierno, y a Batista, desde Washington, la «sugerencia» de abrir los brazos a estos. Desde esa fecha, hasta 1944, año en que Batista abandonó la presidencia, marcharon, tomados de la mano, y entre elogios recíprocos, sin que una nube ensombreciese el idilio.

¿Cómo enjuiciar este hecho? A Batista se le acusa de haber legalizado el Partido Comunista, y de hacer ministros a varios de sus miembros. ¡Correcto! La acusación es válida, pero también creo que, de no hacerlo, se hubiese visto en aprietos con el State Department.

Por lo pronto, este maridaje significó la paz para el gobierno. Los comunistas no reconocen la moral. Para ellos solo existe la «línea del Partido». A sus torcidas maniobras, a sus traiciones, las llaman «tácticas de lucha». Nuestro sentido de lo que es bueno y de lo que es malo, para ellos es un «prejuicio burgués». Hasta la integración de los comunistas con el gobierno, las huelgas, conspiraciones, bombas y atentados se sucedían los unos a los otros. A partir de este momento, todo marchó miel sobre hojuelas, pues los «camaradas» no tenían inconveniente en denunciar a los aliados de ayer, y en desbaratar cualquier intentona en contra de Batista.

De todos estos acontecimientos anteriores a la alianza Batista-Comunismo, me referiré, y se me perdonará este sentimentalismo, a la muerte de un cabo del Ejército de apellido Man.[71] Pertenecía este cabo al Regimiento Nº 4, de Matanzas, y se hallaba entre las fuerzas de la Guardia Rural enviadas a reconocer la presencia de personal sospechoso en un antiguo fortín español al oeste de la ciudad. El destacamento rodeó el sitio, los ocupantes trataron de huir y abrieron fuego al intimárseles el alto. Man, quien permaneciera de pie dirigiendo los movimientos de su escuadra, fue alcanzado y cayó muerto. De los que trataban de escapar murieron también dos, el señor Antonio Guiteras y un «internacionalista» que lo acompañaba.[72]

---

[71] Marcelo Man.

[72] Antonio Guiteras Holmes (noviembre 22, 1906-mayo 8, 1935) nació en Filadelfia y a los 7 años la familia se traslada a Cuba donde se gradúa de Bachiller y agrimensor en 1924 en Pinar del Río. Recibe el título de Doctor en Farmacia de la Universidad de La Habana el 20 de agosto de 1927. El 29 de abril de 1933 participó en el asalto al pequeño cuartel de San Luis, Oriente. El 10 de septiembre de 1933 el presidente Grau lo nombró ministro de Gobernación, controlando la designación de alcaldes municipales. El 25 de octubre la Secretaría de Guerra y Marina fue absorbida por Gobernación, fortaleciendo el mando de Guiteras. Al ser derrocado el gobierno de Grau, crea la organización Joven Cuba para tomar el poder por medio de la lucha armada. El grupo fue financiado por robos, extorciones y el secuestro de Eutimio Falla Bonet el 3 de abril de 1935, por un rescate de $300,000. Dos semanas después, Guiteras fue encausado por el crimen junto con una docena de sus partidarios. Cuando trataba de huir de la isla el 8 de mayo de 1935, Guiteras

Mucho se habló de la muerte de Guiteras que, bajo Grau, fuera ministro. Por otra parte, su desaparición restó impulso a la oposición insurreccional. Siempre es de lamentar la muerte de seres humanos, y más si esta muerte es debida al calor de las pasiones políticas. Pero no olvidemos tampoco al humilde soldado: a su viuda, a su madre, a sus hijos. Porque, créelo, lector, los soldados, generalmente procedentes de las capas menos afortunadas, tienen madres, mujeres e hijos que los necesitan y que los lloran.

Los compañeros de Man le erigieron un sencillo cenotafio en el lugar de su caída, que fue destruido posteriormente, y en persona, por el señor Eddy Chibás.[73] ¿En qué molestaba al señor Chibás aquel muerto, aquel soldadito caído en el cumplimiento de su deber? Llegue mi reconocimiento al señor [Pedro E.] Pérez Mejides. Este periodista fue el único, que yo sepa, que en plena reacción anti-

---

y el revolucionario venezolano Carlos Aponte Hernández murieron durante una balacera con el Ejército y quince partidarios fueron arrestados.

[73] Eduardo Chibás Rivas (agosto 20, 1907-agosto 16, 1951) nació en Santiago de Cuba donde asistió al Colegio Dolores y posteriormente al Colegio Belén en La Habana. Su padre, un acaudalado ingeniero, fue ministro de Obras Públicas en el gobierno interino del presidente Carlos Manuel de Céspedes. Ingresó en la Universidad de La Habana en 1926 y figuró en el Directorio Estudiantil Universitario. Durante la lucha contra el régimen de Machado sufrió prisión y exilio con su padre cuando ambos fueron acusados de colocar bombas. Se sumó al Partido Auténtico en 1936. Fue electo delegado a la Asamblea Constituyente en 1939 tras un misterioso atentado donde recibió un tiro a sedal de pequeño calibre a boca de jarro en el costado. Electo a la Cámara de Representantes por la provincia de La Habana en 1940. Electo senador por la misma provincia en 1944. En 1947 fundó el Partido del Pueblo Cubano (Ortodoxo) y al siguiente año fracasó en su aspiración presidencial. En 1950 fue electo senador de La Habana en los comicios parciales para cubrir el acta vacante del fallecido senador José M. Alemán. Sus semanales denuncias radiales estridentes durante 1943-1951 contra la corrupción gubernamental, real o imaginada, provocaron controversias y duelos. El cegato agitador fue levemente herido en duelos a espadas con el senador Santiago Rey Pernas (1945), el ministro de Estado Alberto Álvarez, el senador Francisco Prío Socarrás y el ministro de Trabajo Carlos Prío Socarrás (1947) y el senador José Manuel Casanova (1949). Sentenciado a seis meses de presidio en 1949 por falsamente acusar de soborno a tres magistrados del Tribunal Supremo. El presidente Prío lo indultó tras un mes. Al no poder probar su acusación que el ministro de Educación Aureliano Sánchez Arango había robado fondos escolares, se dio un balazo en el bajo vientre durante su programa de radio. Convaleció en el hospital durante once días y falleció de hemorragia interna al recibir un descoagulante. Nunca contrajo matrimonio.

Batista escribió un artículo sobre el tema. Se publicó en *Bohemia*, y en él aparece el señor Chibás destrozando a mandarriazos el pequeño monumento funerario.[74]

Espero que se me perdone esta digresión. Volvamos ahora al tema.

Bien sabido es que, en 1917, la declaración de guerra de los Estados Unidos a Alemania trajo aparejada una similar declaración por parte de Cuba. En 1941 se repitió la historia. Alemania no nos había ofendido en lo más mínimo en ninguna de las dos ocasiones, pero eso no resta legitimidad al hecho. Tanto Menocal en 1917, como Batista en 1941, actuaron siguiendo el principio geopolítico de hallarse nuestro destino indisolublemente unido al de los Estados Unidos. La cuestión de que si Cuba enviaría o no sus tropas al frente apareció sobre el tapete. En previsión de que así fuera, se envió a la base naval norteamericana de Guantánamo una misión militar cubana para recibir, en una unidad de infantería de marina, preparación de combate. El grupo estaba compuesto por ocho oficiales subalternos y ocho sargentos. Por ser el de mayor graduación, iba yo a su frente. Recuerdo los nombres de algunos de sus integrantes: segundos tenientes [Francisco] Tabernilla, los dos hermanos Valdés Jiménez (uno procedente de La Cabaña y otro de Columbia), Radillo, Lage, Ramos y Marrero. Este último ahijado del entonces presidente Batista.

[*Aquí faltan dos hojas del manuscrito con cuatro páginas, de la 67 a la 70. El período cubre la época que se divorcia de su primera esposa y contrajo segundas nupcias.*]

El Dr. Ramón Grau San Martín era, sin duda alguna, la figura del momento. Las manifestaciones de júbilo rayaron en el delirio. En el desfile inaugural, frente a Palacio, recuerdo un cartelón con las imágenes de Martí y Grau. El letrero que las acompañaba rezaba: «¡Dios te ilumine, cubano soñador!». Por aquellos días apareció también una caricatura en la prensa. Se veía en ella a dos hombres.

---

[74] El monumento al cabo Marcelo Man era una pequeña columna de cemento, a dos kilómetros de El Morrillo, a pocos metros del río Canímar. Chibás lo destruyó el 8 de mayo de 1946, en el onceno aniversario de la muerte de Guiteras, en repudio a Batista, quien llevaba más de un año fuera del país.

Uno de ellos se secaba el sudor con un pañuelo, diciendo «¡Qué barbaridad! ¡Qué calor hace!». Y el otro contestaba: «No te preocupes. Deja que suba Grau».

Conviene establecer que todas estas manifestaciones de entusiasmo fueron, en general, pacíficas. Empero, he aquí un episodio por mí presenciado, y que demuestra hasta qué punto, en ocasiones, el populacho puede ser cruel e inconsciente. El 28 de enero de cada año se celebraba en el Parque Central de La Habana una parada escolar. Los alumnos de las escuelas públicas y privadas desfilaban a todo lo largo del Paseo del Prado, desembocaban en el Parque Central y depositaban flores ante la estatua del Apóstol Martí. El 28 de enero de 1945, al acercarse los alumnos del Instituto Cívico-Militar, obra de Batista, muchos espectadores se les encimaron gritándoles toda clase de insultos. La actuación de la policía fue pobre, y no se atrevió a intervenir. Los niños y niñas que componían el contingente, muy disciplinados, continuaron su marcha. Entre los gritos y denuestos se oía la voz de los instructores: «¡Firmes! ¡Firmes! ¡Vista al Frente! ¡Vista al Frente! ¡Firmes! ¡Firmes!», hasta rebasar el parque y salir de nuevo al Prado. Ya me imagino cómo latirían aquellos corazoncitos, asustados como pajarillos, sin saber lo que ocurría, ni por qué eran maltratados de aquel modo. En efecto, los alumnos del Instituto Cívico-Militar eran niños pobres, huérfanos en su mayoría. Su único delito era ser alumnos aventajados en sus respectivas escuelas de origen. Para ellos Batista, Grau, los Auténticos, les eran tan ajenos como el planeta Marte. ¿Qué huella dejaría en sus almas aquella experiencia tan terrible?

La labor del historiador es ardua. Requiere una paciente labor de investigación para la cual yo no tengo ni tiempo ni vocación. Prefiero dejar que trabajen mis recuerdos con sus subjetivismos, sus aciertos e inexactitudes, aunque como se ve en el curso de lo que llevo escrito, con frecuencia me apoyo en algún texto para dar mayor consistencia a lo narrado. Véase, por ejemplo, como contemplo el proceso «auténtico» desde sus comienzos hasta 1952.

Sobre 1926 comenzó la infiltración comunista en la Universidad de La Habana. Manipulada por ellos, la agitación estudiantil en contra de Machado fue haciéndose más y más marcada. Lucharon de firme, tuvieron sus héroes y sus mártires, pero al caer Machado, sus antecedentes y su juventud hicieron que no se les tomase en consideración. Al formar gobierno, Sumner Welles pensó más bien en hombres maduros, conservadores. Se dice que, al mencionársele los estudiantes, el embajador repuso: «¡Lo que esos muchachos tienen que hacer es volver a las aulas!».

¡Qué frustración! ¿Cómo pensar que regresarían a sus pupitres, como si tantos años de conspirar, poner bombas y realizar atentados fuesen unas vacaciones de verano? Su edad y sus circunstancias eran otras. Al cerrarse la universidad, la inmensa mayoría de sus compañeros con medios económicos había continuado su carrera en el extranjero, y eran ya profesionales. Ellos eran solamente . . . revolucionarios.

El golpe de los sargentos, al llamarlos a formar la parte civil del gobierno, les resultó una oportunidad dorada. Durante breve tiempo libaron, ellos y otros elementos más radicales, el exquisito elixir del poder. ¡Ay! Meses más tarde, al expulsarlos Batista del gobierno volvieron a quedarse, como suele decirse, «en la calle y sin llavín». Tenían que abrirse paso en la vida sin tener un oficio. Tampoco, el tipo de individuo que se lanzó a las luchas estudiantiles era el más apropiado para aprender uno, dedicarse a él por entero, e incorporarse a la ciudadanía pacífica y trabajadora.

La solución inmediata fue la facilidad que por aquellos tiempos daba la universidad para terminar los estudios. Mediante cursillos de tres o cuatro meses podía ganarse parte del tiempo perdido. Y, ¿qué carrera estudiar? Pues, naturalmente, la de Derecho. Reza el refrán español: «De tontos y obcecados viven los letrados». La abogacía no es una profesión técnica en el sentido de, por ejemplo, la ingeniería. En los Estados Unidos no se les reconoce ningún tratamiento especial y se les llama «Mister». En Francia, «Maître», término con que se denomina a los artesanos. Que yo sepa, solo en Cuba eran «doctores». Con solo memorizar una serie de textos se obtenía en nuestra universidad el doctorado en leyes, y no ahondemos mucho en la cuestión de cómo algunos de ellos obtuvieron el título. Digamos, eso sí, que su calidad de «revolucionarios» les valió de mucho. Que luego ejercieran o no la carrera ya fue otra cosa y, en verdad, algunos de aquellos muchachos jamás se acercaron a un bufete.

Pero en sus escasos meses de gobierno habían promulgado leyes muy buenas (otras no tanto) que les habían ganado popularidad, y siempre con los comunistas como sutiles mentores, fundaron el

Partido Revolucionario Cubano. Los miembros de este partido se auto titulaban los únicos revolucionarios auténticos; de ahí les viene el nombre que siempre los distinguió. No tardaron en sumárseles las capas más populares y mucha clase media. Los comunistas hicieron causa común con ellos en su nueva etapa de lucha, ahora contra Batista, pero en 1935 se pasaron al gobierno con armas y bagajes, cosa que los auténticos no les perdonaron nunca.

En 1944, los auténticos llegaron al poder con un crédito increíble. Me atrevo a afirmar que tuvieron en sus manos el regenerar políticamente a Cuba. Al no lograrlo, se produjo el colapso espiritual del país que tanto había esperado de ellos. Esto pudo apreciarse en la indiferente aceptación del pueblo ante el golpe de estado, del cual yo fui uno de los protagonistas.

Con el transcurso de los días, el crédito de los auténticos comenzó a disminuir. A partir de la página 350 de la *Historia de Cuba* de Márquez-Sterling se expone con toda claridad la dolorosa progresión de su deterioro. Pues si bien, a consecuencia de la Segunda Guerra Mundial la economía de Cuba continuaba en pleno auge, pronto comenzó a manifestarse la inexperiencia política de los gobernantes, agravada por la debilidad del Ejecutivo ante su familia y sus amigos. En una entrevista de prensa en Miami, un ministro del gobierno[75] declaró abiertamente haberse llevado más de 100 millo-

---

[75] José Manuel Alemán Casharo (enero 20, 1905-marzo 25, 1950) Hijo del general José Braulio Alemán Urquía, secretario de Instrucción Pública y Bellas Artes del gobierno de Machado. Militó en la organización ABC y fue encarcelado en 1933. Durante la presidencia de Batista era un oscuro empleado del Ministerio de Educación, jefe de la Sección de Personal, Bienes y Cuentas donde adquirió amplio conocimiento de todas las artimañas presupuestales, especialmente el Inciso K de la Ley de Ampliación Tributaria. La ley asignaba fondos mensuales para el nombramiento de maestros y profesores, inspectores de distritos y provincias, directores de planteles, conserjes y otros empleados del ministerio. Nombrado ministro de Educación en el gabinete de Ramón Grau el 5 de mayo de 1946, malversó más de $70 millones. Alemán contribuyó $500,000 a la frustrada expedición de Cayo Confites de la Legión del Caribe contra Rafael Trujillo. Renunció su puesto el 1 de octubre de 1947 después que el senado le dio un voto de no confianza 31 a 12. Grau inmediatamente lo nombró Ministro sin Cartera. Fue exaltado a la presidencia de la Asamblea provincial habanera del Partido Auténtico y durante 1946-1948 estableció el Bloque Alemán-Grau-Alsina (BAGA) con Francisco Grau Alsina, sobrino del presidente. El BAGA financió la campaña reeleccionista de los Auténticos y Alemán fue electo senador en 1948. Huyó a Miami con $19 millones y

nes de dólares, y cuando los periodistas le preguntaron: «¿Cómo es posible que pudiera usted llevarse tanto dinero?». Él contestó, sonriendo: «Pues muy sencillo: en maletas».

Varios miembros del gobierno organizaron grupos gangsteriles que dirimían sus diferencias a tiro limpio. Grau concedió nombramientos de policías a muchos de estos individuos, protegiéndolos así en sus actividades. Quien relea la prensa de aquella época podrá hacerse una idea de la situación tan trágica que vivía la República, y hasta qué extremo llegaron a ser poderosas las pandillas gangsteriles, pues hubo un momento en que se otorgaron tantos nombramientos y se permitieron tantos excesos, que la autoridad escapó de manos del Presidente. En Orfila, Marianao, dos facciones rivales cuyos miembros ostentaban posiciones oficiales dentro de los cuerpos de seguridad, se enfrentaron en un combate que duró horas. Resultó muerto uno de los jefes, Morín Dopico, y su esposa.[76] Cayeron también varios de sus partidarios, entre ellos uno llamado Armando Tró.[77] El combate solo terminó cuando, actuando por su cuenta, el Jefe del Ejército[78] ordenó que una compañía de tanques interviniese.

---

financió la construcción del estadio de pelota posteriormente llamado Bobby Maduro, y a través de La Ansana Corporation invirtió en múltiples bienes raíces y terrenos. Falleció de cáncer de Hodgkin en su residencia en Alturas de Miramar, La Habana.

[76] Antonio Jesús Morín Dopico (diciembre 10, 1916-1980s) expulsado de la Universidad de la Habana por ser dirigente del «bonche» de pistoleros. Resultó ileso y su esposa encinta, Aurora Soler, cayó abatida al salir de la casa bajo el tiroteo. Morín falleció en la Habana en la década de 1980.

[77] Emilio Tro Rivero (junio 18, 1918-septiembre 21, 1947) sentenciado a un año de presidio en 1935 por asociación ilícita y sabotaje. Militó en la Alianza Nacional Revolucionaria (ANR) y en 1939 era miembro de Acción Revolucionaria Guiteras (ARG). Fue arrestado por el intento de asesinato del jefe de la policía Mariano Faget en 1941. Huyó a México y de allí a Los Ángeles, California, el 1 de septiembre de 1942, donde se inscribió en el Ejército norteamericano. Durante la Segunda Guerra Mundial nunca vio combate y estuvo asignado al Centro de Reemplazo de Personal de Combate en Toome, Irlanda del Norte, donde se naturalizó ciudadano estadounidense el 21 de abril de 1944. Al regresar a Cuba organizó y dirigió la nacionalista Unión Insurreccional Revolucionaria (UIR) en la que militó Fidel Castro. El 8 de julio de 1946, Tro asesinó al oficial de la Policía Secreta Julio Abril Rivas y al jefe de la Policía de Obras Públicas Bruno Valdés Miranda.

[78] General Genovevo Pérez Dámera.

En otro de sus rezagos marxistas, los auténticos comenzaron a inmiscuirse en Centro América. Nicaragua, Honduras, Guatemala y Costa Rica se vieron afectadas por las actividades de la «Legión del Caribe», sufragada por Cuba e integrada por cubanos y otros «internacionalistas». También se querelló el gobierno auténtico con la República Dominicana. En Cayo Confites, al nordeste de Cuba, se concentró una fuerza de estudiantes revolucionarios y de desocupados habituales (entre ellos estaba Fidel Castro). Su misión era desembarcar en Santo Domingo y derrocar al entonces presidente Trujillo. Esta fuerza zarpó para su destino en un barco que, por fortuna, fue interceptado por una fragata de la Marina de Guerra. Tengo entendido que, también en este caso, el jefe de la Marina actuó por su cuenta, dada la ausencia de órdenes del Ejecutivo y ante la gravedad del asunto. Para terminar, en la finca de recreo de un ministro del gobierno (el mismo que se llevó el dinero en maletas) la Guardia Rural ocupó un verdadero arsenal, destinado a las aventuras caribeñas.

Todos estos casos tienen cierta resonancia familiar. Nos recuerdan un poco las actuales aventuras del comunismo en Centro América y en Santo Domingo en tiempos del presidente Johnson. En realidad, tienen su punto de contacto. La educación política de la generación estudiantil del 33 se debía a los marxistas. Algunos de ellos habían incluso militado en las filas del Partido. En los años 40 eran rabiosamente anticomunistas, pero aun así no sabían actuar sino como los habían enseñado.

En 1948 hubo nuevas elecciones, ganadas por el Dr. (también de aquellos abogados) Carlos Prío Socarrás. Este fue candidato de Grau, y las circunstancias en que aquellos comicios se ganaron aparecen bien explicados en las páginas 350 a 352 de la ya citada obra de Márquez-Sterling. No puede decirse que hubiera irregularidades electorales a lo Estrada Palma o a lo Menocal. Lo que sí es positivo es que las cosas continuaron como antes, y en algunos casos aún peor.

A Grau le ocurrió otro tanto con uno de sus más antiguos campeones, el también abogado Dr. Eduardo Chibás. Durante años, éste, desde una estación de radio consumía una hora los domingos, de 8 a 9 p.m. Antes de 1944 su voz se elevaba en favor del Partido Auténtico y de su jefe el Dr. Grau San Martín. Después, gradualmente, sus transmisiones fueron adoptando un tono de crítica cada vez más pronunciado, hasta lanzar sobre el gobierno acusación tras acusación de las peores cosas imaginables. No hubo fraude, robo, comercio ilícito o contrabando que no fuera denunciado, y sustanciada la acusación con las correspondientes pruebas. Al terminar la administración Grau la emprendió, con más saña aún si cabe, contra Prío. Su terrible piqueta verbal fue demoliendo, semana tras semana, el edificio gubernamental. También fundó un partido político que llamó «Ortodoxo», por la rectitud de sus intenciones. Prometía Chibás que, una vez ganadas por ellos las próximas elecciones, barrería con todo aquel «hato de ladrones». Y para dar mayor énfasis a sus intenciones de barrer, sus partidarios ataban una escoba al guardabarros de sus automóviles. Entre sus planes estaba el someter a juicio y confiscar las propiedades mal habidas. Naturalmente, lo radical de sus miras atrajo a los comunistas, que no tardaron en recibir órdenes de afiliarse a la ortodoxia.[79] Chibás murió en 1951, a consecuencia de un disparo que él mismo se descerrajó en el vientre, pero ya el partido había adquirido una fuerza alarmante. Una muestra de lo que podía esperarse fue cuando, en 1950, el presidente Prío postuló a su hermano Antonio para Alcalde de La Habana. Como una contraposición, una inmensa mayoría de electores votó por su contrincante, el señor [Nicolás] Castellanos.[80] Esa noche la capital se iluminó y hubo celebraciones en las calles. El síntoma no podía ser más ominoso.

---

[79] Eduardo Chibás y el Partido del Pueblo Cubano (Ortodoxo) siempre mantuvieron una línea política opuesta al comunismo y de no pactar con ningún partido.

[80] Nicolás Dionisio Castellanos Rivero (diciembre 6, 1911-febrero 10, 1985), natural de Matanzas. Alcalde de la Habana 1948-1952. Exiliado en Miami el 16 de diciembre de 1960, donde posteriormente falleció.

CAPÍTULO IV

LAS FUERZAS ARMADAS 1944-1952

Si algo no interesaba a los auténticos era el Ejército, porque, ¿cómo olvidar que fue este ejército quien en 1933 los marginara del poder? En 1944, al entregarles Batista el gobierno, les entregó también este Ejército a quien, antes de partir, exhortó obedecer a la nueva administración elegida por el pueblo de Cuba. Un jefe trató de protestar y fue prontamente retirado. Los demás, simplemente, obedecieron.

Fue este momento en que los auténticos, de tener una mayor experiencia, hubieran podido apoderarse del corazón de los soldados. No era tan difícil. El militar solo sabe obedecer a su superior inmediato. A cambio de su obediencia, espera que se respete su persona, en sus grados, en las cosas en que él cree. Los jefes que en aquel momento ostentaban el mando eran, desde luego, producto del 4 de septiembre, pero eran también apolíticos, y como jefes, hombres de poco relieve. Hubiera convenido dejarlos en sus mandos, retirándolos luego, poco a poco, por años de servicio.

Lejos de esto, Grau adoptó el método de invitarlos a almorzar a Palacio y, tras el almuerzo, de regreso en sus cuarteles, encontrar que habían sido retirados. Ninguno de aquellos generales tenía el menor arraigo en la tropa, y su desaparición no emocionó a nadie, pero la forma seguida por Grau tuvo algo de burla, y la prensa, en eco festivo, se encargó de ridiculizar el hecho. Para nosotros, tan respetados bajo Batista, aquel fue el primer agravio.

¿Por qué nombró Grau Jefe de Estado Mayor al comandante [Genovevo] Pérez Dámera? Porque era el único oficial que conocía. Sus relaciones databan de 1934, cuando Grau, tras su deposición, pasó al exilio. Por orden de Batista, el entonces teniente Pérez Dámera acompañó a Grau hasta el exilio. La forma en que el teniente desempeñó su misión le ganó el reconocimiento del expresidente, y esto pagó sus dividendos en 1944.

Que la exaltación de este comandante al generalato y a la jefatura del Estado Mayor violara el orden de precedencia, el escalafón y la ética militares no daba a Grau frío ni calor. Lo que importaba era tener al frente de la institución armada a un hombre que se debiera a él exclusivamente. Ahora podía dormir tranquilo el Presidente y él, una vez resuelta esta delicada cuestión, nos dejó tranquilos.

Antes de seguir adelante, conviene hacer constar que en materia de ascensos y escalafones Batista no era tampoco demasiado escrupuloso, pero Batista podía hacer con los soldados cosas que a los demás les estaban vedadas. Él era «de la casa» y sabía cómo hablarles y dejarlos satisfechos.

A mi juicio, el mando del general Pérez Dámera arrojó, por el momento, un saldo positivo. Ningún otro Jefe de Estado Mayor, salvo el propio presidente Batista, disfrutó de una libertad de acción tan absoluta. Esta libertad la usó a plenitud. La actitud de Batista con los soldados fue siempre contentarlos; la del general Pérez Dámera, capacitarlos y modernizar su equipo. El Campamento de Managua, construido durante la guerra para albergar a los reclutas del Servicio Militar Obligatorio, o de Emergencia, que así se le llamaba, pasó a ser la sede de las Escuelas Generales de Clases y de Reclutas. A partir de entonces, los regimientos enviaban al personal recién alistado y a los aspirantes a cabos y a sargentos a Managua donde, con mayores medios que en sus unidades matrices, recibían una instrucción superior y más uniforme. También la Escuela de Cadetes se trasladó del Morro a Managua. Los edificios, picaderos, campos de tiro y de maniobra, comenzados bajo Batista, quedaron terminados en tiempos de Grau y, en 1945, tuvo lugar la mudanza. Un pequeño toque histórico: Managua, a unos 20 kilómetros al sureste de La Habana, fue utilizado en 1762 para guardar en custodia a los prisioneros tomados a los ingleses que sitiaban La Habana. También, un capitán de navío llamado Don Ignacio de Madariaga[81] organizó y mantuvo des-

---

[81] Juan Ignacio de Madariaga Aróstegui (Siglo XVIII-marzo 30, 1771) fue herido en un combate naval contra los ingleses en el cabo San Antonio, Cuba, el 12 de diciembre de 1744. Madariaga delegó al gobernador Juan de Prado el gobierno del interior de la isla durante el sitio de La Habana por los ingleses. Como resultado del combate naval del 10 de junio de 1770, expulsó a los británicos de las islas Malvinas.

de allí el abastecimiento de la capital. Según las crónicas, realizó una excelente labor.

Para nosotros fue el Centro de la Academia Militar, aunque en general, el Ejército entero recibió la vigorosa sacudida del General Pérez Dámera. También, durante su mando nos vimos libres de la interferencia de los políticos. Este general sentía una aversión visceral por estos y por los periodistas, de quienes decía: «A los periodistas se les pega o se les paga». La prensa se vengó ridiculizándolo en caricaturas o comentarios, pero sin atreverse a más, porque el apoyo del presidente era absoluto.

Aunque la preparación del ejército aumentó de modo ostensible, no debe inferirse que el general Pérez Dámera fuese popular con los soldados. Su trato hacia los subalternos era arrogante y despótico. Sus famosas inspecciones, que multiplicaba por todas las guarniciones de la Isla, llevaban el terror al corazón de los más valientes. De modo inesperado, caía lo mismo sobre la jefatura de un regimiento que sobre un puesto lejano mandado por un cabo o un sargento. Al llegar, los oficiales inspectores entraban, sin ceremonia, en las distintas dependencias, escudriñando hasta los más ínfimos detalles el armamento y los libros de administración. Los errores, las irregularidades, se castigaban con traslados y retiros, sin otro procedimiento legal que la disposición del general. Pública era la anécdota de que, al aparecer frente a un cuartel la caravana de vehículos del general y su comitiva, el centinela, en lugar de gritar: —¡Cabo de Guardia: forme la Guardia! ¡Jefe de Estado Mayor!, lanzó este grito de angustia: ¡Socorroooo!

Al pasar el gobierno de Grau a Prío, el general Pérez Dámera quedó ratificado en su cargo. Por un tiempo, las cosas marcharon bien entre los dos. Es más, y como una cortesía del general, un número cada vez mayor de soldados pasó a trabajar, como mano de obra gratuita, en las fincas del Señor Presidente (y del propio Jefe del Ejército que, entre paréntesis, había redondeado una fortunita). Naturalmente, esto recargaba el servicio de la tropa de línea, que veía sus efectivos disminuir en favor de docenas y docenas de soldados que figuraban en servicio especial. Durante la República, siempre existieron los servicios especiales, pero nunca en la escala que, comenzando en tiempos de Grau, se prolongó hasta 1952.

No hay duda de que el general Pérez Dámera llegó a tener al Ejército en un puño, hasta poder decir, como en efecto dijo o se le atribuyó: —El Ejército hará lo que yo le ordene. Pero a la larga, esa confianza en su propia fuerza le fue fatal. El descrédito del gobierno era cada vez mayor. Los atentados y los combates callejeros entre los diversos grupos continuaban a más y mejor. Fue entonces que algún diablillo travieso llevó a la mente del general la idea de ser él el llamado a redimir a Cuba. ¿No tenía él en sus manos la verdadera fuente de poder que son los fusiles? Y esta idea se vio reforzada por el presidente de Santo Domingo porque, en efecto, mientras los auténticos se mantuvieran en el poder, la perturbación del Caribe no cesaría, y Trujillo vio en un golpe de estado cubano la solución a este problema. Ignoro hasta qué punto llegaron los acuerdos entre ambos, pero sí es cierto que el general Pérez Dámera envió un avión de la Fuerza Aérea a la República Dominicana. Iba en él un coronel, hombre de confianza del general. Aunque nunca supe lo que acordaron, ni qué mensaje trajo a su regreso.

Sin embargo, el Presidente venteó el peligro. Prío no carecía de valor personal. Sabía también usar el factor sorpresa, y actuó en consecuencia. Hallábase el general pasando el fin de semana en su finca de Camagüey, cuando recibió una llamada telefónica del propio Presidente. Se hallaba este, en ese momento, en su propio despacho en unión de sus hermanos y de sus ayudantes militares. Desde este despacho del Jefe de Estado Mayor, en el Campamento de Columbia, adonde llegara inesperadamente, comunicó al general Pérez Dámera que acababa de firmar un decreto retirándolo. Nombró en su lugar al general de brigada Ruperto Cabrera,[82] quien allí mismo ascendió a mayor general, y como el general Pérez Dámera había eliminado a todos los generales, menos a Cabrera, fueron ascendidos a generales

---

[82] Ruperto Cabrera Rodríguez (marzo 27, 1900-diciembre 2, 1986) natural de Báez, Santa Clara. Su hijo, el capitán Mario Cabrera Bosque, era aviador de la Fuerza Aérea del Ejército. El 20 de marzo de 1951 fue condecorado con la medalla de la Legión de Mérito por el presidente Harry Truman por «conducta meritoria excepcional en el desempeño de servicios sobresalientes al gobierno de los Estados Unidos de junio 1950 a febrero 1951». Se asiló en Miami en 1968 donde posteriormente falleció.

de brigada los coroneles [Otalio] Soca Llanes[83] (Ayudante General), Elías Horta[84] (Cuartel-Maestre General) y [Quirino] Uría[85] (Inspector General).

El general Pérez Dámera aceptó su retiro con espíritu deportivo. Preguntado por los periodistas sobre la razón de este acto por parte del Presidente, contestó: —El Presidente me retiró porque le dio la gana.

He aquí lo que son las cosas. De hallarse en su puesto el Jefe del Ejército y ordenar el arresto del Presidente, los soldados lo hubiesen obedecido sin vacilar. Tal era la disciplina existente y el temor que este jefe llegó a inspirar. Inversamente, cuando la tropa conoció el retiro del general Pérez Dámera, su júbilo fue indescriptible. Vi frente a los cuarteles de Columbia a soldados abrazarse y llorar de alegría.

Entró ahora el Ejército en una etapa de tranquilidad. Era el general Cabrera un hombre apacible. Nada centralizador, dejó actuar a sus subalternos, entre los que había, por cierto, hombres muy capaces. Uno de los nuevos generales, Horta, era hombre de una probidad increíble. De modesto origen, y producto del 4 de septiembre, se había abierto camino paso a paso. Jefe de regimiento durante varios años, alcanzó por fin el generalato en la ocasión que he referido. Se le confió nada menos que la custodia de los caudales del Ejército: es decir, el Cuartel-Maestre General. ¿Por qué no estudió mejor Prío el carácter del hombre que destinaba para ese puesto? Porque una vez

---

[83] Otalio Soca Llanes (diciembre 1, 1905-enero 25, 1978), era sargento del Ejército que ascendió a capitán tras la Revolución de 1933 y en 1943 era coronel jefe del Cuerpo de Aviación. En marzo de 1945 fue asignado al mando del Regimiento No. 4 en Matanzas. La noche del 10 de marzo de 1952, partió al exilio en Miami. Posteriormente regresó a Cuba, volviendo a Miami el 31 de julio de 1964, donde luego falleció.

[84] Elías Horta Suárez (agosto 4, 1892-?) natural de Melena del Sur. En 1945 era coronel y jefe del Octavo Regimiento de Infantería, siendo transferido el 24 de agosto de 1949 como jefe del Regimiento No. 7 «Máximo Gómez».

[85] Quirino Uría López (junio 15, 1907-enero 29, 1984), natural de Los Palacios, Pinar del Río, era general del Ejército cuando el 22 de septiembre de 1949 fue nombrado jefe de la Policía Nacional, cargo que ocupó hasta que regresó al Ejército el 4 de septiembre de 1951. Su hijo desembarcó con la Brigada 2506 en Playa Girón y fue capturado. Se asiló en Miami, donde posteriormente falleció.

en el cargo, Horta hizo cosa suya el presupuesto del Ejército, y minuciosamente llevaba la cuenta, en pesos y centavos, del último centavo que se gastaba. De ser un poco más flexible, de atender ciertas sugerencias que a «sotto voce» se le hicieron, Horta hubiese hecho feliz a mucha gente, y hubiese terminado millonario. Lejos de eso, se opuso a gastos innecesarios, a compras dudosas, a contratos de suministro sospechosos.

Medel, co-autor de este libro, recuerda que siendo él ayudante de campo del general Horta, llegó a ver a éste el chofer de la amante de uno de los personajes más importantes del gobierno. Era portador este chofer de un mensaje, donde se rogaba al general que hiciese reparar en los talleres de San Ambrosio el automóvil de la señorita. El general respondió: —Teniente, diga a ese chofer que vaya al garaje tal, que le arreglen allí el vehículo y que carguen el arreglo a mi cuenta personal. En cuando al caballero, llámelo usted personalmente y dígale que él sabe muy bien que en los talleres del Ejército no se reparan autos particulares.

Un hombre de este temperamento era un hueso atravesado en la garganta de mucha gente: no tardó en ser retirado. Lo sustituyó el coronel [José H.] Velázquez [Perera], quien ascendió al generalato, pero temiéndose que Velázquez resultara otro Horta, se le envió en comisión de servicios al Regimiento 7 de Artillería. La posición de Cuartel-Maestre fue ocupada por un subalterno más adaptable.[86]

En 1948 se creó la Escuela Superior de Guerra. Su función era capacitar para los grados superiores a los oficiales que fueran escogidos. El grado mínimo requerido era el de capitán. Envié mi solicitud y fue aceptada. El curso duró dos años. En el primero de ellos usamos como aula el local del Club de Oficiales de la Aviación. Después pasamos al Castillo de Atarés, de tantas memorias para mí.

Los alumnos éramos dieciocho, aunque con el tiempo tres de ellos causaron baja. Los estudios eran militares, históricos, sociales y económicos. Los profesores eran lo mejor de que disponían el Ejército y la Universidad de La Habana. Entre los primeros, recuerdo al teniente coronel [Manuel] León Calás, y los capitanes [Mario E.]

---

[86] En 1950 el coronel José H. Velázquez Perera era jefe del Regimiento 7 «Máximo Gómez» y el general de brigada Elías Horta Suárez era Cuartel-Maestre General del Ejército.

Forest, San Martín y Codina. En cuanto a los universitarios, los doctores [Herminio] Portell-Vilá, [Ramón] Infiesta, [Rafael] García Bárcena, Massin, Valdés, Vivo, Lavin y Mosup. Los estudios eran sumamente rigurosos, hasta el extremo de que para mantenernos al día casi no teníamos tiempo para dormir. Adelgacé una porción de libras, pero al fin pude llegar al final y graduarme, no recuerdo si en el tercer o quinto lugar.

Gran importancia se le dio a aquel primer curso. La graduación fue en Columbia, a mediados de 1950. La ceremonia, muy lucida, consistió en un gran almuerzo en el Club de Oficiales. Los graduandos nos sentamos ante una larga mesa, a derecha e izquierda del Presidente de la República, y el resto de la concurrencia en otras. En fin, todo esto significó para mí un aumento en el sueldo; también aumentaron nuestras posibilidades de ascenso. Como distintivo, se creó una placa que llevaríamos a la altura del bolsillo izquierdo de la guerrera. Este distintivo provocó celos, y a la larga, para complacer a algunos personajes, se autorizó su uso «honoris causa» a diversos oficiales de alta graduación. ¡Vanitas vanitatum!

Volví a Columbia, volví a mi unidad y recomenzó mi vida de cuartel, es decir, la rutina de los cambios de guardia, las inspecciones, los ejercicios, las maniobras y la administración de la unidad.

Estas ausencias periódicas de la Segunda Compañía del Batallón 2 sumaban ya un buen número desde mi alistamiento en ella, allá por 1926, y mi regreso nunca carecía de emoción: era como la vuelta del hijo pródigo. Del personal que figuraba en sus filas cuando me alisté, muy pocos quedaban ya. Los retiros, muertes y traslados, con los consiguientes reemplazos, habían ido renovando el personal, pero el espíritu y el movimiento diario eran los mismos. De existir las grabadoras por aquella época, y de haber podido captar lo que pudiéramos llamar «sonidos militares» de 1926 y 1951, veríamos que eran más o menos los mismos: el golpear de las culatas en el pavimento, el martilleo de los cerrojos cuando, al regresar de los ejercicios, los soldados descargaban los fusiles. Los taconazos al paso de los oficiales. Por la ventana de mi despacho me llegaba el rumor acompasado de pelotones en marcha.

Luego, de hora en hora, las cornetas del cuerpo de guardia: ora brillantes y salpicándolo todo con sus notas cortas y repetidas. «Llamada de la Guardia», «Llamada de oficiales», «Agua, pienso y rasqueteo». Luego, al caer el día, los ecos marciales transformándose gradualmente en gemidos largos y penetrantes: «Retreta», «Apagar las luces», «Llamada a Cuarteles», «Silencio» y algo que me golpeó emotivamente desde el día de mi primera entrada al Campamento: la sonoridad de las voces de mando. Pasaron los años y siempre me impresionaban. ¡Oh, Ejército!, ¡Ejército! . . .

Pero sí, había habido cambios. Por ejemplo, hasta la Segunda Guerra Mundial no pudiera concebirse un soldado sin guerrera. Ahora todos andábamos en camisa. Las modificaciones en los reglamentos del Ejército Norteamericano se reflejaron en los nuestros. En las formaciones de orden cerrado, la escuela prusiana vistosa, pero muy complicada, dio paso a las tomadas de la antigua falange griega, mucho más simples, que permitían un control más fácil del personal y la concentración de más hombres por unidad de espacio. El siguiente diagrama les dará una idea:

	c o o o	c c c c
	o o o o	o o o o
		o o o o
	c o o o	o o o o
Cabos (C)	o o o o	o o o o
		o o o o
	c o o o	o o o o
	o o o o	o o o o
		o o o o
		o o o o

Asimismo, los movimientos de armas se habían simplificado. El nuevo fusil Garand, semiautomático, era un arma más delicada que el antiguo Springfield. Requería, por tanto, un manejo menos enérgico. Sin embargo, no quiere esto decir que todo el Ejército recibiera el Garand. Este no nos llegó hasta pasado el 10 de marzo de 1952, y no para todas las unidades.

Así transcurrió mi vida, y ahora, con el «Brévet» de la Escuela Superior de Guerra, comencé a prepararme a oposiciones para comandante.

Hemos dicho que a las fuerzas armadas se les encomendaban a veces funciones muy ajenas a las suyas propias, que venían a suplir las deficiencias de otros departamentos. Véase este caso: la compañía de ómnibus que cubría los servicios de transporte para el público habanero se llamaba «Ómnibus Aliados». Aunque era una entidad particular, lo vital de sus servicios hacía que el gobierno tomara un gran interés en ella. Cada ómnibus tenía su chofer y un conductor. Este daba la salida y las paradas de los ómnibus por medio de un timbre, y también cobraba los pasajes, marcando lo cobrado en un aparato mecánico. Entre las diversas irregularidades que venían ocurriendo en la compañía, los conductores marcaban menos de lo que cobraban, repartiéndose luego la ganancia entre estos y el chofer. La desorganización y falta de control llegó a un extremo tal, que la directiva de los ómnibus pidió auxilio al gobierno, que delegó en el Ejército, y el Estado Mayor delegó en el coronel [Antonio] Bilbatúa,[87] oficial del antiguo Ejército. Bilbatúa seleccionó a un grupo de oficiales. Entre los seleccionados estuve yo y, por mi grado, quedé al frente de la operación. Establecí mi puesto de mando en las oficinas principales de los Ómnibus Aliados, situadas en Belascoaín y San José. Esta operación llevó meses: el mal era profundo y tuvimos que actuar con energía. Con el tiempo, sin embargo, la maquinaria comenzó a rodar con suavidad, y la tensión de mi trabajo disminuyó. Se produjo entonces el acontecimiento que sacudió mi vida hasta sus raíces. Dejemos al Dr. Márquez-Sterling relatar el acontecimiento:

> Nadie tenía la vida asegurada, y los políticos mucho menos. Jorge Quintana publicó en *Bohemia* un interesantísimo estudio sobre el gangsterismo, y demostraba con números y casos que por ese camino la República se disolvía. Esta racha de atentados y crímenes alcanzó su clímax al ser asesinado por una pandilla, a la vista de los transeúntes, el ex-ministro de gobernación de Grau, Alejo Cossío del Pino,[88] dueño de la Planta de Radio-Cadena Habana, baleado

---

[87] Antonio Bilbatúa Sanz (1899-) natural de Bilbao, España. En 1930 era cadete de la Escuela de Oficiales cuando acompañó a 23 cadetes a un curso en la Academia Militar en West Point, N.Y. Era coronel y jefe militar de la provincia de Santa Clara en 1952 cuando rehusó secundar el golpe de Estado de Batista, por lo que fue retirado. El 26 de julio de 1953 fue detenido por unos días, junto con su hermano Jesús, para investigar si estuvieron implicados en el asalto al cuartel Moncada, lo cual resultó negativo.

[88] Alejo Cossío del Pino (1902-febrero 12, 1952) natural de Aguacate, La Habana, su origen fue de carnicero, mecánico y dueño del restaurante campestre Topeka

mientras conversaba en un café de la esquina de Belascoaín y San José con el representante Radio Cremata,[89] que salvó la vida milagrosamente...

Me hallaba yo ese día, como era habitual, en mi oficina, cuando escuché los disparos. Miré por la ventana y vi gente correr y esconderse detrás de las columnas de los soportales. El Jefe de la Sección de Tráfico, señor Fernández, llamó a mi puerta, y juntos bajamos a ver qué pasaba. El señor Cossío del Pino se hallaba sentado en una de las banquetas del bar, y caído de bruces sobre el mostrador. La sangre comenzaba a fluirle por las heridas de la espalda. Disgustado, volví a la oficina y llamé por teléfono al jefe de mi batallón, comunicándole el hecho.[90]

Al día siguiente fui hasta Columbia para echar gasolina a mi automóvil y, hallándome en la bomba de gasolina, me encontré con un antiguo compañero de armas, el capitán Venegas, con el cual co-

---

cerca de Arroyo Arenas. Fue concejal del municipio de La Habana (1936-1940) y elegido representante a la Cámara en dicha provincia por el Partido Auténtico en 1940. Fue designado ministro de Gobernación del presidente Grau en mayo de 1947 y renunció seis meses después. Era presidente de la Planta de Radio Cadena-Habana cuando fue acribillado con 18 balazos por dos miembros de la UIR a las 8:15 p.m., en el Strand Bar, resultando también heridos otras tres personas.

[89] Radio Cremata Valdés (noviembre 15, 1904-julio 1, 1998) nació en Santiago de las Vegas. Graduado en Derecho de la Universidad de La Habana en 1928. Se dedicó a la defensa de los gremios y los sindicatos obreros, siendo Asesor de algunos. En 1933 fue nombrado secretario de la Administración Municipal de La Habana. Electo a la Cámara de Representantes en 1936 por el Partido Acción Republicana, siendo secretario de la Cámara en 1940. Dos años después, se afilió al Partido Liberal y fue electo senador. En julio de 1953 fue designado secretario del Consejo Consultivo del régimen de Batista. Se exilió en Miami el 19 de mayo de 1959 y obtuvo la ciudadanía estadounidense el 2 de enero de 1973. Falleció en Miami.

[90] No pudo haber sido el asesinato de Alejo Cossío del Pino, ocurrido el 12 de febrero de 1952. Lo confunde con el atentado el 10 de enero de 1951, a Antonio Bayer y López Joffre, el jefe de la información política del periódico *Tiempo en Cuba* de Rolando Masferrer. Bayer y tres empleados del periódico fueron ametrallados en el bar Corbón, situado en la esquina de Industria y Bernal, por miembros de la UIR después de la 7:30 PM. Bayer murió con 39 orificios de bala y sus compañeros y el dependiente del bar fueron heridos. Bayer era hijo del fallecido capitán de la Policía Nacional del mismo nombre y miembro del Movimiento Socialista Revolucionario (MSR) liderado por Masferrer.

menté el hecho. Me hallaba yo tan impresionado, que añadí frases como esta: «pero, ¿hasta cuándo seguirán ocurriendo estas cosas?». Posiblemente añadí conceptos más duros aún, pero siempre en el plano confidencial de antiguos amigos.

Ahí quedó todo, pero pasados tres días, me llegaron hasta mi trabajo órdenes de presentarme en Columbia, en la Jefatura del Regimiento. El Capitán Ayudante me hizo pasar a presencia del Jefe del Regimiento, coronel [Urbano] Matos Rodríguez. Lo saludé como cuadraba a un subalterno y él, severo el gesto, me ordenó entregarle mi pistola y acompañarle al Estado Mayor. Hicimos todo el trayecto sin mediar palabra y, una vez en el Estado Mayor, subimos al despacho del general Cabrera. Este me indicó que me sentara en una de las butacas de cuero que había en el despacho, sentándose él en otra y el coronel Matos a cierta distancia, que no me quitaba la vista de encima. El general Cabrera me refirió, casi punto por punto, aunque con algún agregado, la conversación habida con el capitán Venegas, diciéndome que eso constituía una crítica al gobierno, que mi actitud había sido subversiva, etc. Traté yo de explicarle que todo había sido una conversación con un camarada, basada en nuestra antigua amistad, y por lo impresionado que había quedado yo ante el asesinato, casi ante mi vista, del Sr. del Pino. El general ordenó que se me devolviera la pistola y que permaneciera en mi domicilio hasta nueva orden.

Días más tarde, vi publicada en el periódico la noticia de mi retiro, «por años de servicio». He aquí el texto del decreto, firmado por el entonces ministro de Defensa, Dr. (abogado) Rubén de León:

DECRETO PRESIDENCIAL
TENIENTE ARRESTADO EN LA CABAÑA . . .
DIVERSOS TRASLADOS

El primer teniente Juan Carrillo Ugalde [sic] quedó arrestado en la prisión de La Cabaña, según pudo conocerse ayer.

También se supo que el Segundo Jefe e Inspector Territorial del propio Distrito, teniente coronel Ángel González,[91] y más de doce

---

[91] Ángel González Alfonso (junio 1, 1890-enero 1976) nació en El Vedado, La Habana, y alistó en el ejército en 1912. Al año ascendió a cabo y cuando la guerra de La Chambelona fue nombrado sargento primero. Participó en la sublevación de

oficiales de ese mando, fueron trasladados a Pinar del Río y otros territorios, respectivamente.

El presidente de la República, doctor Carlos Prío Socarrás, firmó un decreto refrendado por el Ministro de Defensa, doctor Rubén de León, disponiendo el retiro, por años de servicios, del capitán del Ejército Martín Díaz Tamayo, según se dijo extraoficialmente.[92]

Ocurrió en los primeros días del mes de febrero de 1951.[93]

---

agosto de 1933 contra el presidente Gerardo Machado y en la subsiguiente revolución del 4 de septiembre donde ascendió a teniente. Ayudó a sofocar el alzamiento del 9 de noviembre de 1933 en La Habana y al siguiente año fue nombrado capitán ayudante. Durante la Segunda Guerra Mundial, al crearse el Servicio Militar Obligatorio, ascendió a comandante al frente de un batallón. El presidente Prío lo nombró teniente coronel cuando estaba asignado a La Cabaña. Era inspector territorial y segundo jefe del Regimiento No. 8 «Ríus Rivera» en Pinar del Río cuando el 4 de junio de 1951 pasó con igual cargo al Regimiento No. 10 de Infantería del Servicio de Emergencia. El 10 de marzo de 1952 fue nombrado supervisor de la prisión del Castillo del Príncipe en la capital. En diciembre de ese año fue nombrado segundo jefe del Regimiento No. 1 en el cuartel Moncada en Santiago de Cuba donde permaneció hasta que se retiró del ejército en 1955. Llegó exiliado a Miami el 20 de febrero de 1966, donde posteriormente falleció.

[92] La Comisión de Emergencia del Consejo de Ministros había anunciado el 7 de febrero de 1951 que se proponía «el envío a Corea de tres compañías del Ejército Regular de Cuba, para pelear por la causa de la democracia bajo la bandera de la ONU». El periódico *Alerta* reportó que el capitán Martin Díaz Tamayo y el teniente Manuel Ugalde Carrillo fueron excluidos de las filas del Ejército por ser «cabezas de sedición» contra la proposición. José Duarte Oropesa señala que «Martin Díaz Tamayo y Manuel Ugalde Carrillo provocaron sus salidas de los cuadros del Ejército por supuestas diferencias e inconformidades con la propuesta expedición armada a Corea». Herminio Portell Vilá concurre en que «hubo algunas protestas en los cuarteles y fueron licenciados ciertos oficiales y soldados» por oponerse a pelear bajo la bandera de la ONU en Corea. «Cuba enviará 3 compañías para luchar en Corea», *Diario de la Marina*, febrero 8, 1951, página 1; José Duarte Oropesa, *Historiología Cubana Desde 1944 hasta 1959*, tomo III (Miami: Ediciones Universal, 1974), 147, 199; Herminio Portell Vilá, *Nueva Historia de la República de Cuba* (Miami: La Moderna Poesía, 1986), 620.

[93] La nota apareció en la prensa el 18 de febrero de 1951. El brigadier Francisco H. Tabernilla Palmero dice en sus memorias que el golpe de Estado se venía preparando desde principios de 1951 y que «Ugalde Carrillo, quien en ese momento era teniente y estaba dentro del complot, le habló a otro compañero y este lo denunció y allí se creó la primera sospecha por parte del alto mando. Díaz Tamayo, quien en esa época era capitán, cometió otra indiscreción. Así, hubo dos o tres más». Como resultado, Batista suspendió la conspiración hasta fines de 1951. Gabriel E. Tabor-

Recibí el carnet de retirado el día 10 de marzo de 1951.

Para mi aquella super injusticia me trastornó. Yo estaba casado, tenía un hijo de ocho años, el retiro era una miseria, había empleado todo lo mejor de mi vida en el ejército, al que adoraba y jamás olvido, precisamente por lo que tiene de vigilia y sostén de la patria y por lo mismo de todas las instituciones que hacen grande a la nación. El ejército fue parte de mi casa, mi escuela y mi relación con la Iglesia y Dios.

Como todos los seres humanos, he tenido en mi vida momentos buenos y malos, pero no hay duda de que este golpe fue el peor de todos, y jamás admitiré que fuera merecido. Tantos años de trabajo, de esfuerzo, de noches en vela tratando de mejorar, de abrirme paso, pero siempre dentro del Ejército, mi gran amor, el único ámbito que yo conocía. Yo, acostumbrado al orden, a la disciplina, al uniforme, a obedecer y a ser obedecido con prontitud... Los militares, por nuestro estilo de vida, formamos, con nuestras mujeres e hijos, un mundo aparte. Privarnos de ese mundo es privarnos casi del aire que respiramos, y eso fue lo que me ocurrió a mí. Fue entonces que comprendí la tragedia vivida por tantos otros como yo en todos los años de la República, despedidos así, sin investigación y sin expediente, «por alta conveniencia al servicio». ¡Qué cosa tan terrible no poder volver a un cuartel!, quedar excluido del trato de mis antiguos camaradas, para quienes un retirado era algo así como un apestado. *Aunque el militar no tenía voto en Cuba, pudiera ser esto una de las razones por las que había menos interés de los políticos por un mejor trato con los militares, a pesar de que los militares tenían muchos familiares que sí tenían derecho a votar. Tuve que dejar el ejército por presiones de los adulones, de los que más daños hicieron y mejor pagados estaban.*

También estaba la cuestión económica. El 10 de marzo de 1951 recibí mi carnet de retirado y empezó a llegarme mi pensión, que no me alcanzaba para mantener a mi esposa y a mi hijo. Comenzaron a irse mis ahorros, que no eran muchos, porque el sueldo de capitán no era nada del otro mundo. Tenía el alivio de no pagar alquiler porque

---

da, *Palabras Esperadas: Memorias de Francisco H. Tabernilla Palmero* (Miami: Ediciones Universal, 2009), 48-49.

la casa era propiedad de mi esposa,[94] pero repito, con mi sola pensión no podía vivir, y comencé a buscar fuentes adicionales de ingreso.

Un antiguo amigo, el Sr. Eugenio de Sosa Chabau movió sus relaciones y obtuvo para mí un puesto de recaudador en la Estación Central de los Ómnibus Aliados, Avenida de Rancho Boyeros. Mi trabajo consistía en recibir el dinero de los taxis que hacían el servicio de la estación, que sumaban unos cien. También regulaba yo sus salidas, y les llevaba el tiempo hasta su regreso. Este trabajo me permitió ir viviendo pero, aunque trataba de ocultárselo a mi esposa, mi estado de ánimo iba de mal en peor. Reflexionaba una y otra vez: así es como un gobierno llamado «democrático» arrojaba al vacío a un viejo servidor. En cualquier ejército regular, cuando un militar delinque, se nombra a un investigador que reúne todos los datos relativos al hecho, inicia con ellos un expediente, y lo eleva al Cuerpo Jurídico que, a su vez, incoa o no la causa. El Reglamento provee todos los medios para que el acusado pueda defenderse, tal cual ocurre en la vida civil. Sin embargo, nuestro gobierno «democrático» se atuvo a la cómoda práctica de retirar por años de servicio o por alta conveniencia del servicio.

EL 10 DE MARZO

Un buen día de octubre de 1951, apareció en mi trabajo un antiguo compañero de armas, también retirado por idéntico procedimiento. Martín –me dijo– el general Batista conoce tu caso, y te ruega que vayas a verlo.[95]

---

[94] Residía en la casa de su suegra, Aurora Hernández de Tejada y García, que había sido fabricada en 1927 por el esposo de ella. Tras la muerte del esposo, la viuda hizo los trámites legales para que la vivienda quedara en partes iguales entre ella y su hija.

[95] El cuñado de Batista, Roberto Fernández Miranda, afirma en sus memorias que él fue quien le llevó el recado de Batista a Díaz Tamayo, «que trabajaba de noche en la Estación de la Terminal de Ómnibus». Añade que tuvieron varias reuniones en la biblioteca de Kuquine y que «en una de ellas Díaz Tamayo objetó a que el General Tabernilla, allí presente, fuera nombrado jefe del Estado Mayor del Ejército». Fernández dice que Díaz Tamayo luego le dijo que «Al proponer esto cometí una verdadera imprudencia, pues me gané la enemistad del General Tabernilla que jamás me lo perdonó».

Me quedé de una pieza. Sabía que Batista estaba en Cuba, que era candidato a presidente para las próximas elecciones, pero eso era todo. Que él se acordase de mí, de quien tan lejos estuvo en sus años de gobierno, me asombraba. Así se lo dije al emisario, quien me respondió: Pues te equivocas, Batista te conoce bien. Ve a verlo, que no te pesará.

Le pedí tres días para pensarlo. Volvió al cabo de esos tres días.
—¿Qué has decidido?, me preguntó.
—Está bien, iré a verlo. No veo nada malo en eso.

Me instruyó que fuese de madrugada, entre la una y las dos. La entrevista sería en su finca Kuquine, donde él vivía. Me especificó que entrase por la portada que da al frente de la finca, es decir, la entrada principal.

En realidad, no me explicaba yo tanto misterio. Batista se hallaba legalmente en Cuba y yo, civil ahora y hombre libre, podía verlo cuando me viniese en gana.

Conviene resumir aquí la trayectoria del ex-presidente Fulgencio Batista en todos estos años: siguiendo la costumbre de presidentes anteriores, tan pronto entregó éste el poder al Dr. Ramón Grau San Martín, tomó el avión y se fue de Cuba. En el extranjero tuvo lugar su divorcio y el matrimonio con quien fue su segunda esposa, la señora Martha Fernández.[96] Realizó después un periplo por varios países de América Española, fijando, al cabo de su itinerario, su residencia en Daytona Beach, Estados Unidos (la casa en que vivió es hoy en día un museo). Durante los cuatro años de Grau no intentó volver a Cuba, pero para las elecciones de 1948 se postuló y fue elegido, in absentia, Senador de la República. La inmunidad parlamentaria le permitió el retorno a salvo de muchas inconveniencias,

---

[96] Martha Fernández Miranda (noviembre 11, 1923-octubre 2, 2006) hija de inmigrantes españoles, contrajo matrimonio por poder con Fulgencio Batista el 28 de noviembre de 1945 cuando él estaba en México y ella en La Habana. Batista inició el divorcio de su esposa Elisa Godínez en México el 6 de septiembre de 1945 y lo finalizó en Cuba el 10 de noviembre. Martha pasó su luna de miel en el hotel Waldorf Astoria en Nueva York. Establecieron residencia en Daytona Beach, Florida, hasta regresar a La Habana en 1948 en el ferry porque Martha tenía fobia de volar en avión. El matrimonio tenía cinco hijos cuando salieron de Cuba en 1959 y eventualmente se establecieron en España. Después que Batista falleció en 1973, Martha residió en West Palm Beach, Florida, hasta su muerte debida a Alzhéimer.

pero no de, por ejemplo, atentados terroristas. Por ello, se rodeó de una escolta de antiguos fieles. Fijó su residencia en Kuquine, una finca que poseía a unos diez kilómetros al oeste de La Habana. Desde allí fundó un partido político, llamado Partido Acción Unitaria (PAU) y lanzó su candidatura para presidente en 1952.

Contaba Batista con que el pueblo, hastiado del desorden Auténtico, votaría por él, aunque fuese como un mal menor. Las elecciones para alcalde de La Habana en que fue candidato Antonio Prío demostraban hasta qué punto el voto sería contra el gobierno. Lo que no tuvo en cuenta fue que, con la aparición del Partido Ortodoxo, el voto popular iría hacia esa tercera posición. A mi juicio, sus posibilidades de ganar siempre fueron mínimas, sino nulas.

Estas son conclusiones a las que he llegado con posterioridad. Lo que en aquel momento pensé fue que Batista, conociendo la difícil situación en que me encontraba, me llamaba para ofrecerme algún tipo de ayuda, o que trabajara para él en la campaña política.

Llegué a Kuquine a la hora indicada. Dos o tres hombres de su escolta se encontraban de guardia a la entrada, y al identificarme yo, la portada se abrió y entré con mi «cacharrito», dejándolo allí mismo. Uno de los escoltas me condujo hasta la biblioteca, que queda detrás de la casa de vivienda, invitándome a que me sentara en una butaca del despacho. A poco apareció Batista y, ¡hay que decirlo!, me sentí conmovido. ¡Cuántos recuerdos! El ex-presidente simbolizaba todos aquellos años de poder, de seguridad, que ya habían pasado y que no volverían. Además, Batista poseía una personalidad magnética. Era un hombre nacido para el mando, un mando que ejercía con tranquila dignidad. Todo ello influyó para producir en mí aquel estado emocional.

Me resulta imposible reproducir exactamente la conversación que sostuvimos, pero sí puedo decir que siguió la pauta lógica. Es decir, primero las efusiones, las generalidades, los recuerdos, las anécdotas. Luego, poco a poco, las frases fueron concretándose. Y fueron estas, más o menos:

Batista: —Bien, ¿y qué te parece como andan las cosas en el país?

Yo: —Muy mal. Ya ve usted el hecho que originó mi retiro. Así anda todo.

Batista: —¿Y qué piensa el Ejército?

Yo: —Nos sentimos bastante disgustados. Se nos ha maltratado mucho.

Batista: —¿Qué crees que harían las tropas si yo me presentara ante ellas?

Yo: —Sobre las del interior del país no puedo opinar, pero Columbia lo seguiría sin vacilar

Hasta aquí, como se ve, no hay nada definitivo ni comprometedor, pero una vez tocado este punto, y vista mi respuesta, fue al grano.

—Tú llevas poco tiempo fuera de Columbia y conoces allí mucha gente. ¿Querrías dibujarme un plano de la disposición interior del Campamento? También quisiera una lista de oficiales y soldados con quienes se pudiera contar.

Comencé a recitarle nombres, pero me interrumpió diciéndome: —No. Haz eso con calma y por escrito.

Añadió que no volviera hasta avisarme. Que él enviaría a alguien a verme en mi trabajo, y que recibiría instrucciones. Que la próxima vez viniera de noche como lo había hecho hoy. —Si ves policías –me dijo– no te preocupes. Pero ten cuidado con las patrullas del Servicio de Inteligencia Militar (SIM). El comandante [Clemente] Gómez Sicre[97] sí es de cuidado.

Cuando ya me iba le pregunté qué ocurriría si la conspiración trascendía, como ya había ocurrido con otras. Batista me contestó con una sonrisa:

—No pasará nada. Prío no me teme a mí, sino a los ortodoxos. Si estos ganan le quitan hasta la camisa que lleva puesta. Nosotros vamos a sacarle las castañas del fuego.

Siempre he creído que hubo un acuerdo, tácito o expreso, entre Batista y Prío. El presidente Batista era sumamente discreto y nunca reveló, al menos delante de mí, nada en ese sentido, excepto las palabras que acabo de citar. Toda la conspiración, hasta su cul-

---

[97] Clemente Ricardo Gómez Sicre (febrero 7, 1912-mayo 17, 1983) natural de Matanzas. Posteriormente implicado en la frustrada Conspiración de los Puros del coronel Ramón Barquín en 1956. Falleció en Miami.

minación en el golpe de estado, se realizó en la mayor reserva, pero no tanto que no se filtrara lo suficiente como para alertar a los servicios secretos. Me consta que éstos elevaron más de un informe al presidente Prío, informes que no recibieron contestación. El entonces comandante de la Policía, [Rafael] Salas Cañizares,[98] Jefe de la Sección de Radio de la Policía, era el encargado de la custodia y vigilancia de Kuquine, y los tripulantes de las perseguidoras fraternizaban abiertamente con el personal de la finca. Se dirá que Salas actuaba por su cuenta, pero todo eso personal a sus órdenes, ¿no veía o no hablaba? Es más, en las primeras horas de la noche del 10 de marzo, uno de los conspiradores, quizás arrepentido, llamó al Presidente. Fue uno de sus ayudantes quien respondió. La persona insistió en hablar con el Presidente, pero el ayudante contestó que eso era imposible y, por fin, la persona dio cuenta al ayudante de lo que ocurriría. Este le dio las gracias y ahí quedó todo. ¿Llegó el mensaje a manos del Presidente? Tengo entendido que sí, pero nada pasó.

Comprendo que todo lo que acabo de decir mortificará a algunos, y más de un cubano de la época lo considerará una herejía, pero con el mayor respeto, tal es mi opinión, y así la expreso.

---

[98] Rafael Ángel Salas Cañizares (enero 16, 1913-octubre 31, 1956) nació en Cruces, Las Villas, donde cursó estudios y se graduó de telegrafista el 18 de septiembre de 1930. Ingresó en el Ejército el 26 de septiembre de 1933 y obtuvo en rango de cabo en el Cuerpo de Señales. Se licenció a los tres años para ingresar en la Policía Nacional como vigilante en la División Central. En 1938 fue destinado a la Tercera Estación y dos años después fue trasladado para la 14a Estación y destacado en servicio en la Plana Mayor. En 1940 ascendió a cabo tras estudios en la Academia y perteneció al Servicio de Transito hasta ascender al grado de sargento el 1 de marzo de 1945. El 3 de diciembre de 1947 ascendió a segundo teniente de la Sección Radio-Motorizada y seis meses después era primer teniente. El 14 de noviembre de 1951 fue nombrado Inspector del Servicio de Patrullaje Motorizado. Por su participación en el golpe de Estado el 10 de marzo de 1952, Batista lo nombró coronel jefe de la Policía Nacional. Dos meses después ascendió a brigadier general. El 29 de octubre de 1956, persiguiendo a los asesinos del coronel Antonio Blanco Rico, penetró en la Embajada de Haití con un coronel y dos ayudantes donde se encontraban diez revolucionarios, seis de los cuales habían participado en el ataque al cuartel Goicouría. Se desató un tiroteo y Salas Cañizares fue herido mortalmente en el intestino por debajo de su chaleco antibalas.

Tal como el general Batista me había ordenado, dibujé un plano de Columbia, señalando la disposición actual de las unidades y demás dependencias (supe después que el Presidente había hecho un encargo similar al entonces primer teniente Salas Cañizares, pero no siendo Salas del Ejército, ignoraba las interioridades de éste y su informe presentaba lagunas). Confeccioné también una lista del personal perteneciente a Columbia, al cual podría hablársele. Después, aguardé.

Quien vino a verme al cabo de unas dos semanas fue el doctor [Antonio Nicolás] «Colacho» Pérez,[99] miembro de una conocida familia cardenense. Como es bien sabido, Nicolás fue con posterioridad Ministro de Defensa. He de decir aquí que él fue el más eficiente y activo de los colaboradores que Batista tuvo en la conspiración. Colacho y yo cambiamos nuestros puntos de vista y él, por su cuenta, me dio instrucciones concretas en cuanto a entrevistar al personal que yo considerara conveniente. También me fijó fecha para asistir a una reunión en Kuquine.

Respecto a lo primero, varios aceptaron, otros se atemorizaron y se negaron a tomar parte en la conspiración. También, quizás, alguno me delató, porque a los pocos días empezó a montar guardia frente a mi casa un carro del SIM. Esta vigilancia se mantuvo hasta el mismo 10 de marzo. Esta guardia dificultaba mis salidas, sobre todo las nocturnas, que eran las que yo aprovechaba para mis contactos. No me quedó más remedio que, al regresar todos los días de mi trabajo, estacionar el auto frente a mi casa como si ya fuera a retirarme a descansar y luego, por la noche, saltar el muro que separaba el fondo de mi casa de la vecina, e irme a pie. Así, a veces hacía mis rondas en ómnibus, a veces en el automóvil de algún amigo.

---

[99] Antonio Nicolás «Colacho» Pérez Hernández (agosto 6, 1902-agosto 24, 2001) natural de Cárdenas, militó en la organización ABC y tuvo la difícil y peligrosa misión de coordinar las relaciones entre civiles y militares, tanto en servicio activo como retirados, durante la conspiración del golpe del 10 de marzo. Era senador el 1 de enero de 1959 cuando fue encarcelado en La Cabaña y cinco meses después sentenciado a 20 años de presidio por su participación en el golpe de Estado. Llegó a Miami el 19 de enero de 1968, donde se naturalizó ciudadano estadounidense el 7 de junio de 1974. Falleció en dicha ciudad

En ocasiones, siéndome imprescindible utilizar mi auto, me hacía acompañar de mi esposa, como si fuéramos al cine o a alguna visita. Por cierto, recuerdo que Rosaura[100] tenía por aquella época una pierna fracturada, y en el interior del molde de yeso ocultaba ella los papeles comprometedores.

Llegó por fin la fecha de mi segunda visita a Kuquine, pues fueron cuatro, en total, las que realicé antes del golpe.

Los asistentes a las mismas éramos, generalmente Colacho, el oficial de marina retirado (después almirante) [José] Rodríguez Calderón,[101] el propio general Batista y yo. En una ocasión asistió el después Jefe de Estado Mayor Conjunto, general [Francisco] Tabernilla,[102] que por aquella época se encontraba retirado. Fue preci-

---

[100] Su segunda esposa Rosaura Menéndez Hernández de Tejada (julio 17, 1917-agosto 14, 1993).

[101] José Eduardo Rodríguez Calderón (marzo 14, 1901-noviembre 15, 1987) nació en Santiago de Cuba y quedó huérfano de padre. Asistió al Colegio Belén e ingresó en la Marina de Guerra el 13 de diciembre de 1926. Fue jefe maquinista de los astilleros de Casablanca, Cuba. Era capitán de fragata en 1945 al ser retirado por el presidente Ramón Grau. Su apoyo al golpe de Estado de Batista le ganó el grado de Contralmirante y jefe del Estado Mayor de la Marina de Guerra. Ascendió a Almirante el 19 de junio de 1956. Salió de Cuba en el avión con Batista en 1959 para Santo Domingo y llegó a Miami el 8 de septiembre de 1961, donde se mantuvo apartado de toda actividad política. Se naturalizó ciudadano estadounidense el 12 de noviembre de 1971. Fue asesinado en su hogar junto con su sobrina nieta por el marido de ella.

[102] Francisco José Tabernilla Dolz (enero 28, 1888-abril 22, 1972) natural de la Habana, ingresó en el Ejército como cadete el 14 de junio de 1921. En 1930 era teniente cuando acompañó a 24 cadetes a un curso en la Academia Militar en West Point, N.Y. Respaldó la Revolución del 4 de Septiembre por lo que fue nombrado jefe del Regimiento 7 de Artillería. En 1941 era cuartel-maestre del Ejército y al siguiente año ascendió a general de brigada. Retirado forzosamente el 29 de diciembre de 1944 cuando el presidente Ramón Grau purgó al Ejército de batistianos y lo acusó de «ignorar órdenes superiores». Acompañó a Batista al exilio en la Florida. Poco antes de regresar a Cuba con Batista, envió una carta al *Diario de la Marina*, que fue publicada el 24 de octubre de 1948, denunciando los rumores que regresaba para conspirar contra el gobierno. Afirmó que «no seguirá otra vía en su país que no sea la de carácter legal». Su actuación en el golpe de estado del 10 de marzo de 1952 le ganó el ascenso ese día a mayor general. Fue jefe del Estado Mayor del Ejército y en 1957 tomó el mando de jefe del Estado Mayor Conjunto. En 1959, se estableció con su familia en West Palm Beach, Florida, donde luego falleció.

samente aquella noche, cuando en el curso de la conversación cometí un desliz que me valió la posterior y constante enemistad del general Tabernilla. He aquí en qué consistió el error.

Cuando tratábamos sobre la futura distribución de los mandos, Batista me preguntó directamente, y solamente a mí, quién creía yo que debería ser el Jefe del Ejército. Sin pensarlo mucho, sugerí al entonces coronel [Eulogio] Cantillo Porras.[103] Naturalmente, yo estaba considerando exclusivamente el lado profesional de la cuestión. El coronel Cantillo tenía la edad apropiada, y se le suponía muy capacitado, dados los estudios de especialización cursados en diversas academias del ejército norteamericano. El general Tabernilla, aun procediendo de una familia distinguida, y siendo oficial anterior al 4 de septiembre, no poseía, a mi juicio, ninguna de esas condiciones. En mi opinión, su verdadera aptitud era para Ministro de Defensa, posición bien remunerada, pero con pocas responsabilidades.

Expuse todas estas razones con la mayor buena fe, por haberme Batista invitado a expresarme con entera libertad. Yo, que

---

[103] Eulogio Amado Cantillo Porras (septiembre 13, 1911-septiembre 8, 1978) natural de Mantua, Pinar del Río, se graduó de bachiller en 1928 y fue agrimensor hasta alistarse en el Ejército el 3 de octubre de 1933. Al año era sargento e ingresó en la Escuela de Cadetes en septiembre de 1937. Graduado a los tres años de segundo teniente y destinado al Regimiento 7 de Artillería. En 1942 ascendió a primer teniente y tomó cursos de artillería de costa y antiaérea en EE.UU., donde fue agregado al Regimiento 602 de Artillería Antiaérea en Long Island, NY. Al siguiente año era capitán de una compañía de armas pesadas. Después de dos cursos adicionales en EE.UU. fue nombrado director de la Escuela de Cadetes en 1947. Ascendió a comandante por oposición en 1948 y al siguiente año fue nombrado jefe del Cuerpo de Aviación, con el grado de teniente coronel, y miembro del Tribunal Superior de Guerra. En 1951 obtuvo el rango de coronel y tras el golpe de estado de Batista fue nombrado ayudante general del Ejército con el grado de general de brigada. En 1954 fue jefe de la División de Infantería y dos años después fue miembro del Estado Mayor Conjunto del Ejército. Recibió el rango de mayor general el 3 de diciembre de 1957. De abril a agosto de 1958 fue representante del Estado Mayor Conjunto en la Zona de Operaciones de Bayamo y pasó a ser jefe de operaciones en la Zona de Santiago de Cuba desde septiembre hasta diciembre 31, 1958. El dos de enero de 1959 fue arrestado y luego sentenciado a cuatro años de presidio por un Tribunal Revolucionario. Sin embargo, lo mantuvieron encarcelado hasta el 20 de abril de 1967. Salió a México el 17 de abril de 1968 y un mes después llegó a Miami, donde posteriormente falleció.

soy hombre de poco hablar, aquella noche hablé más de la cuenta. No tuve en consideración que estaba hiriendo profundamente al general Tabernilla, y contrariando los planes del Presidente. Tabernilla jamás olvidaba una ofensa, y en cuanto a Batista, si algo había heredado de Machado, era su recelo hacia los oficiales profesionales. Ninguno de los dos objetó nada en aquel momento, e incluso se llegó a la decisión de que Tabernilla fuera Jefe del Ejército durante los primeros seis meses solamente, pasando entonces al Ministerio de Defensa. En cuanto a Cantillo, se le daría la jefatura siempre que, aceptando la realidad del golpe de estado, se aviniese a ocuparla, porque el coronel Cantillo, Jefe de la Aviación por aquellos días, no había sido iniciado en la conspiración. Se delegó para ello en su hermano, el entonces coronel retirado Carlos Cantillo [González],[104] pero éste no se atrevió a hablarle, y el resultado fue que, llegado el 10 de marzo, Eulogio Cantillo nada sabía de él, y esto estuvo a punto de trastornar nuestros planes.

Otra cosa que ignoraba yo por aquella época era la estrecha amistad que unía a Batista con Tabernilla, que databa de 1933. De estar más al tanto de ello, hubiese actuado con mayor tacto. Pero, bueno, yo era un ignorante de todas esas cosas, y tampoco juzgaba a la humanidad como la juzgo hoy. Téngase en cuenta que yo fui siempre un soldado de línea, y no miraba más allá de la jefatura de mi batallón.

Volvamos, pues, al plan de acción. Constaba este de dos partes: la política y la militar. Explicaré primero la política.

---

[104] Carlos Manuel Cantillo González (octubre 27, 1907-enero 31, 1992) natural de Guane, Pinar del Río, e hijo de un miembro de la Guardia Rural. Ingresó como cadete en el Ejército el 14 de octubre de 1925. En 1944 fue retirado por el presidente Grau y se dedicó a bienes raíces en Miami. Tras el golpe de Estado fue nombrado Agregado Militar en la Embajada de Cuba en México el 26 de abril de 1952. Dos semanas después pasó a ser jefe de la Sección de Contabilidad y Pagos del Estado Mayor General del Ejército. Era coronel el 8 de noviembre de 1956 cuando fue designado jefe del Servicio de Inteligencia Militar. Posteriormente ascendió a brigadier. El 19 de mayo de 1959 fue sentenciado por un tribunal revolucionario a 20 años de presidio al implicarlo en la muerte de Pelayo Cuervo. Una semana después recibió una condena adicional de 30 años de presidio por su participación en el golpe de Estado de Batista. Llegó a Miami el 19 de agosto de 1970. Peticionó la ciudadanía estadounidense el 29 de marzo de 1976 pero le fue negada dos años después. Falleció en Miami.

Dando por sentado que, harto desilusionado como estaba, el pueblo cubano aceptaría, si no con entusiasmo, al menos con indiferencia el golpe de estado. No era la cuestión de una reacción popular la que, por el momento, debiera preocuparnos. Empero, a la larga, sería preciso celebrar elecciones libres y entregar el poder al vencedor. Es decir, que tanto el pueblo de Cuba como el gobierno de los Estados Unidos tolerarían quizás dos o tres años de gobierno de facto, al cabo de los cuales se volvería a la normalidad. El general Batista no solo entendía esto, sino que hasta él mismo nos lo expuso con claridad. Más preocupados estábamos nosotros en cuanto a lo que nos acontecería a los militares, caso de tomar el poder un régimen que nos fuese adverso. Batista nos explicó que el retorno a la normalidad se haría con todo género de garantías para los que ahora lo ayudábamos. Y la cosa quedó así.

En cuanto al golpe en sí, el plan fue tomando cuerpo, y como se cumplió con tanta precisión, en su desenvolvimiento irá viendo el lector en qué consistió. Conviene adelantar, sin embargo, que se basaba en que el Oficial de Día, quien en todo ejército tiene el mando de la unidad durante 24 horas, estuviese en el complot. Sería el Oficial de Día quien facilitaría nuestra entrada al Campamento. Se fijó la noche del 10 de marzo por dos razones: uno de los complotados, el capitán [Damaso] Sogo,[105] era el Oficial de Día. La otra razón es que, siendo domingo, casi todos los jefes estarían ausentes o descansando en sus domicilios dentro del mismo Cam-

---

[105] Dámaso Sogo Hernández (diciembre 11, 1903-enero 19, 1982), natural de Aguacate, La Habana. Huérfano de padres, aprendió a tocar corneta e ingresó en el Ejército como músico el 6 de febrero de 1925. Fue nombrado oficial con la Revolución del 4 de Septiembre. Tras el golpe de Estado ascendió a teniente coronel. Nombrado coronel y jefe del Regimiento 5 «Martí» de La Habana el 18 de mayo de 1953; jefe del Regimiento 4 el 17 de abril de 1954; jefe del Regimiento 5 el 20 de agosto de 1954; presidió el Consejo de Guerra contra los acusados en la Conspiración de los Puros en abril de 1956; jefe de la Sección de Inspección de la Ayudantía General el 13 de abril de 1957; supervisor del Reclusorio Nacional de Isla de Pinos el 12 de agosto de 1957; jefe del Regimiento 10 de Infantería del Servicio Militar de Emergencia el 26 de septiembre de 1957; jefe del Regimiento 7 el 24 de marzo de 1958; y asignado a la Dirección de Operaciones G-1 del Estado Mayor del Ejército el 23 de octubre de 1958. Era brigadier el 1 de enero de 1959 cuando obtuvo asilo político en la Embajada de México y emigró a Miami, donde se naturalizó ciudadano estadounidense en abril de 1981, y allí falleció.

pamento. Que fuese de madrugada, por ser a esa hora más profundo el sueño de la guarnición. El porqué de la hora, 2:40, se debió a una decisión del general Batista. No sé qué motivos tuvo.

CAPÍTULO V

LA MADRUGADA DEL 10 DE MARZO DE 1952

Hemos dicho antes que el Campamento de Columbia se asienta sobre una meseta, a partir de cuyo reborde norte una cuesta poco pendiente desciende hasta el mar. Por la parte sur, y a partir del límite del Campamento, el terreno torna a elevarse hasta la Calzada de Marianao. Allí, el nivel se estabiliza. Una gran avenida parte de la Calzada de Marianao y va a morir en el Campamento. Por esta avenida descendimos en la madrugada del 10 de marzo. Nos habíamos reunido junto a unos tanques de agua existentes en la Calzada, un poco al este de la Avenida, y de allí partimos. En el automóvil de la cabeza iba, al timón, el capitán [Luis] Robaina.[106] Junto a él, el teniente retirado Francisco «Silito» Tabernilla,[107] y a su lado, Roberto Fernández Miranda,[108] cuñado del presidente Batista. En el asiento trasero íba-

---

[106] Luis Robaina Piedra (junio 21, 1902-octubre 10, 1989), se alistó en el Ejército el 10 de septiembre de 1924. Era capitán el 10 de marzo de 1952, cuando ascendió ese día a brigadier y Cuartel-Maestre General. Nombrado Inspector General el 30 de abril de 1956 y obtuvo el grado de Mayor General el 5 de diciembre de 1957. Consuegro de Batista, con quien salió al exilio el 1 de enero de 1959. Se estableció en Miami el 3 de marzo de 1960, donde luego falleció.

[107] Francisco H. «Silito» Tabernilla Palmero (agosto 22, 1919-enero 20, 2015), natural de Guanabacoa, se alistó en el Ejército el 7 de septiembre de 1937 y lo retiraron con el grado de primer teniente en 1945 bajo el gobierno de Ramón Grau. Tras el golpe de Estado de Batista, ascendió en abril de 1952 a teniente coronel y a coronel tres meses después. Fue jefe del Regimiento Mixto de Tanques en 1955 y nombrado general de brigada el 5 de diciembre de 1957. Era jefe de la División de Infantería «General Alejandro Rodríguez» el 18 de septiembre de 1958. Salió al exilio en West Palm Beach, Florida, el 1 de enero de 1959, donde luego falleció.

[108] Roberto Ramiro Fernández Miranda (junio 7, 1922-septiembre 26, 2009), natural de la Habana, se alistó en el Ejército el 29 de mayo de 1929. Fue retirado con el grado de capitán en 1944 por el presidente Ramón Grau debido a su amistad con Batista. Tras el golpe de Estado de 1952, ascendió a coronel y jefe del Palacio Presidencial. Al siguiente año fue nombrado coronel y el 5 de diciembre de 1957 llegó al grado de general de brigada. El 30 de enero de 1958 fue asignado jefe del Regi-

mos Batista, a la derecha, y yo a la izquierda. Vestía Batista una chaqueta de militar que yo le había facilitado, y una de mis antiguas gorras de oficial subalterno.[109] Yo vestía mi uniforme de capitán. Tras nosotros, en el segundo auto, venían los capitanes (en activo) [Jorge] García Tuñón,[110] teniente [Pedro] Barrera Pérez[111] y capitán [Víctor] Dueñas Robert,[112] este último vestido de civil.

---

miento de Artillería. Salió al exilio con Batista y se naturalizó ciudadano estadounidense el 27 de enero de 1972 en Miami, donde posteriormente falleció.

[109] Roberto Fernández Miranda confirma esta versión en sus memorias diciendo que de Kuquine «partimos en varios autos, en uno iba el General Batista con Díaz Tamayo, «Silito» Tabernilla y yo . . . Díaz Tamayo había traído uniformes y gorras para el General Batista y para mí». Roberto Fernández Miranda, *Mis Relaciones con el General Batista* (Miami: Ediciones Universal, 1999), 116. La biografía por Edmund A. Chester, *A Sergeant Named Batista* (1954), páginas 227-230, contradice esta versión. Chester señala que Batista salió de Kuquine en el segundo auto manejado por el capitán Luis Robaina y acompañado de Francisco Tabernilla Palmero y Roberto Fernández Miranda. Indica que Tabernilla fue quien le entregó la chaqueta militar a Batista. Díaz Tamayo es omitido de la biografía. Tabernilla señala que Batista después de salir de Kuquine se pasó a otro automóvil que conducía Robaina y no lo acompañó. Gabriel E. Taborda, *Palabras Esperadas: Memorias de Francisco H. Tabernilla Palmero* (Miami: Ediciones Universal, 2009), 51.

[110] Jorge García Tuñón (julio 22, 1913-enero 25, 2004) nació en Paris cuando su padre Conrado García Espinosa estaba allí en una misión. En 1932 estudió seis meses en el Georgia Industrial College en Barnesville, Georgia. Su actuación en el golpe del 10 de marzo lo convirtió en general y jefe de la División de Infantería en Columbia. Las intrigas del general Francisco Tabernilla Dolz pronto lo trasladaron a la jefatura de La Cabaña y después nombrado Agregado Militar en la Embajada de Cuba en Chile. Fue retirado del Ejército por «motivos de salud» el 27 de noviembre de 1952. La Embajada estadounidense recibió informes que el retiro se debió a que el general estuvo en contacto con Aureliano Sánchez Arango y le ofrecieron un millón de dólares para encabezar una revuelta para el 15 de diciembre. Su hermano Pedro, teniente coronel y director de la Escuela de Oficiales en Managua, también fue retirado. El coronel Pedro Barrera estima que fue un falso rumor creado por Tabernilla. Jorge y Pedro fueron detenidos durante una semana tras el asalto al cuartel Moncada el 26 de julio de 1953. El ex general fundó con sus tres hermanos la prestigiosa Academia Militar del Caribe en La Habana. En junio de 1957, se reunió con William Wieland, jefe del Buró del Caribe del departamento de Estado en Washington, y discutieron como derrocar a Batista. Posteriormente volvieron a reunirse unas quince veces. Obtuvo asilo político en Miami con su esposa e hija el 17 de julio de 1957. Dos meses después recibió una carta ordenándolo volver a Cuba para enfrentar cargos de conspirar para fomentar una rebelión. Al no regresar, perdió su retiro. En enero de 1958, le entregó un documento a Wie-

Al llegar a la altura de un parquecito que se halla a la derecha de la Calzada, se nos unieron no recuerdo si cinco o seis perseguidoras de la policía. En cada una iba un vigilante como chofer, uno o dos soldados y un oficial retirado. Recuerdo entre ellos a los capitanes [Manuel] Larrubia [Paneque],[113] Pilar García, Aquilino Guerra y el primer teniente Hernando Hernández.

---

land señalando la ideología totalitaria y comunista de Fidel Castro con planes de disolver el Ejército y crear una milicia al tomar el poder. Permaneció exiliado en Miami y se unió a la organización Fuerzas Armadas de Cuba en el Exilio, cuyo coordinador militar era Martin Díaz Tamayo. Se naturalizó ciudadano norteamericano el 21 de junio de 1963 en Miami y falleció en dicha ciudad.

[111] Pedro Antonio Barrera Pérez (diciembre 27, 1921-diciembre 28, 1974), natural de Artemisa, ingresó en el Ejército como soldado en 1942 y dos años después se graduó de la Escuela de Cadetes con el grado de segundo teniente. En 1947 ascendió a primer teniente y en 1952 era comandante. Tras el golpe de Estado del 10 de marzo, fue nombrado teniente coronel. Barrera fue interventor de la Cooperativa de Ómnibus Aliados en 1953 y tres años después ascendió a coronel, siendo jefe militar en Bayamo, Santiago de Cuba y El Macho. En 1957 fue enviado a Caracas como agregado militar y encargado de negocios. Allí lo sorprendió la caída de Batista. Emigró a Panamá y llegó a Miami el 5 de abril de 1960, procediendo a Nueva York donde trabajó como mozo de limpieza. Barrera se naturalizó ciudadano estadounidense el 23 de agosto de 1965 y falleció en el Jackson Memorial Hospital de Miami.

[112] Víctor Manuel Dueñas Robert (abril 15, 1912-agosto 28, 1992) natural de Matanzas, se graduó de la Escuela de Cadetes el 15 de julio de 1941. Era capitán el 10 de marzo de 1952 y ascendió a teniente coronel tras el cuartelazo. Fue supervisor de la Cárcel de la Habana en 1954 y dos años después jefe del Regimiento 2 de la Guardia Rural. Nombrado coronel el 5 de diciembre de 1957. Fue sentenciado a diez años de presidio por un Tribunal revolucionario el 29 de mayo de 1959. Falleció en Miami, donde fue guardia de seguridad en un banco.

[113] Manuel A. Larrubia Paneque (enero 1, 1898-abril 15, 1959) natural de Alto Songo, Oriente, ex oficial del gobierno de Machado que participó activamente con Batista en la restructuración del Ejército el 4 de septiembre de 1933. Era comandante cuando fue retirado forzosamente por el presidente Grau en 1944. Cuando Batista regresó a Cuba en 1948, Larrubia dirigió unos 300 hombres que lo protegieron en los actos públicos y su campaña presidencial en toda la isla. Perdió la candidatura a Representante por La Habana del PAU en las elecciones de 1950. Su participación en el golpe de Estado del 10 de marzo y su arresto del general Ruperto Cabrera lo ascendió a teniente coronel y jefe de la Fuerza Aérea del Ejército. Nombrado coronel tres semanas después, el 1 de mayo de 1952 fue relevado de su cargo y nombrado director de la Academia Militar por influencia del general Francisco Tabernilla Dolz, quien quería poner a su hijo Carlos al frente de la aviación.

El primer teniente Salas Cañizares se quedó en el parquecito en su auto patrulla, comunicándose constantemente con la jefatura, a la que hacía ver que estaba prestando diversos servicios.

Colacho se mantuvo en su apartamento, desde donde se mantenía en contacto telefónico con el primer teniente médico Gustavo Márquez Cárdenas, quien desde la enfermería del Campamento lo informaba constantemente sobre la situación. Colacho preguntaba: ¿Cómo está la niña? ¿Está tranquila? ¿Ha mejorado? Y las respuestas eran acordes: —La niña está tranquila. La «Niña», desde luego, era el Campamento. El que estaba «mejor», «tranquila», quería decir que no había novedad, y que la guarnición reposaba en la paz de Dios. De producirse un inconveniente: «La niña está mal», Colacho nos hubiese notificado de inmediato.

Exactamente a las 2:40 llegamos a la Posta N° 4. Allí surgió un inconveniente. El Capitán Sogo, Oficial de Día, no estaba en el sitio para facilitarnos la entrada. Previendo que algo así pudiera ocurrir, llevábamos en el segundo auto, como ya dije, varios oficiales en activo. La posta nos dio el ¡Alto! Nos detuvimos. Uno de nosotros sacó la cabeza y le dijo que llevábamos un hombre enfermo para el botiquín, y que el médico nos esperaba. En eso, del segundo carro se apeó el capitán García Tuñón, y aclaró: —¡Está bien, posta, déjelos pasar! Y al ver a aquel oficial y a todos nosotros de uniforme, más las perseguidoras que nos seguían, en centinela presentó el arma y nos dio paso. ¡Al fin estábamos dentro! Fue entonces que apareció Sogo gritando: —Déjenlos pasar, ¡Adelante!, ¡Adelante!

Viene ahora la segunda parte. Nuestro automóvil se dirigió a la Jefatura del Regimiento (donde el coronel Matos me había arrestado meses antes). En esta jefatura quedaba durante la noche una guardia administrativa compuesta, generalmente, por un teniente y uno o

---

En 1956 fue designado Agregado Militar en las Embajadas de Cuba en Nicaragua, Costa Rica y Panamá. José Antonio Lugo Abreu, emisario de Carlos Prío al generalísimo Rafael Trujillo en 1956, señaló en sus memorias que el dictador dominicano le informó que Larrubia y otros oficiales cubanos conspiraban con él para derrocar a Batista. Regresó a Cuba en noviembre de 1958, y tomó el mando del puesto de la Guardia Rural en Cabaiguán, Las Villas, donde combatió a los rebeldes. Fue fusilado por los castristas en el campo de tiro del Regimiento 3 de Santa Clara.

más mecanógrafos, por si se producía alguna novedad. Cuando llegamos, dormían todos a pierna suelta.

El oficial resultó ser el subteniente Gálvez, antiguo amigo mío. Lo sacudí con suavidad, diciéndole: —Gálvez, Gálvez, despierta. El teniente abrió los ojos, se quedó mirándome fijamente, mientras terminaba de despertarse, exclamando entonces:

—¡Eh, Capitán!, ¿qué hace usted aquí?

Y yo le respondí, diciéndole:

—Mira quién está aquí.

Volvió la vista, y al ver a Batista, saltó del catre, exclamando entre risas y lágrimas:

—General, ¡Al fin volvió! ¡Al fin se acordó de nosotros!

Batista era un hombre muy ecuánime, pero la emoción de Gálvez era un buen síntoma, y creo que él se emocionó también, pero para disimular, terminó por contestarle en un tono casual.

—¡Vamos! ¡No perdamos tiempo! Despierta al personal, que tenemos mucho que trabajar.

Los soldados, al despertar, reaccionaron de modo similar al teniente, y a los pocos momentos estaban tecleando en sus máquinas los telefonemas que les dictábamos, notificando a los regimientos del mando que habíamos asumido éste.

Mientras tanto, las perseguidoras atravesaron el Polígono y se dirigieron a las casas de los jefes principales, a fin de arrestarlos e impedir una reacción. Los jefes a arrestar eran los siguientes:

- Mayor general Ruperto Cabrera, Jefe de Estado Mayor.
- Ayudante general, Otalio Soca Llanes.
- Inspector general, Quirino Uría López.
- Jefe de Regimiento, coronel Urbano Matos Rodríguez.
- Inspector General del Regimiento 6, teniente coronel Policarpo Luis Rodríguez.

Situándose frente a cada casa, el personal de las perseguidoras llamó simultáneamente a la puerta principal. Mandó dar tiempo, y todas las llamadas fueron contestadas, bien por los mismos jefes, bien por sus esposas. Las instrucciones eran de, tan pronto abierta la puerta, penetrar rápidamente, aunque sin violencias innecesarias, y apoderarse de las personas interesadas. Una vez arrestadas, se les llevaría a la casa particular de la suegra del general Batista, en cercano Reparto Querejeta, cerca de la Quinta Avenida, reteniéndolos allí hasta nueva orden.

Todo salió a las mil maravillas. El teniente coronel Policarpo Luis Rodríguez opuso un momento de resistencia. Los que lo detenían, antiguos compañeros suyos, lo convencieron diciéndole: —No te pongas así. No queremos hacerte daño. No nos obligues a actuar de otra manera.

El coronel Matos, cuya casa se hallaba inmediata a la Posta Nº 13, al salir gritó al centinela: —¡Posta, que me llevan preso! Pero el soldado, situado por la parte exterior de la portada, o no lo oyó o no quiso oírlo.

El próximo paso consistió en hacer salir la tropa al Polígono, sin armas, y comunicarles que el general Batista había asumido el gobierno del país, y que las figuras del depuesto gobierno, incluso los jefes militares, viajaban ya rumbo al exilio (esto último no era cierto, pero se pensó que daría mayor finalidad al «fait accompli»). Los encargados de despertar a la tropa y hacerla salir, así como de leerles la proclama, eran hombres nuestros, previamente aleccionados sobre lo que tenían que hacer. Recuerdo, por ejemplo, al entonces primer teniente [Pedro] Rodríguez Ávila[114] y al segundo teniente [Manuel] Varela Castro,[115] ambos en la Compañía de Tanques. Al

---

[114] Pedro A. Rodríguez Ávila (mayo 13, 1906-febrero 1983) natural de Amarillas, Matanzas, ingresó en el Ejército el 16 de abril de 1935. Era primer teniente el 10 de marzo de 1952, cuando fue ascendido a coronel y a general de brigada a fin de año. Nombrado teniente general y jefe del Estado Mayor del Ejército en enero de 1958. Acompañó a Batista a República Dominicana el 1 de enero de 1959 y luego fue a Miami el 25 de abril de 1960. Allí se naturalizó estadounidense el 6 de septiembre de 1972, y falleció en dicha ciudad.

[115] Manuel Varela Castro (enero 26, 1923-mayo 15, 2011) era teniente el 10 de marzo de 1952 cuando fue nombrado comandante y jefe del batallón mixto de tanques. Era teniente coronel en abril de 1956 cuando fue sancionado a seis años de presidio por ser el segundo al mando de la Conspiración de los Puros. Al salir libre el 1 de enero de 1959, tomó el mando de la fortaleza de La Cabaña, que le entregó a Ernesto «Che» Guevara a los dos días. El 13 de septiembre de 1960 obtuvo asilo en Miami, donde fue corredor de bienes raíces y empresario de construcción. Se

capitán [Juan] Rojas [González], en el Batallón N° 1, al sargento de tercera [Carlos] Besada,[116] en la Compañía de Armas Auxiliares del Batallón N° 3, y al primer teniente [Juan G.] Chirino [Otaño], en el Cuerpo de Señales. También al sargento mayor Gabriel Ulloa Fránquiz[117] en el Batallón N° 2 Infantería.

Cuando desde la Jefatura del Regimiento, que era donde estábamos, se dio la orden, vimos a poco salir a los soldados medio dormidos y formar delante de los cuarteles, delante del Polígono. Y la realidad superó nuestros cálculos. Tan pronto se leyó la proclama, la tropa prorrumpió en vivas a Batista. ¡El movimiento había triunfado! Todo estaba listo ahora para el próximo paso, consistente en ir yo a ocupar el Estado Mayor, y ocupar provisionalmente el cargo de Ayudante General. Mi misión consistiría en llamar telefónicamente a todos los mandos de la República, comunicar a los jefes de regimiento lo sucedido y pedirles su adhesión o, de lo contrario, que entregasen el mando al subalterno que estimasen oportuno, y se retirasen a sus domicilios.

Para los que desconozcan la disposición del antiguo Campamento de Columbia, conviene recordarles que el edificio de la Jefatura del Regimiento se encontraba hacia el centro del Polígono, y el del Estado Mayor en el extremo oeste del mismo, a medio kilómetro de distancia. Rodríguez Ávila me envió, para ocupar el Estado Mayor, un carro blindado (scout-car)[118] y varios números armados.

---

naturalizó ciudadano estadounidense en 1976. Fue inhumado en Woodlawn Memorial Park South.

[116] Carlos Miguel Besada Valdés (julio 25, 1916-marzo 22, 1992) fue sentenciado a la pena de muerte por un tribunal revolucionario en Remedios el 25 de febrero de 1959 por la muerte de rebeldes el 15 de agosto de 1958 cuando era capitán de un cuartel de la Guardia Rural en Las Villas. La sentencia fue conmutada a 30 años de presidio. Recibió una condena adicional de 15 años el 1 de junio de 1959 por su participación en el golpe de Estado de 1952. Falleció en Cocoa, Florida.

[117] Gabriel Ulloa Fránquiz, natural de Agramonte, Matanzas. En mayo de 1959 fue declarado culpable, debido al testimonio del ex teniente Aquiles Chinea Álvarez, de haber matado a tres expedicionarios del Granma, Humberto Lamothe, Eduardo Reyes y Oscar Rodríguez, en el combate de Alegría de Pio, y sentenciado a 30 años de presidio. El ex teniente recibió una condena adicional de 15 años por su participación en el golpe de Estado del 10 de marzo.

[118] M-3 Scout Car carro blindado con capacidad para siete personas, llevaba una ametralladora calibre 50 y dos calibre 30.

Cuando me llegó el aviso de que el carro me aguardaba, me encontraba yo en el despacho del Jefe del Regimiento, donde el general Batista estableciera por el momento su cuartel general. Fue él quien me dijo: —Ya llegó tu transporte. Ve para allá. Y allá fui.

Recuerdo que, al bajar la escalera (el despacho se encontraba en el piso alto) que da al pequeño vestíbulo, me tropecé de manos a boca con los generales de brigada Uría y Soca Llanes. Los tres habíamos sido soldados y cabos juntos. Soca y yo aparecimos en el mismo decreto ascendiendo a sargentos. Ahora tocaba a ellos ser víctimas de las circunstancias, como lo fui yo un año antes. No pude menos que sentirme apenado ante su predicamento, y más siendo yo, en cierto modo, uno de los protagonistas. Al verme se pusieron de pie y yo los saludé con afecto. Les pregunté si necesitaban algo, y si el general Batista sabía de su presencia. Correspondieron a mi saludo algo tensos, pero estrecharon mi mano con efusión. Me contestaron que creían que Batista ya sabía que estaban allí, y que esperaban órdenes. Nos despedimos. Les deseé suerte. Fue la última vez que nos vimos.

Al montar en el scout-car se me unió el sargento Ulloa, quien, a partir de aquel instante, comenzó a fungir como ayudante mío. También subió al carro el capitán García Tuñón, diciéndome que quería acompañarme. Esto no lo entendí, porque García Tuñón tenía la misión específica de asumir el mando del Regimiento Nº 6, pero nada le dije hasta llegar al Estado Mayor. Allí lo llamé aparte y lo devolví para donde estaba Batista.

Al igual que en la Jefatura del Regimiento, había en el Estado Mayor una Guardia Administrativa, y ningún dispositivo de seguridad. Constaba esta guardia de un oficial y de varios mecanógrafos, ordenanzas y un motociclista. En verdad, parecían completamente ajenos y hasta indiferentes a lo que ocurría en el Campamento, a pocos pasos de ellos. Oficiales y soldados dormían u observaban desde el rellano de la escalinata el bullicio, los vítores y los movimientos de la guarnición. Comuniqué al Oficial de Guardia, un comandante ya entrado en años, que venía a ocupar el Estado Mayor. El opuso de momento algunas objeciones, pero al fin cedió y se puso a mis órdenes. Situé entonces centinelas a la entrada y subí al despacho del Ayudante General, que se encontraba en el tercer piso.

Confieso que me sentí impresionado al penetrar en el despacho. Grande, amueblado al estilo Chippendale. Siempre había entrado a él mediante cita por el Jefe, permaneciendo de pie ante el escritorio, en la posición de atención, mientras el general me daba alguna orden. Solo un día antes había sido coto privado del general Soca Llanes, y ahora entraba yo en él, como dueño y señor. ¡Qué fáciles podían ser los golpes de estado! ¡Qué extraño me resultaba todo aquello, y qué consecuencias tuvo para la República!

Pero bueno, no podía perderme en reflexiones. ¡Había que trabajar! Me senté al escritorio y tomé el teléfono. Mi primera llamada fue para el Regimiento N° 8, «Ríus Rivera». Me puse al habla con su jefe, el coronel [José] Fernández Rey. Pareció alegrarse, pero cuando le pedí la adhesión, me pidió hasta las ocho de la mañana para contestar. En efecto, me llamó poco antes de las ocho, poniéndose a disposición del general Batista.

En los demás regimientos, esto es, el N° 5 (La Habana), el N° 3 (Las Villas), El N° 2 (Camagüey), el N° 7 (Holguín), y el N° 1 (Santiago de Cuba), los coroneles no acataron el golpe de estado, pero entregaron el mando pacíficamente. Con el Regimiento N° 4 (Matanzas) tuve alguna dificultad. Su coronel era [Eduardo E.] Martín Elena,[119] viejo conocido mío, y recientemente fallecido en esta ciudad (Miami). También, como se recordará, había sido mi oponente en las oposiciones para primer teniente. Muy reglamentista, Martín Elena comenzó a enumerarme las razones por las que no era posible que el general Batista tomase el poder. Según él, el golpe contravenía una serie de disposiciones, tanto de la Constitución como del Re-

---

[119] Eduardo Ernesto Martin Elena (octubre 13, 1909-octubre 14, 1982), natural de Alba de Tormes, Salamanca, España. Fue agregado militar en Washington y miembro de la Junta Interamericana de Defensa. Se asiló en Miami el 22 de agosto de 1960 y fue el jefe militar del Frente Democrático Revolucionario (FDR) de Antonio «Tony» de Varona. El agente de la CIA, E. Howard Hunt, en sus memorias *Give Us This Day* describió a Martin Elena como «un disciplinario estricto sin humor, incapaz de tener buena relación con la tropa, que fue abucheado cuando visitó la base Trax donde se entrenaba la Brigada 2506». En enero de 1961, el coronel renunció al FDR cuando no se le nombró jefe militar de la Brigada 2506 y no se le informó los planes de la invasión de Bahía de Cochinos. Se naturalizó ciudadano norteamericano el 13 de noviembre de 1975 en Miami y falleció en dicha ciudad.

glamento. Yo le contesté que tanto el Reglamento como la Constitución se hallaban junto a mí, en una gaveta del escritorio, y que las realidades eran otras. Así nos mantuvimos algunos minutos, él argumentando y citándome párrafos, incisos, etc., hasta que decidí colgar. Llamé entonces al Jefe del Batallón de Infantería que, como se recordará, había sustituido a los Tercios después del 4 de septiembre. La fortuna me acompañó. El Jefe de Batallón, comandante Aguilar, se había quedado a dormir esa noche en la Unidad. Le expliqué lo sucedido y, al manifestarme que estaba de acuerdo con el golpe, le expliqué la actitud de Martín Elena. Le ordené entonces tomar el mando del Regimiento, evitando, eso sí, cualquier violencia. No hubo problemas: el comandante Aguilar se presentó ante el coronel con varios oficiales, y éste entregó el mando. No obstante, al comunicarme Aguilar que se hallaba ya en control de la situación, le dije que me enviara bajo custodia a Martín Elena, cosa que cumplimentó de inmediato.

Después, llamé a mi esposa. Rosaura se hallaba ya bastante inquieta con mis idas y venidas. Ella, por complacerme, había cooperado conmigo en todo cuanto le había pedido, pero en un estado de nervios tal, que la noche del golpe decidí no decirle nada. De modo que, cuando descolgué el teléfono, lo primero que me preguntó fue: —¿Dónde estás? Mi respuesta fue: —Pues aquí, en el Estado Mayor. ¿Qué te parece? Después ella me explicó: —Cuando me llamaste creí que nos moríamos del susto, mamá y yo. En efecto, ¿qué hubiese sucedido de fracasar el golpe? No quiero ni pensarlo, pero sí puedo afirmar que no la hubiéramos pasado muy bien.

DURANTE EL 10 DE MARZO

El 10 de marzo, en sí, fue lunes. En la mañana, el personal comenzó a presentarse al trabajo, encontrándose con la situación creada. Habíamos acordado en Kuquine, que los oficiales serían desarmados y conducidos al Club de Oficiales según se fueran presentando. Así se hizo, pero los alistados fueron llegando a sus respectivas unidades y, desde luego, al Estado Mayor. A estos, y después a los oficiales según fueron llegando procedentes del Club de Oficiales, los fui haciendo subir en varios grupos a mi despacho y, oficialmente, les comunicaba lo ocurrido. Recuerdo que terminaba diciéndoles: —Es posible que algunos de ustedes no estén de acuerdo con el cambio de gobierno. Los que en ese caso se encuentren, pueden retirarse a sus domicilios, y no se les molestará. Los que estén de acuerdo prestarán un juramento de fidelidad al nuevo régimen.

Y no recuerdo que ninguno se negara a prestar el juramento.[120]

Serían aproximadamente las nueve de la mañana cuando llegó Cantillo, comunicándose que venía a hacerse cargo de la Ayudantía General. Confieso que esto me sorprendió. Habíamos quedado que Cantillo sería Jefe de Estado Mayor, caso de aceptar el golpe, y que Tabernilla sería Ministro de Defensa. Hasta dos días después no tuve la explicación de lo que había hecho alterar los planes, y más adelante el propio presidente Batista me lo contó con lujo de detalles.

Como antes dije, habíase encargado a Carlos Cantillo, hermano del coronel Eulogio Cantillo, y coronel retirado él mismo, de poner a Eulogio en antecedentes de lo que se planeaba. Tal como sucedieron las cosas, a Carlos no le pareció oportuno comunicar nada a su hermano, y quizás fue lo mejor. El entonces coronel Cantillo posiblemente **no** hubiese estado de acuerdo con la conspiración, y **sí** hubiese dado cuenta al general Cabrera. Que yo sepa, la primera noticia que Cantillo tuvo fue una llamada que se le hizo por orden de Batista poco después del arresto de los generales y coroneles en sus domicilios. En esta llamada se le informaba del éxito del golpe (repito que Batista daba por sentado que Cantillo estaba al corriente de la situación), añadía el telefonema la orden de que Cantillo se mantuviese en su domicilio hasta nueva orden. Ahora el sorprendido fue Cantillo, quien lejos de quedarse en su domicilio como se le pidiera, salió por el fondo de su casa que daba al campo de aviación, saltó el parapeto y corrió cuesta abajo hacia su unidad. Al llegar a la Aviación halló una verdadera confusión. Su hermano Carlos Cantillo se había presentado en ella y, al comunicar que se había producido un golpe en Columbia, el personal presente se entusiasmó, pero el capitán Mario Cabrera (hijo del general), controló la situación a favor de su

---

[120] Como consecuencia del golpe de Estado, fueron pasados a retiro por desafectos el mayor general Ruperto Cabrera Rodríguez; los generales de brigada Otalio Soca Llanes, Quirino Uría López y José H. Velázquez Perera; los coroneles Eduardo Martín Elena, Francisco Álvarez Margolles, y cinco otros; 22 tenientes coroneles, 11 comandantes y 10 capitanes.

padre y arrestó a Carlos. La llegada del Coronel Jefe de Aviación puso un poco de orden en aquello. El coronel Cantillo no simpatizaba con el golpe, pero se dio cuenta de que estando Columbia en poder de Batista, poco podía hacer él. De modo que contemporizó, calmó a Cabrera, y esperó.

Enterado Batista de que algo andaba mal en la aviación, envió al después coronel Larrubia con algún personal, y con órdenes de enviarle a Cantillo. Larrubia definió la cuestión, y poniendo a Cantillo en un vehículo, lo envió a Columbia.

Una vez en presencia del presidente Batista, trató de convencérsele, y durante más de tres horas se argumentó con él para que aceptase el golpe. No quería hacerlo; le parecía una deslealtad hacia sus antiguos superiores. Al fin pidió hablar con el general Cabrera, y Batista accedió. Tengo entendido que el general Cabrera actuó con gran sensatez. Según se me informa, la esencia de lo que le aconsejó fue lo siguiente: —Mira, Cantillo, hay que ser realista. Nuestro momento ha pasado. Tú eres un gran oficial con magnífico porvenir, y puedes hacer mucho bien al Ejército. Aprovecha la oportunidad que se te brinda. Yo te absuelvo de toda responsabilidad.

Pero ahora fue Batista quien, observando las vacilaciones de Cantillo, comenzó a dudar sobre si sería inteligente confiarle nada menos que la jefatura del Estado Mayor. Fue Colacho quien ofreció la fórmula: No debe prescindirse de los servicios de Cantillo, a quien se tiene por el oficial más brillante del ejército. Dada su capacidad de organización, resultaría óptimo como Ayudante General. El Viejo Pancho (Tabernilla) puede ocupar durante seis meses la Jefatura hasta ver qué tal se desenvuelve Cantillo. Mientras tanto, yo ocuparía el Ministerio de Defensa.

No me consta que Colacho se brindara para el Ministerio de Defensa. Lo digo porque así se me ha afirmado. De cualquier modo, la cuestión carece de importancia porque, como hago constar en otra parte de este libro, el Ministerio de Defensa de Cuba era una sinecura y en nada influía en el manejo de las fuerzas armadas. Batista aceptó sin pensarlo dos veces la fórmula que le ofrecía Colacho. Era en el fondo lo que él quería. Tabernilla le era absolutamente incondicional y esta cualidad, más que cualquier otra, era la que él deseaba en una posición como aquella. Véase lo que son las cosas: andando el tiempo Tabernilla fue el peor adversario de Colacho, y quien al fin y al cabo lo hiciera abandonar el gobierno.

Ya avanzada la mañana llegó el general Tabernilla al Estado Mayor y tomó posesión de su cargo. En Kuquine habíamos acordado que éste no tomase parte en el golpe, sino que aguardara en su domicilio, en unión de sus hijos Carlos y Marcelo. Solo el mayor, Francisco, «Silito», entró con nosotros a Columbia. Tras esta entrada, los tenientes [Pablo] Miranda y [Manuel] Ugalde Carrillo[121] fueron a buscar al general a su casa y lo llevaron a La Cabaña. Tabernilla había sido jefe de La Cabaña durante varios años, y el personal lo conocía bien, y aunque se esperaba que el Regimiento de Artillería se uniera al golpe como los demás, se suponía que su llegada vencería cualquier dificultad inesperada. Dentro de La Cabaña había varios oficiales y alistados ganados para nuestra causa, y cuando los llamé desde la Ayudantía para comunicarles nuestro éxito en Columbia, hicieron lo que habíamos hecho nosotros, es decir, anunciar a la tropa que Batista se había hecho cargo del gobierno. La reacción de los alistados fue también similar, y la llegada del general Tabernilla reafirmó el hecho. Lo mismo puede decirse de la Policía y de la Marina. En la Policía, Salas Cañizares ocupó la Jefatura con sus hombres, y Rodríguez Calderón obtuvo idéntico resultado con un grupo de oficiales jóvenes que entre él y Colacho habían captado.

---

[121] Manuel Antonio Ugalde Carrillo (junio 13, 1919-marzo 21, 1980) Nació en Rodas, Las Villas. Alistó en el Ejército el 3 de septiembre de 1941. Era primer teniente cuando fue retirado en febrero de 1951 con Martin Díaz Tamayo por oponerse al envío de tropas cubanas a Corea bajo la bandera de la ONU. El golpe de Estado del 10 de marzo lo ascendió a teniente coronel. Dos semanas después brevemente fue Ayudante de Campo del jefe del Estado Mayor del Ejército y el 27 de marzo de 1952 ocupó el cargo de jefe del Servicio de Inteligencia Militar (SIM) hasta el 27 de marzo de 1954. El 20 de abril de 1954 fue enviado a la Embajada de Cuba en Santo Domingo como Agregado Militar. Nombrado Ayudante de Campo del Ministro de Defensa Nacional el 10 de enero de 1955, y pasó a ser Oficial Ejecutivo de la Caja de Anticipos y Seguros de las Fuerzas Armadas el 7 de mayo de 1956. Cuatro meses después fue asignado supervisor del Reclusorio Nacional de Isla de Pinos y el 9 de agosto de 1957 pasó a ser jefe de la División de Infantería. Ascendió a coronel el 5 de diciembre de 1957 y dos semanas después fue nombrado jefe de Operaciones en la Sierra Maestra. El 23 de octubre de 1958 era jefe del 7mo. Distrito Militar. Salió al exilio en Santo Domingo con Batista el 1 de enero de 1959 y posteriormente pasó a Estados Unidos, donde se naturalizó ciudadano el 26 de mayo de 1976. Falleció en Los Ángeles, California.

Atribuyo el éxito tan completo del golpe del 10 de marzo a múltiples factores, entre ellos en que, literalmente, la fruta estaba madura y no tuvimos más que recogerla. Desde el punto de vista táctico, la captura de Columbia, corazón estratégico de Cuba, fue definitivo. El nombre mágico de Batista hizo el resto.

Un punto queda por tratar: el Palacio Presidencial. Batista dio orden de no tocarlo, ni siquiera aproximarse a él. Tampoco que molestasen al presidente Prío. Confiaba él en que Prío actuaría como lo hizo. Es decir, que desapareciese de escena sin causar problemas. El Dr. Prío fue informado de los acontecimientos poco después de ocurrir estos. De inmediato se dirigió a Palacio, y a poco comenzaron a llegar diversas delegaciones cívicas, entre ellas de estudiantes, que le brindaban su apoyo y lo instaban a resistir. Preciso es admitir que si el Presidente hubiera llegado a quedarse en Palacio, nos hubiera puesto en un aprieto. Empero, Prío no tenía interés en defenderse, y los que lo invitaban a hacerlo lo que hacían era contrariarlo, de modo que en cuanto pudo se deslizó fuera de Palacio y se refugió en una Embajada.[122] A la guarnición, compuesta por una compañía de infantería y un destacamento de la policía, se le informó que el Presidente había salido un momento para organizar la defensa, y que regresaría para combatir junto a ellos. En cuanto a mí, conociendo el pensamiento de Batista a este respecto, ni llamé a Palacio ni ordené acción alguna contra él. ¿Para qué? Palacio caería por sí mismo.

Infortunadamente, un teniente de la policía, de apellido [Julián] Negret, por su cuenta y riesgo, se apareció frente a Palacio en una perseguidora e intimó la rendición. De los garajes le salió al paso el sargento Sócrates [Álvarez Barrios],[123] de la Escolta Presidencial. Se produjo entonces un intercambio de disparos, donde resultaron Negret muerto y Sócrates herido. Es un craso error creer que Sócrates fue el autor de los disparos que tocaron a Negret. Estos se debieron, aparentemente, al jefe de los Ayudantes Presidenciales, coronel [Vi-

---

[122] La Embajada de México le dio salvoconducto a su país y de allí Prío fue a Miami Beach, Florida.

[123] Sócrates Álvarez Barrios (noviembre 5, 1920-febrero 1, 2007) natural de Bacuranao, La Habana. Falleció en Miami.

cente] León,[124] quien le hizo fuego desde una terraza del primer piso, contigua al Salón del Consejo de Ministros. A su vez, los ocupantes de la perseguidora dispararon contra el blanco visible. Este blanco era Sócrates. Por fortuna, el sargento sobrevivió y hoy vive en Miami. El coronel León causó baja en Playa Girón.

Después de este incidente, la guarnición de Palacio quedó sola, en la incertidumbre de no saber lo que estaba pasando. Fue en horas de la mañana que una compañía de tanques hizo su aparición. La comandaba el entonces capitán [Miguel] Álvarez de la Noval, el mismo que rivalizó conmigo por el primer puesto, cuando el curso de Atarés, allá por 1935. El segundo al mando lo era el entonces segundo teniente José Raúl Corzo Izaguirre, recientemente fallecido en Venezuela.[125] El capitán pidió parlamentar con el jefe de la guarnición y le explicó la situación. Puso en su conocimiento que el presidente se había asilado y que, de verse él obligado a atacarlos, morirían inútilmente policías y soldados, puesto que ya nada había que defender . . . Y con esto terminó todo. Días después se me envió a Palacio a investigar los sucesos. Felicité a la guarnición por su fidelidad. Casi todo este personal continuó al servicio del nuevo gobierno. De ellos, cuatro murieron cuando el ataque a Palacio, el 13 de marzo de 1957.

Volviendo al 10 de marzo, al relevarme el coronel Cantillo como Ayudante General, me presenté al general Tabernilla, quien había ya comenzado a fungir como Jefe de Estado Mayor. Me ofreció el cargo de jefe de sus ayudantes. Yo le di las gracias por el honor, pero lo decliné. Una de las razones era que yo sabía por Batista que estaba destinado a otra posición. Otra era que yo carecía de vocación para ese cargo. A mí siempre me tiró la línea y las unidades con mando. También, con mi exaltación al generalato, esa etapa quedaría

---

[124] Vicente F. León y León (abril 5, 1917-abril 17, 1961) nació en Palmira, Santa Clara. Se alistó en la 2da. Compañía del Cuerpo de Señales el 5 de abril de 1934. Ingresó en la Escuela de Cadetes en 1938. Era capitán en agosto de 1948 cuando participó en la comitiva del presidente electo Carlos Prío que viajó a Guatemala. Dos años después, siendo comandante, Prío lo nombró su ayudante de campo y jefe de la Guardia del Palacio Presidencial. Casado con Isabel Bécquer. Fue administrador del edificio Focsa en la Habana durante 1956-1960. Miembro de la Brigada 2506 y murió en combate en Playa Girón.

[125] José Raúl Corzo Izaguirre (septiembre 9, 1916-junio 9, 1983).

atrás. Para terminar la narración de mi conversación con Tabernilla, al tiempo que rehusé el honor de ser jefe de sus edecanes, le pedí autorización para permanecer en los alrededores de la Ayudantía General hasta que todo se normalizase.

Lo que me llevó a esta solicitud fue la situación tan confusa que se iba produciendo en todo el edificio. Según el día avanzaba, crecía el número de oficiales y alistados, y más tarde civiles, que llegaban y se arremolinaban en pasillos y oficinas. El general Cantillo, presionado por una multitud de solicitantes, casi no podía trabajar. Había individuos que afirmaban haber entrado con Batista la noche anterior. Otros, que eran amigos íntimos o compañeros de infancia de Batista. Casi todos venían a pedir ascensos o algún otro tipo de beneficio. Psicológicamente, no creo que se hallaba aun plenamente empapado de la situación, ni sabía quién era quién. Había también militares, sobre todo oficiales, que mostraban de forma más o menos velada su inconformidad con el golpe. Por todo esto, ya atardeciendo, tomé el teléfono y llamé al SIM y solicité al entonces primer teniente Barrera Pérez. Cuando estuvo al aparato, le pedí enviara varias perseguidoras con algunos números, orden que cumplió de inmediato. La gente del SIM llegó y sin muchos miramientos despejó pasillos y oficinas, llevándose, además, arrestados a cuantos no pudieron justificar su presencia en el Estado Mayor.

También, esa noche volvimos a tener dificultades con la aviación. El capitán Mario Cabrera, apaciguado desde la madrugada anterior, volvió a crear problemas. Fácil hubiese sido liquidar la cuestión utilizando alguna medida enérgica, pero en realidad nadie quería hacerle daño, porque Mario era, y es, un excelente muchacho. Por otra parte, quizás la información de lo que pasaba en la Fuerza Aérea llegó algo abultada al Estado Mayor. Pedí entonces autorización al general Tabernilla para tomar el scout-car que tenía a mi disposición desde la madrugada anterior, e ir a ver lo que ocurría. Cuando llegué, ya Larrubia había logrado convencer a Cabrera de que se estuviese tranquilo. Regresé, pues, al Estado Mayor, y como llevaba 48 horas sin dormir, me derrumbé más que me acosté en un sofá de la Ayudantía y descansé unas horas.

Vino ahora la cuestión de los ascensos. El día 11 alguien se me acercó y me informó en voz baja: Oye, estamos haciendo los decretos. Tú ascenderás a coronel. Al propio tiempo me añadió los nombres de otros cuya actuación en el golpe había sido más bien pasiva. Estos ascenderían a generales de brigada. Como estos decretos se confeccionaban por orden y bajo la dirección del general Tabernilla, lo interpreté (y sigo interpretándolo) como una mala disposición de éste hacia mí, que databa de aquella noche en Kuquine en que insistí en que fuese Cantillo y no él el jefe del Ejército. Nada comenté, y aguardé los acontecimientos. Me parece oportuno repetir que la razón de conspirar yo fue mi retiro, y que de no hacerme llamar el general Batista, tampoco se me hubiese ocurrido hacerlo. Triunfador ahora, lógicamente esperaba yo una mejoría, y una coronelía era más de lo que soñé yo recibir. ¿A qué, pues, preocuparme? Simplemente me sentí curioso acerca de la evaluación que se había hecho de mis servicios. Se recordará que en las reuniones en la finca del Presidente, solamente tomaron parte las personas que ya mencioné, es decir, Colacho Pérez, el después almirante Rodríguez Calderón y yo. Los contactos del general Batista con los demás complotados se hacían a través de nosotros. El general Tabernilla asistió a una sola de nuestras reuniones, y permaneció en su domicilio hasta después de dado el golpe. ¿Entonces...?

Batista, no obstante, sí tuvo todas estas cosas en cuenta. Ya se había él convertido en jefe del gobierno, y debía ahora sancionar los nombramientos. Al ver los Decretos, simplemente los devolvió, diciendo al mensajero: Dile al viejo Pancho que los vuelva a hacer, y que Díaz Tamayo tiene que ser general de brigada.

De modo que el día 12 aparecieron por fin los nombramientos. El general Tabernilla quedó como jefe del Estado Mayor con el rango de mayor general. Cantillo quedó confirmado como Ayudante General. El general [Luis] Robaina, quien manejaba el automóvil en que entramos el presidente Batista y yo a Columbia, resultó nombrado Cuartel-Maestre General. Yo pasé a ser Inspector General. Los tres recibimos el grado de general de brigada.

Estos cuatro cargos eran tradicionales en el Ejército, pero ahora fueron creados dos que antes no existían. El Regimiento 6 de Infantería con sede en Columbia, tuvo siempre más efectivos que los de una unidad de su tipo. Se recordará que siempre tuvo un Tercio Táctico (caballería), una batería de montaña (cuatro cañones de 75 mm.) y una sección de ametralladoras. Durante la guerra había recibido, además, tanques ligeros (Stuart) y medianos (Sherman). El general Pérez Dámera adquirió en Francia dos baterías antiaéreas de 25 mm. (16 bocas de fuego, si mal no recuerdo) y recibió de los Estados Unidos una batería ligera de 75 mm. Después del 10 de marzo, se procedió a separar la infantería de todo el armamento de apoyo que acabo de mencionar, y se creó el Regimiento Mecanizado. Los dos regimientos se agruparon bajo la denominación de «división», bajo el mando de un general de brigada, García Tuñón, para quien fue creada la plaza. El Regimiento Mecanizado quedó a las órdenes de otro general de brigada, Rodríguez Ávila. En cuanto al Distrito Militar de La Cabaña, quedó a las órdenes del general de brigada [Juan] Rojas. Permítaseme ahora esta pequeña vanidad: de todos estos oficiales generales, yo era el único graduado en la Escuela Superior de Guerra. Cantillo también contaba con varios cursos en su expediente y, aunque no estoy seguro, creo que había cursado estudios en la Escuela de Comando y Estado Mayor de los Estados Unidos.

Esta promoción representó para mí algo que jamás pensé alcanzar, ni aún en mis sueños más febriles. Por mi temperamento, por lo limitado de mi ambición, yo hubiera llegado con los años quizás a teniente coronel. No más. La forma en que se dispuso de mi vida retirándome, cambió mi destino del modo que yo menos esperaba. Es más, de no citarme Batista a Kuquine, jamás se me hubiera ocurrido conspirar. No se piense que voy a culparlo solamente a él por el golpe, ni que vaya yo a verter lágrimas de arrepentimiento por mi participación. He dicho, y repetiré aquí, que las condiciones estaban más que creadas, y que cada cubano, en su medida, es responsable de él. Yo, que prácticamente nací con la República, fui testigo de cómo presidente tras presidente, con su séquito de senadores, representantes, gobernadores, alcaldes y funcionarios más o menos importantes, saqueaban las arcas del tesoro e incurrían en fraudes electorales. Golpe a golpe fueron destruyendo la moral ciudadana. Desde 1902 la cosa pública siguió una curva descendente que se fue acentuando, administración tras administración, hasta su crisis final en 1959. En Cuba se dan todas las grandezas, y todas las miserias del pueblo español. Los cubanos criticábamos a quienes hacían y deshacían en el poder, hasta tener la oportunidad de hacer lo mismo. Claro está que había ciudadanos probos y funcionarios intachables, pero un funcionario honrado era un estorbo, una acusación viviente para los demás, por lo que se les aislaba y se prescindía de ellos en la primera oportunidad.

Como el pueblo cubano es inteligente y laborioso, llegó a constituirse en nuestra Isla una clase acomodada muy fuerte. Los hombres que la integraban, hombres de empresa y, por lo tanto, hombres de orden, hombres de carácter, hubiesen podido salvar al país, conforme lo hicieron respetar internacionalmente en el orden económico, pero nuestra burguesía se apartaba de los políticos con asco, y en lugar de manejarlos, los ignoraban. Me viene ahora a la mente una anécdota que ilustra el punto: un dueño de ingenio fue citado a Palacio por Grau. La respuesta fue la siguiente: «dígale al Señor Presidente que yo soy un hombre muy ocupado. Si tiene interés en verme que pase por mi oficina, que yo lo recibiré con mucho gusto».

Nada mejor hubiese querido la mayoría de nuestros políticos que servir a quienes los retribuyeran con largueza. Pero como bien dijo Lenin, la burguesía no tiene el instinto de conservación. Mientras los distintos gobiernos de Cuba, malos o peores, les respetaron el principio de propiedad, esta burguesía los ignoró. Cuando apareció Fidel Castro en el horizonte y vieron lo que se les venía encima, con la mayor ingenuidad del mundo creyeron comprarlo enviándole víveres y dinero a la Sierra Maestra. Luego, al caer Batista, le regalaban a porfía más dinero, tractores, vacas preñadas y tierras para la reforma agraria. ¡Cómo se reirían los comunistas al ver con qué humildad, con qué mirada ansiosa depositaban los ricos sus tributos a los pies del dios del odio! ¡Qué cara les salió su ceguera! ¡Están servidos!

Orestes Ferrara llamó a Cuba país de chicharrones y café con leche. Yo pienso, por el contrario, que Cuba siempre ha tenido elementos de gran valía en cualquiera de los campos de la actividad humana. Sin embargo, como conjunto, el pueblo es un niño y necesita ser dirigido por profesionales. Cuando tomamos el poder, los orientadores de la opinión pública eran [José] Pardo Llada,[126] Chi-

---

[126] José Pardo Llada (julio 27, 1923-agosto 7, 2009) natural de Sagua la Grande, Las Villas, estudió Derecho en la Universidad de La Habana, pero no terminó la carrera y se dedicó al periodismo. Pese a su voz ronca y a su erre arrastrada, se hizo locutor. Desde su programa en Unión Radio y sus artículos en la revista *Bohemia* y el periódico *Diario Nacional*, criticó severamente los gobiernos Auténticos. El 2 de junio de 1945 denunció en el periódico *Mañana* a Eduardo

Chibás como un «gangstercito» y posteriormente militó en su Partido Ortodoxo. El 18 de septiembre de 1948, resultó levemente herido en un duelo a espadas en el Capitolio con el Representante Auténtico Menelao Mora, a quien había ofendido por radio. Al siguiente año, el 14 de septiembre de 1949, peleó a puños con el coronel José Caramés, jefe de la Policía Nacional, a quien también insultó por radio. Electo Representante a la Cámara por el Partido Ortodoxo en 1950. Debido a sus constantes ofensas radiales, el Ministerio de Comunicaciones del gobierno de Prío le clausuró su programa el 28 de agosto de 1951. La Embajada norteamericana en La Habana lo tenía fichado como un vociferante izquierdista extremista y simpatizante de los comunistas. En junio de 1953 participó en el Pacto de Montreal entre Auténticos y Ortodoxos, por lo que al siguiente mes fue erróneamente implicado en el asalto al cuartel Moncada y salió al exilio el 13 de agosto de 1953. Regresó a Cuba el 26 de marzo de 1954, denunció el Pacto de Montreal, y encabezó el Movimiento de la Nación Cubana para aspirar a las elecciones. En agosto de 1956 creó el Partido Nacionalista Revolucionario tras un viaje a Bolivia, de donde adaptó dicho nombre. A pesar de su previa oposición a la lucha armada, a fines de diciembre de 1958, se apareció en la comandancia rebelde en la Sierra Maestra, donde Fidel Castro no lo recibió y ordenó que lo asignaran en la cocina a pelar papas. El 7 de enero de 1959 fue nombrado Ministro de Comunicaciones en el gabinete del presidente Manuel Urrutia. Posteriormente estableció una hora de radio con Max Lesnick Menéndez, alabando al régimen castrista, los fusilamientos de sus enemigos, denunciando el «imperialismo yanqui», y estrenando los lemas, «Cuba sí, yanqui no», y «Fidel, sacude la mata». Principal testigo en el juicio contra Joaquín Martínez Sáenz. En agosto de 1959 acompañó a Ernesto «Che» Guevara en una gira por India, Indonesia y Japón. El 1 de febrero de 1960 le negaron la visa de turista a Estados Unidos «por su previa afiliación comunista». Respondió que era «un honor» no tener una «visa de basura» porque «tenía recuerdos bastante ingratos de Estados Unidos». Dos semanas después dijo poseía documentos probando que los norteamericanos volaron el USS Maine en 1898. El 26 de marzo de 1960 denunció a Luis Conte Agüero como «un enemigo de la revolución cubana y anti-comunista profesional» y aplaudió el cierre de toda la prensa antigubernamental. Tres meses después, cuatro hombres y tres mujeres fueron arrestados por conspiración para asesinarlo. El 9 de julio de 1960, estando al volante de su carro frente al semáforo de la esquina de L y 19, fue tiroteado por Roberto Cruz Alfonso y Balbino Emilio Díaz Balboa. Resultó ileso y un acompañante fue herido. Los atacantes, a quienes acusó de ser mercenarios pagados desde Miami, luego fueron detenidos. Los identificó en corte y pidió que los fusilaran como escarmiento al enemigo, y así fue. Dos meses después, en un programa televisado denunció durante dos horas y veinte minutos a la prensa norteamericana, incluyendo la UPI, el *Miami Herald* y las revistas *Time* y *Life*. Viajó a Moscú el 1 de noviembre de 1960 y regresó al siguiente mes hablando loas del sistema comunista. Sus opositores lo apodaron «La cotorra roja». Desertó a México el 11 de marzo 1961, abandonando a su esposa e hija en Cuba. Dos años después, al no poder entrar en Estados cho Pan de Gloria[127] y Clavelito.[128] Claro está que había alguna prensa seria, como el *Diario de la Marina* y alguna otra publicación. Pero, ¿y los demás? ¿No sabré yo cómo cambiaban de tono la mayoría de los periodistas cuando se les ponía una buena suma en el bolsillo? Para la década del 50, la moral pública estaba en su nivel más bajo desde la inauguración de la República. Tenía que pasar lo que pasó. Al sentarse Batista en la silla presidencial, mucho hubiera podido hacerse para restaurar esta moral. Ocho años atrás, el pueblo había creído en Grau. La frustración había sido terrible, pero no irreparable. Esto bien lo conocía Batista. El mismo nos describió la necesidad de limitar su estadía en el poder. El golpe de estado sería una saludable advertencia de que las libertades, si no se sabe usarlas, terminan por perderse. Vendría entonces la reorganización de los partidos y una salida democrática a través de elecciones en las cuales él no tomaría parte. ¡Bastante tratamos este punto! Pero nada se hizo, y si bien se restableció el principio de autoridad, y se dictaron sabias medidas que condujeron al auge económico, Batista no dio salida política. Se dedicó, eso sí, a sanear su economía privada.

Permítaseme ahora tocar este punto, aunque sea de pasada. El hecho de que yo no me enriqueciera en el generalato (y oportunidades me sobraron) no me hará erigirme en juez de los que sí lo hicieron. Si nunca toqué un centavo de las sumas que tuve a mi disposición, fue simplemente porque hacerlo no estuvo en mi forma de ser. He vivido lo bastante para conocer algo al ser humano: el hombre es

---

Unidos, se estableció en Cali, Colombia, donde colaboró en varias publicaciones y fue comentarista radial. Se naturalizó ciudadano colombiano en 1974, creó el Movimiento Cívico, y en marzo de 1982 fue electo al Congreso por el departamento del Valle del Cauca. También fue embajador de Colombia en Noruega en 1983 y República Dominicana. Regresó a Cuba como turista por nueve días en el 2004 a través de gestiones de sus amigos con Fidel Castro. Falleció en un hospital de Cali.

[127] Un gordo bajito, estrafalario y corifeo del presidente Carlos Prío Socarrás.

[128] Miguel «Clavelito» Alfonso Pozo (septiembre 29, 1908-julio 21, 1975) natural de Ranchuelo, Las Villas. Propagador de la décima campesina que se hizo famoso con su programa radial «Pon tú pensamiento en mí». Le pedía a su audiencia que colocaran un vaso de agua sobre el radio para recibir energía positiva que solucionaría sus problemas. Fracasó en su aspiración a Representante por el Partido Auténtico. Falleció en La Habana.

un animal de presa. La honradez es una condición que la sociedad le ha inculcado, generación tras generación, como una necesidad para poder vivir en conjunto. Pero la fiera está dentro de nosotros al acecho. Lógico es que salte en cuando se le brinda ocasión. ¿Y qué mejor ocasión que la que ofrece una posición cimera en el gobierno, esa abstracción que no protesta, y sin temor a jueces ni a fiscales? El presidente [Andrew] Jackson, padre de la corrupción administrativa en los Estados Unidos, acuñó su famosa frase de que «To the victor belong the spoils» (al vencedor pertenecen los despojos) En nuestras latitudes, hacer caer en bolsas privadas los fondos del estado es práctica aceptada, y nadie se escandaliza por ello. Por otra parte, los cubanos no inventaron la sopa de ajos, y algunos gobernantes al sur del Río Grande nos hacen aparecer como ángeles. Los norteamericanos son más sutiles, pero los escándalos que a cada paso estallan en el Congreso y en otras ramas del gobierno son manifestaciones exteriores de grandes corrientes subterráneas, al igual que los volcanes son una pálida muestra del fuego que devora las entrañas del planeta.

    El dinero es una fuerza y, como todas las fuerzas, puede hacer mucho bien, aunque mal manejado, puede destruir a su poseedor. El agua que sacia nuestra sed nos ahoga. La electricidad que nos alumbra, nos fulmina. Recibir una fortuna sin estar la persona mentalmente preparada para ello, puede llevarla al desastre: la adulación nos mece, todos los placeres se nos brindan de golpe, los amigos crecen silvestres en nuestro derredor.

    Los ejemplos son demasiado frecuentes y bien conocidos: véase únicamente el caso reciente del hijo de Alemán (el que se llevó el dinero en maletas), y al más reciente aún del hijo de Kennedy. En cuanto al presidente Prío, ahíto de millones al abandonar el poder, dio pruebas de una falta de imaginación increíble. En lugar de pasar a Europa y alternar los placeres materiales con el disfrute intelectual, se quedó en Miami rodeado de moscones, consejeros baratos y aduladores. Conocemos su triste fin.[129]

    Batista fue más hábil. Con sus arcas rebosantes de doblones, la vieja Europa le abrió sus puertas. Lo recibían los gobernantes, le

---

[129] Carlos Prío Socarrás quedó arruinado económicamente y se suicidó de un balazo en el corazón en su residencia en Miami Beach, Fla., el 5 de abril de 1977.

llamaban «Excelencia», le apareció un escudo de armas que hacía remontar su nobleza a no sé cuántas generaciones. Batista leía, escribía, dejó varios libros que, aunque reflejando solamente su punto de vista, no carecen de interés. A su viuda y a cada uno de sus hijos les legó una fortuna, y mejor aún, les transmitió el arte de conservarla. Murió tranquilamente, rodeado de los suyos, al cabo de una existencia rica e intensa. Los soldados que cayeron para mantenerlo en el poder, y hasta para proteger su huida, están muertos y enterrados. Pero eso ha venido ocurriendo durante siglos. Está en el orden natural de las cosas, y las cosas cambiarán . . . cuando cambie el corazón humano.

Yo confié en Batista como un posible regreso a mi plaza de capitán de infantería, lo que yo era. Sin revancha ni venganzas, como ya lo he dicho mil veces. Y ahí están mis acusadores poderosos en otros tiempos. Que digan si los molesté cuando yo era más que ellos. Jamás lo hice, a pesar que el presidente Batista me llamó a despacho y me preguntó si quería establecer algún requerimiento contra los que me habían acusado. Con esa misma filosofía participé en el 10 de Marzo; para trabajar, ayudar con lo que aprendí en las escuelas militares, incluyendo la Escuela Superior de Guerra. Yo era el único de los generales del 10 de Marzo que estaba graduado en la misma. Sí había un pequeño grupo de oficiales de otros grados que tenía ese diploma. Solo recuerdo a los comandantes Manuel Hernández Hernández, [José] Triana Tarrau y [Cándido] Curbelo del Sol, los tenientes coroneles Nelson Carrasco Artiles y Félix Pérez Montoya, y otro grupo de como de diez a quince.

A PARTIR DEL DÍA DOCE DE MARZO

No sé si resulta oportuna la *tirade* que acabo de hacer. Simplemente dejé correr la pluma, y la voy a dejar así, pero reanudando el curso de la narración, el día 12 se produjo un incidente serio en el Regimiento 7 de la Guardia Rural, en Holguín. Un pequeño grupo de oficiales se mostró inconforme con el golpe de estado, y trató de sublevarse y de tomar la unidad. No fue nada difícil reducirlo y, lo que resultó óptimo, no se produjeron bajas. Se me envió para que investigara los hechos y tomara las medidas que me parecieran oportunas. Una vez allí, y oídas las partes, estimé que la actitud del jefe de la sedición había sido vacilante, y lo sustituí con su subalterno inmediato. El jefe de la sedición se mostró arrepentido. Recomendé su retiro inmediato, al igual que el del resto de los implicados. El Estado Mayor aprobó mis medidas.

También tomé notas de todo lo que vi y oí. El factor común a todas ellas, al igual que en los casos similares que se produjeron con posterioridad, fue la inconformidad, sobre todo de los oficiales académicos, por la forma en que se distribuyeron los ascensos.

Es lógico pensar que hubiese recompensas para los que, de manera más o menos directa actuaron en el golpe de estado. Estos, a su vez, estimularían a los colaboradores de toda confianza, que no eran tantos. En cuanto a la gran masa, se beneficiaría con las medidas generales, tales como el aumento de sueldo que se dictó el mismo día 10. Por desgracia, algunos jefes tomaron para sí el distribuir grados a amigos y protegidos. Batista hubiese podido controlar esto, pero era demasiado político y dejó hacer. Es más, él hizo lo propio. Hubo sargentos que llegaron a comandantes. Como es natural, oficiales que habían llegado hasta sus grados tras muchos años de estudio y sacrificio, no podían contemplar con agrado que un subalterno pasara ahora a mandarlo. Esto fue especialmente cierto en los oficiales de academia, siempre sensitivos en materia de escalafón. La culminación del descontento de ellos fue la conspiración del coronel [Ramón] Barquín,[130] en 1956.

Mientras tanto, el general Batista pasó sus reales al Club de Oficiales, en el lado opuesto del Polígono. De momento no fue más que un «Jefe de Gobierno» y, días más tarde, Presidente. Me enteré

---

[130] Ramón Barquín López (mayo 12, 1914-marzo 3, 2008) natural de Cienfuegos, se alistó en el Ejército en 15 de noviembre de 1933. Se graduó de oficial en la Escuela de Cadetes en 1940 y estudió en la Escuela Superior de Guerra en México durante 1943-46. En septiembre de 1950 era teniente coronel en la Dirección General de la Academia Militar, cuando fue trasladado para la Sección de Ingeniería de la Ayudantía General del Estado Mayor General. Fue Agregado Militar en Washington, D.C. En 1952 y fue ascendido a coronel tras el golpe de Estado de Batista. Arrestado el 14 de abril de 1956 por liderar la Conspiración de los Puros y encarcelado en el Reclusorio Nacional de Isla de Pinos hasta el 1 de enero de 1959. Nombrado embajador en Europa hasta que desertó en 1960. Fue coordinador militar del Movimiento Revolucionario del Pueblo (MRP) a principios de 1961. Se mudó a Puerto Rico poco después donde estableció una academia militar juvenil en Guaynabo, ciudad donde falleció.

también de que en la madrugada del 10 de marzo, al comenzar a llamar a distintas personalidades para formar gobierno, el susto que éstas experimentaron resultó mayúsculo, y no fue hasta verlo bien cimentado en el poder que acudieron, obsequiosos, a sacrificarse por Cuba. Claro que hubo excepciones, y me complazco en consignarlo. Es bien sabido que, en lugar de la Constitución, se establecieron unos estatutos y que, en lugar del Congreso, se instituyó un Consejo Consultivo.[131] Todo esto tuvo un carácter provisional.

Mi despacho en el Estado Mayor quedó muy cercano al del Ayudante General, y tan pronto tomé posesión del cargo empecé a trabajar. Por el momento, mis labores consistieron en girar inspecciones periódicas a los regimientos y realizar investigaciones relacionadas con el servicio. Había también otro tipo de inspecciones especiales, motivadas por circunstancias también especiales. Según fueron pasando los meses, mis funciones aumentaron. Mi siguiente designación fue la de Presidente del Círculo Militar y Naval, cargo que ocupé durante cinco años. Vino a continuación la creación de un organismo de préstamos y seguros para los miembros de las Fuerzas Armadas (CASFA). Yo fui su organizador y director desde 1954 hasta *abril de* 1956 *que fuimos trasladados al Regimiento No. 1 Maceo por «necesidades del servicio».* En 1955[132] pasé a los Estados Unidos invitado por el ejército de este país. En esa ocasión visité distintas bases y recorrí veinte estados. Tuve a mi cargo el montaje y organización del Buró para la Represión de Actividades Comunistas

---

[131] El Consejo Consultivo fue creado el 2 de abril de 1952, después que más de treinta países reconocieron el régimen de Batista. Estados Unidos esperó hasta el 27 de marzo para hacerlo. El consejo estaba compuesto por 80 miembros, escogidos por Batista, representando todos los sectores de la nación, cuya única función era informativa. Entre sus miembros figuraron su presidente Carlos Saladrigas Zayas; vicepresidente Gastón Godoy Loret de Mola; Generoso Campos Marquetti, afrocubano veterano del Ejército Libertador; Eusebio Mujal Barniol, jefe de la CTC; la dirigente obrera Raquel Valladares, una de las siete mujeres en el consejo; los escritores Claudio Benedi Beruff, Mario Cobas Reyes, Rafael Esténger Neuling, los políticos Anselmo Alliegro Milá, Radio Cremata Valdés, y los periodistas Ramón Vasconcelos Maragliano y Gastón Baquero Díaz. El consejo dejó de existir el 27 de enero de 1955, después del país regresar a la Constitución de 1940 y haber elecciones libres.

[132] La visita fue del 17 de mayo al 4 de junio de 1955.

(BRAC). Para ello pasé un curso interesantísimo en la CIA. A todas estas cosas me referiré en su momento. Por ahora me retrotraeré a 1952, todavía en los umbrales del 10 de marzo.

Acababa de estrenarme como Inspector General cuando me sucedió algo muy curioso. Solicitó audiencia para verme mi antiguo profesor de la Escuela Superior de Guerra, el Dr. García Bárcena. Lo recibí con verdadero placer y la conversación se inició de modo muy agradable, pero a poco de hablar, me espetó: —¿por qué no me avisaron? Como no sabía de qué me hablaba, le rogué que me precisara lo que quería decir. Terminó por confiarme que él y otros profesores universitarios habían estado conspirando con militares (nombró incluso a uno de los que entraron en Columbia con Batista y conmigo), y que, si ya todo estaba dispuesto y coordinado, ¿por qué tuvimos que ir a buscar a Batista, que él, expresamente, había vetado? De momento creí que el doctor bromeaba, pero al continuar hablando, vi que lo hacía muy en serio. Sentí desengañarlo, pero no me quedó más remedio que explicarle las cosas tal y como yo las conocía: que Batista había sido quien originó todo y que, por el contrario, era él quien nos había hecho llamar. Que nosotros habíamos organizado y establecido los contactos en mayor o menor medida, pero que Batista fue siempre la bandera sin la cual la conspiración no hubiese tenido la menor posibilidad de triunfar. Nos despedimos García Bárcena y yo, pero a poco realizó un acto en consonancia con su línea de pensamiento. Con un grupo de jóvenes desarmados trató de tomar el Campamento de Columbia. Los arrestamos a todos, aunque se les puso en libertad más tarde y, por fortuna, no hubo desgracias personales. En el interrogatorio, el Dr. García Bárcena afirmó contar con grandes núcleos de tropa dentro del Campamento, cosa que no pudimos comprobar.[133]

---

[133] Rafael García-Bárcena Gómez (junio 7, 1907-junio 13, 1961) perteneció al Directorio Estudiantil Universitario de 1930, fundador del Partido Auténtico y miembro del consejo ejecutivo del nuevo Partido Ortodoxo en 1947. Profesor de Filosofía en la Universidad de la Habana. Tras ser expulsado de la Escuela Superior de Guerra después del golpe de Estado de Batista, fundó el Movimiento Nacionalista Revolucionario (MNR) el 20 de mayo de 1952, con miembros extraídos del Partido Ortodoxo. Uno de sus seguidores, Mario Llerena, declaró en sus memorias que García-Bárcena venía contemplando un putsch antes del 10 de marzo de 1952. El asalto a Columbia sería realizado por estudiantes armados a quienes se

Más doloroso me resultó lo acaecido con un antiguo compañero de armas por quien sentía verdadero afecto. Fue uno de los que entraron por la Posta 4 con el presidente Batista y conmigo. Su conducta le había valido un alto cargo. Coincidimos en una comida en el Club de Oficiales de Columbia, y en un aparte me manifestó su inconformidad con la forma en que se habían distribuido los grados. Objetó que el general Tabernilla fuese el Jefe del Ejército. Yo le dije que esa había sido una decisión del Presidente. Mi interlocutor siguió en sus trece, y me propuso que aunáramos nuestras fuerzas para dar un golpe de estado donde se haría verdadera justicia, y que ya en su mando tenía creadas las condiciones para ello. Le contesté sin rodeos que lo que me decía era gravísimo, y que me veía en la obligación de dar cuenta de sus palabras. Efectivamente, localicé al general Tabernilla y lo informé del hecho. Al día siguiente el Presidente nos convocó a su despacho. Nos hallábamos presentes el Jefe de Estado Mayor, el jefe que me había hablado y yo. En presencia del presidente repetí sus palabras y él se vio forzado a admitirlas, pero el Presidente no quiso ser severo y se limitó a trasladar al oficial y después a retirarlo.

¿Por qué tienen que ocurrir estas cosas? Vuelvo sobre el punto de que la prosperidad, sobrevenida de repente a quien no está preparado para ella, puede perderlo. ¿A qué más podíamos aspirar hom-

---

unirían oficiales subalternos que tomarían el campamento y el MNR asumiría el poder. La confabulación era un secreto abierto ya que dos meses antes, el 13 de febrero de 1953, la Embajada norteamericana en la Habana lo describió a su departamento de Estado y sus embajadas en México, Guatemala, República Dominicana y Venezuela. Horas antes de la sublevación, el Domingo de Resurrección, 5 de abril de 1953, fueron arrestados García-Bárcena y el liderato del MNR en un apartamento en Almendares y 46 seguidores en una casa frente a la Posta 13 del campamento Columbia. El general Francisco Tabernilla Dolz ridiculizó el plan como «El golpe de la navajita» y «obra de un poeta loco». El 21 de mayo de 1953, García-Bárcena fue sentenciado a dos años de presidio, trece seguidores recibieron sentencias menores y 54 otros fueron absueltos. Algunos miembros del MNR se pasaron a las filas del grupo que organizaba Fidel Castro para el asalto al cuartel Moncada el 26 de julio de 1953. García-Bárcena fue excarcelado con la amnistía general de mayo de 1954. El 20 de enero de 1959 fue nombrado secretario de prensa del ministerio de Estado revolucionario y Embajador extraordinario. Renunció como Embajador a Brasil el 26 de diciembre de 1960, seis meses antes de fallecer en la Habana.

bres como nosotros, simples oficiales subalternos hasta hacía poco? Ocupábamos ahora posiciones primerísimas. ¿Será que, como dicen los franceses, el apetito viene comiendo? En todo caso, no fue el último de la serie, como veremos.

Viene al caso citar a Maquiavelo, cuando escribe que las conspiraciones, aunque fracasen, siempre hacen daño, pues introducen precedentes, dudas y fisuras en lo que debe ser incuestionable. A mi juicio, esta primera conspiración puso en tela de juicio la calidad monolítica de las Fuerzas Armadas. Pero también nos afectó en otros aspectos. Citando otra vez al autor de *El Príncipe*, escribe éste que la mayor parte de los males de este mundo provienen de no ser el hombre ni completamente bueno, ni completamente malo. Con su mezcla de absolutismo y benevolencia, Batista hizo ver que se podía atentar contra su gobierno con riesgo mínimo. Por ejemplo, estoy seguro de que el coronel Barquín, de esperar un castigo severo si se le atrapaba conspirando, lo hubiese pensado dos veces antes de hacerlo.

Otra cosa: el caso que acabo de relatar reafirmó a Tabernilla en el mando. No sabemos si el Presidente hubiese enviado a este general al Ministerio de Defensa al cabo de seis meses, como se me dio a entender, pero a partir de aquel momento no se volvió a tratar del asunto. Es más, seguro ahora en su posición de Jefe de Estado Mayor, pasó a colocar gradualmente sus peones en posiciones clave. De esto también se tratará en su momento.

EL 20 DE MAYO DE 1952

Desde muy antiguo han existido los desfiles militares. Son demostraciones de poderío destinadas a impresionar a algún enemigo potencial, a posibles aliados o al propio pueblo. Los romanos tenían dos tipos de desfile: el «Triunfo», otorgado a generales que regresaran victoriosos de una gran campaña, y la «Ovación», reservada a logros más modestos. En el primero de los casos, el general pasaba en una cuadriga a la cabeza de sus tropas. En la plataforma del carro iba el conductor, y un esclavo que a cada instante le susurraba al oído «Recuerda que no eres más que un mortal», a fin de que no se envaneciera demasiado. En la ovación, el general cabalgaba su corcel de guerra.

El 20 de mayo de 1952, el Presidente consideró oportuno ofrecer una prueba de solidez. Se invitó a delegaciones del mundo entero. La culminación de los actos a celebrar alrededor de esa fecha consistiría en una gran parada, en la que participaría el mayor número posible de unidades de las Fuerzas Armadas. Unos diez días antes de la fecha se me notificó que yo encabezaría el desfile. ¿Y por qué yo? Porque hasta esa época, todavía en Cuba el oficial revistador desfilaba a caballo y, aun cuando gran parte de mi vida militar había servido como soldado de a pie, de todos era conocida mi afición por la caballería.

En las cuadras teníamos magníficos ejemplares destinados a los altos jefes. Yo preferí a *Lucero*, mi cabalgadura de cuando fui ayudante del Tercio. Aunque un poco viejo ya y de apariencia desgarbada mientras medraba en las cuadras, tan pronto sentía al jinete en sus lomos se transformaba en bellísima estampa de postura y brío. Tiempo hacía que no nos veíamos, pero creo que fue con mutua delicia que galopamos horas y horas a todo lo largo del polígono.

Tradicionalmente, las tropas se situaban en toda la longitud del Malecón y a ambos lados del Paseo del Prado. La cabeza de la columna se apoyaba en el Parque Central. Al romperse la marcha, las tropas iniciaban su progresión, rebasaban la tribuna presidencial frente al Capitolio e iban a romper filas en el Parque de la Fraternidad. Allí tomaban camiones y ómnibus de regreso a sus cuarteles.

Lo mismo se hizo el 20 de mayo de 1952. Yo, que tantas veces había hecho aquel recorrido, primero como soldado, después como teniente y finalmente como capitán, no pude menos que sentirme como en un sueño al considerar que aquel día era yo el jefe que conduciría a los soldados de la República ante el Presidente, ante su Jefe Supremo, y quien recibiría su saludo, unidad por unidad, antes de romper filas. Teniendo todo esto en cuenta, bien podrá el lector imaginar mi estado emocional cuando, como en un sueño, calcé el estribo, salté sobre la silla y rompí la marcha. Me seguía mi plana mayor: ayudantes, cuarteles-maestres, corneta, mensajeros. Y he aquí las veleidades humanas. Los soldados nunca fuimos bien vistos por el pueblo. Sin embargo, aquel día, según fui ascendiendo por el Prado, la muchedumbre nos vitoreó sin reservas.

En un momento dado, un objeto me golpeó el hombro y cayó al suelo. Yo no desvié la vista, pero un policía de los que formaban la valla lo recogió, y el objeto me fue entregado, días después. Contenía una llave, envuelta en papel perfumado. En el papel, en letra muy fina, el siguiente mensaje: «Aquí tienes mi dirección y la llave de mi apartamento. Ven a verme esta noche. Seré tuya». No sé cómo trascendió la cosa, pero lo cierto es que el Dr. [Andrés Domingo] Morales del Castillo,[134] Ministro de la Presidencia, a cada rato exclamaba en presencia del presidente Batista, quien a su vez reía de buena gana: —El día de la parada, al general Díaz Tamayo *le llovían* las llaves.

Rebasada la tribuna presidencial, tomé mi posición. Ante mí vi pasar a todas las tropas, un regimiento de la Marina de Guerra, unidades de la Policía, fuerzas blindadas, la artillería ligera, la artillería antiaérea, el Tercio, y por último, infantería, infantería, infantería. De todas recibí el saludo. Al rebasarme, los regimientos, batallones, compañías abatían estandartes y guiones. Solo la enseña nacional permanecía erguida. Los oficiales me saludaban con sus sables. Yo, por mi parte, correspondía con el mío, tal como lo determinaba el reglamento. *Matiotes, matiótetom, dapanda matiotes* (Vanidad de vanidades y siempre vanidad) clamaban los antiguos griegos. Eso es cierto, pero ¿de qué otra cosa vive el ser humano, aparte del pan que come? Yo, por mi parte, confieso que nunca an-

---

[134] Andrés Domingo Morales del Castillo (septiembre 4, 1892-junio 1, 1979) nació en Santiago de Cuba donde cursó sus estudios elementales y el bachillerato. Graduado en Derecho de la Universidad de La Habana en 1915. Tuvo varios cargos en el poder judicial de 1916 a 1934, siendo juez y magistrado en Palma Soriano, Holguín, Santiago de Cuba, Pinar del Río y La Habana. En 1934 el presidente Mendieta lo nombró secretario de Justicia. Después pasó a ser magistrado del Tribunal Supremo de Justicia hasta que Batista lo nombró ministro de Hacienda en 1940 y poco después fue secretario de la Presidencia. Electo senador de la provincia de Oriente por el Partido Liberal en 1944. Incorporó el PAU de Batista en 1949 y tras el golpe de Estado de 1952 fue designado secretario de la presidencia y del Consejo de Ministros. Fue presidente interino del 14 de agosto de 1954 al 24 de febrero de 1955 al Batista acogerse a la licencia electoral requerida por la Constitución de 1940 para aspirar a presidente. Batista volvió a nombrarlo secretario de la presidencia y del Consejo de Ministros en 1955. Cuatro años después, acompañó a Batista al exilio en República Dominicana y Portugal. En 1960 obtuvo asilo político en Miami, donde luego falleció en su casa a consecuencia de una embolia. Nunca contrajo matrimonio.

tes ni después, en toda mi existencia, sentí esa vanidad tan colmada como ese día.

Se me dirá: —Bueno, pero ¿de qué batallas volvía usted victorioso? Lamento contestar que en mi vida militar nunca hubo un Austerlitz, ni un Solferino, ni un Maltiempo. Simplemente, a las condiciones que el medio me planteaba les hice frente como supe, y las solucioné como pude. Quisiera poder ofrecer algo más al lector pero, como nada más hubo, me siento satisfecho con mis logros.

CAPÍTULO VI

LAS FUERZAS ARMADAS 1952-1958

Nunca me atrajo la política. He venido a interesarme en ella, aquí en el exilio, por mero instinto de conservación. Es lógico que así fuera, porque, ¿cómo iba a pensar yo en presidentes, o si el Congreso votaba o no tal o cual ley, después de doce horas de trabajo al sol? Ante mí se extendía solamente el surco que había que aporcar y, al llegar la noche, me derrumbaba más que me acostaba en lo que tuviera por lecho, fuese jergón, hamaca o colombina.

Mi ingreso en las Fuerzas Armadas no cambió ese estado de cosas. En los cuarteles, el tema político fue siempre tabú. Que el Ejército se utilizase políticamente por el presidente, no significaba que los soldados analizaran el hecho. Se cumplía la orden militarmente, y no se hablaba más del asunto. Dicen que los soldados somos hombres de temperamento esquizoide, que huimos a las realidades de la vida diaria, con sus luchas y altibajos, y vamos a refugiarnos en ese gran claustro materno que es el cuartel. Allí, el gobierno nos garantiza la diaria pitanza y un sueldo, a cambio de nuestra fidelidad perruna. ¡Sea! En lo que a mí respecta, mi mente jamás se apartó del pase de lista, de las inspecciones, de si entraba o no de guardia, de las próximas maniobras...

En el orden personal, la cuestión de la ayuda a mi madre ocupaba el primer lugar, pero eran para mí un gran solaz los deportes que siempre practiqué en Columbia y los estudios que realizaba para completar mi instrucción. ¡Ser cabo! ¡He ahí otro de mis grandes objetivos! ¡Cuánto luché para alcanzarlo! ¡Y cuánto afán para ser sargento! Vine a conseguirlo a finales de 1933, después del 4 de noviembre. Pero esa fecha me tenía reservada otro logro inesperado: un ascenso a segundo teniente ¡Yo oficial, imagínese usted! Después vinieron los cursos: el de oficiales, en Atarés, y el de artillería, en la Batería de La Pastora. Después de mi estancia de once meses en Santiago de Cuba, comenzó mi etapa ecuestre, entre 1936 y 1939.

En ese período recorrí toda América, como en un bellísimo sueño. Y no olvidemos las oposiciones: fue en oposiciones que gané mis grados de primer teniente y de capitán. Y lo que mucho representaba para mí, en prestigio y económicamente: mi *brévet* como diplomado de la Escuela Superior de Guerra. ¿Qué más podía desear? Bien podía decir, como Quevedo:

> Hablen otros del gobierno
> del mundo y sus monarquías,
> mientras gobiernan mis días
> mantequillas y pan tierno.[135]

Tenía que venir aquel retiro en 1951, para sacarme de mi torre de marfil y empujarme a la conspiración.

Cierto es que Batista no permitía a los militares inmiscuirse en la política del país. Es más, ni siquiera los dejaba abordar el tema en su presencia. He aquí algo que jamás me quitó el sueño, y pude así dedicarme exclusivamente a los deberes de mi cargo.

En su carta abierta al ex-presidente Batista, fecha agosto 24 de 1960, el general Tabernilla acumula sobre su antiguo jefe acusación tras acusación que, en su mayoría, son absolutamente ciertas. Una de ellas es que Batista no permitía a sus subalternos adoptar decisiones militares, siendo él quien ordenaba todos y cada uno de los planes. Ni un ascenso, ni un traslado, ni un movimiento de tropas se realizaba sin su consentimiento. Nos informa Tabernilla que él, como Jefe del Ejército primero, y como Jefe del Estado Mayor Conjunto después, no tenía autoridad alguna, y que estaba allí, simplemente, «pintado en la pared». Pero, ¿de qué se queja el general Tabernilla? Para eso fue que se le situó en cargos tan elevados. En eso siguió el Presidente su antigua pauta de nombrar para los cargos cimeros a hombres que se debieran a él y que no discutieran su autoridad.

También fulmina el general Tabernilla al ex-presidente, acusándolo de ser un voraz ladrón, pero esto es como si la olla le dijera a la cazuela que tiene el fondo tiznado. ¿Por qué, en lugar de ello, no se dedicó el general a disfrutar calladamente de los centavitos que ahorró en siete años de ininterrumpida bienaventuranza?

---

[135] Poema «Ándeme yo caliente» del poeta lírico español Luis de Góngora (julio 11, 1561-mayo 24, 1627).

No se puede tapar el sol con un dedo. Solo Batista hubiera podido dar el golpe del 10 de marzo. Sin él, poco significábamos los demás. El efecto de su nombre y de su persona ante las tropas era electrizante. Los aciertos de Batista en el orden económico elevaron el *per cápita* del cubano y su crédito en el extranjero. Los desaciertos de su política llevaron a Cuba al caos. Batista lo fue todo en sus dos períodos de gobierno. Esto nadie puede discutírselo. ¿Por qué, pues, su obstinación, una vez en el exilio, en publicar memorias justificativas y en cargar sobre otros sus propias culpas? Las traiciones y conspiraciones de algunos subalternos, son la obra de hombres atemorizados que, por la altura en que estaban, veían venir el desastre y procuraban salvarse. Los que a pesar de todo le fueron fieles, están muertos. En cuanto a mí, la mala voluntad que siempre me tuvo el general Tabernilla terminó por obrar a mi favor, porque, al lograr de Batista que me retirara, me evitó tener que adoptar decisión alguna.

A mi juicio, la curva de errores de Batista sigue esta trayectoria:

- No celebrar elecciones libres (sin figurar él como candidato) en un tiempo prudencial.
- No eliminar físicamente a Fidel Castro cuando lo tuvo en sus manos.
- Soltar a Fidel Castro, permitiendo su pase al extranjero.
- Permitir que Castro desembarcara en Cuba, cuando el Estado Mayor conocía la hora y el lugar por donde desembarcaría.
- Permitir que Castro sobreviviera al desembarco, empujándolo hacia la Sierra, en lugar de capturarlo.
- Con posterioridad, impedir que las tropas lo cercaran y capturaran cuando tuvieron la oportunidad.
- En las elecciones de 1958,[136] forzar el triunfo presidencial de Andrés Rivero Agüero,[137] cuando todo indicaba que la solución era el Dr. [Carlos] Márquez-Sterling.

---

[136] Las elecciones presidenciales fueron el 3 de noviembre de 1958.

[137] Andrés José Rivero Agüero (febrero 4, 1905-noviembre 8, 1996) nació en un bohío en el barrio de Burene, en el Municipio de San Luís, Oriente. Estudió el bachiller en Santiago de Cuba y obtuvo el título de abogado de la Universidad de La

De que no fuera yo del agrado de algunos jefes quizás tenga yo mismo la culpa. Mi carácter es más bien retraído y no invita a intimar. Tampoco el cargo de Inspector General contribuyó a ganarme amigos, pues con frecuencia se me confiaban investigaciones que, al cristalizar, arañaban la piel a muchos. Recuerdo un caso de contrabando de sedas. La magnitud del hecho fue tal, que pese a la tolerancia con que se miraban esas cosas, fue necesario hacer algo. Un buen día el general Tabernilla me hizo llamar. Según él, el *Chief* (Batista) deseaba que yo investigase la cuestión esa del contrabando. Desde luego, tenía yo tantas misiones sobre mi cabeza que él, Tabernilla, pensaba que no tendría yo tiempo para ello. Si yo estimaba que era demasiado, no tenía más que decirlo y él lo comunicaría al presidente.

Aún hoy en día no estoy seguro de si mi respuesta fue inteligente o no, pero estas fueron mis palabras: —Si esos son los deseos del Señor presidente, los consideraré una orden y, como tal, la cumpliré; el tiempo es lo de menos. Pero eso, usted me conoce y sabe que llegaré al fondo del hecho. Y tampoco ignora usted que los contrabandistas suben todos los días las escaleras de Palacio.

Como es natural, al general no le agradó nada lo que le dije, y dio fin a la entrevista con estas frases: —Está bien. Se lo diré a *Titón* (el coronel Tabernilla) para que se lo informe al *Chief*.

No volví a oír hablar del asunto.

El presidente fue siempre amable con mi persona. Jamás tuvo para mí un reproche, ni una palabra fuera de tono. Al aproximarse el nacimiento de mi hija Roraima,[138] la primera dama, señora Martha Fernández, ofreció a mi esposa un *Baby Shower* en Kuquine. Nos

---

Habana en 1934. Durante el primer gobierno de Batista ocupa los cargos de ministro de Salubridad y de Agricultura y embajador en Perú durante 1943-1944. En el segundo régimen de Batista fue nombrado ministro de Educación en 1952 y Primer Ministro en 1957. Electo senador por Pinar del Río en 1954 y presidente en las elecciones controversiales de 1958 que no reconoció el gobierno estadounidense. Salió al exilio con Batista en 1959 y se estableció en Miami, donde luego falleció. Su hermano Nicolás fue asesinado por los rebeldes el 1 de julio de 1958. Su medio hermano Luis Conte Agüero fue opositor a Batista. Su hijo Carlos Rivero Collado fue un agente castrista infiltrado que desde Cuba denunció al exilio en la prensa y en su libro *Los sobrinos del tío Sam* (1977).

[138] Roraima Díaz Menéndez nació el 1 de septiembre de 1953.

sorprendió la magnificencia de la fiesta y la calidad de los invitados, así como las atenciones que tuvo la señora Fernández con mi esposa. Lo procedente era que yo solicitara del señor presidente que fueran él y su esposa los padrinos. Pero no lo hice, y el padrino fue mi hijo mayor. ¿Por qué actué de ese modo? No tengo una buena respuesta. Digamos que fue por cortedad. Batista jamás hizo en mi presencia el menor comentario al respecto, pero tiene que haberle lastimado. ¡Vaya torpeza la mía! ¿Qué le voy a hacer?

Todas estas cosas contribuyeron a que, gradualmente, me fuera aislando de mis compañeros de grado. Por otra parte, mi posición exigía una vida social bastante activa. Los actos oficiales, las ceremonias, los bailes de gala, las recepciones y los *cocktail-parties* eran frecuentes, y se esperaba que yo asistiera a la mayoría de ellos.

También se me invitaba a menudo a Kuquine y a la residencia del Presidente en Columbia, donde los fines de semana se jugaba a la canasta. Por cierto que en su carta ya citada, el general Tabernilla afirma que Batista perdía el tiempo jugando, en lugar de dedicarlo a asuntos más urgentes. No lo estimo así. Cierto es que las sesiones eran largas, sobre todo para mí, que tanto gustaba de pasar las veladas en el seno de mi familia. La verdad es que el Presidente jugaba solo cuando las circunstancias se lo permitían, y más bien como distracción.

Estas veladas seguían una pauta. Primero, el Presidente y sus invitados se sentaban a ver el boxeo en la televisión. Venía después la comida y, por fin, comenzaba el juego. Batista se sentía a sus anchas entre sus familiares y colaboradores más íntimos. Hacía gala de su buen humor. Las apuestas eran de centavos, pero de todos modos el Presidente hacía trampas, casi siempre en combinación con alguno de nosotros. Al final, ya a altas horas de la madrugada, enmendaba su travesura con una cena fría.

EL CÍRCULO MILITAR Y NAVAL

Esta era una institución que databa de los años 20. Contaba con unos 1,150 miembros y sus familiares. De estos miembros, alrededor de 800 eran oficiales y unos 350 civiles.

Recibí el cargo de Presidente del Círculo en 1953 y lo fui ininterrumpidamente hasta mi retiro en 1958. Aunque era una responsabilidad más, el nombramiento me agradó porque se avenía perfectamente con mi temperamento, y digo esto porque los deportes jugaban un papel destacado en esta actividad.

La Directiva constaba de Presidente, Secretario y Tesorero, así como vocales hasta sumar 27 miembros. No había Vicepresidente. En proporción con los miembros del club, las dos terceras partes de los directivos eran militares y un tercio civiles. A mi llegada, hallé una directiva entusiasta y eficiente, y poco o nada tuve que modificar en ella: siempre trabajamos en la mayor armonía.

En cuanto al edificio, ocupaba una estrecha superficie, encajonada entre el Casino Español y el Havana Yacht Club. Nuestras relaciones con estos dos clubes fueron siempre cordiales, pero se fue haciendo más y más evidente la necesidad de buscar otro sitio más adecuado para la Casa Club. Fue el Presidente quien adoptó la decisión final de construir uno nuevo. Se escogió para ello una punta al este del Balneario Público *La Concha*. El nuevo Círculo abrió sus puertas en 1957. Costó más de $100.000, y los gastos se sufragaron en parte con la venta del Círculo viejo a sus vecinos, quienes así pudieron ampliar sus respectivas playas. Los trabajos de construcción, así como el presupuesto, quedaron a cargo del ingeniero [Manuel] Pérez Benitoa, consuegro del Primer Mandatario.

En mis referencias a mi «etapa ecuestre» omití decir que durante un tiempo me había dedicado también al polo. La experiencia fue apasionante, aunque de corta duración. El salto y el polo son dos formas de equitación totalmente distintas. En el salto, la función del jinete consiste en guiar al caballo, pero guiarlo con suavidad, sin gravitar indebidamente en su lomo, sin estorbar sus movimientos. Un toque a las riendas fuera de tiempo, por leve que sea, puede confundir a la bestia, haciéndola derribar un obstáculo en lugar de salvarlo. El polo, por el contrario, es violentísimo. El jinete, poseído por el demonio, comunica su furia al animal que corre; frena en seco, gira, se precipita contra otros jugadores, chocando con ellos para alejarlos de la bola, objeto de todo aquel frenesí. Unos tirones al freno y los súbitos cambios de dirección, a pleno galope, agotan al pobre animal, que termina bañado en sudor y la boca chorreando espuma.

El polo es de origen hindú. Siendo la India colonia de Inglaterra, la oficialidad británica observó a los maharajás practicarlo, y no tardó en introducirlo en sus cuadros. De Inglaterra pasó a Occidente. Cuando la ocupación norteamericana (1899-1902) los oficiales estadounidenses de caballería lo jugaron en Columbia, y según se me dice, trataron de inducir a la oficialidad cubana a hacerlo. De momento no tuvieron éxito, y se explica: se llama al polo «el deporte de los reyes». Solo las clases acaudaladas pueden practicarlo, porque cada jinete ha de poseer una cuadra de caballos costosísimos, muy especializados en el juego, y que se renueven con frecuencia. Al finalizar la guerra, Cuba estaba arruinada. No existía una clase pudiente, y el presupuesto de los primeros gobiernos era modestísimo. Al reaparecer la clase empresarial, y con ella el bienestar económico, hizo su aparición también el polo. Pronto el Ejército tuvo también su equipo, y buenos jinetes nunca faltaron.

En cuanto a mí, cuando mayor era mi entusiasmo, me cayó en la cabeza un cubo de agua fría. Al igual que cuando simultáneamente comencé a prepararme para las oposiciones y a estudiar aviación, mi jefe me llamó a capítulo.

—Teniente –me dijo– si continúa usted jugando al polo, se va a anular en el equipo de salto: ¡escoja una de las dos cosas! ¡Y se acabó el polo! Pero siguió agradándome. Mi condición de Presidente del Círculo Militar y Naval me permitió ser útil a los diversos *teams*, militar y civiles. Entre los jugadores hice buenos amigos, entre ellos al señor Gustavo de los Reyes Delgado,[139] creador del famoso ganado *Santa Gertrudis*. En 1959, Gustavo fue despojado de sus bienes y arrojado a la prisión comunista. Compañero de celda del co-autor de este libro, Claudio Medel, convivieron en La Cabaña y en Isla de Pinos durante varios años. Cuenta Medel que Gustavo solía decirle: —Estos comunistas son unos imbéciles: me han quitado unas reses que dentro de poco habrán desaparecido, pero no me han quitado el cerebro. Si me ponen en libertad, dondequiera que yo vaya volveré a ser rico.

Y así ha sido. Hoy en día posee en Venezuela cuatro haciendas con más de 30,000 cabezas de ganado. Y esto prueba hasta la saciedad la falacia del dogma comunista. El hombre de empresa es

---

[139] Gustavo de los Reyes Delgado (noviembre 29, 1913-marzo 17, 2014) nació en la Habana. Arrestado por la Conspiración de Trinidad, Preso número 25,507.

el verdadero creador de la riqueza de un país. Si se le limita, si se le suprime, el país se estanca. *Sublata causa, tollitur effectus.*[140]

LA CASFA (CAJA DE AHORROS Y SEGUROS DE LAS FUERZAS ARMADAS)

Una de las ideas de Batista con respecto a las Fuerzas Armadas, fue la creación de la CASFA. Como el oficio de las armas, bien llevado, no enriquece a nadie, se daba el caso de que la clase de tropa, al darse de baja, quedaba en situación económica difícil. Esta institución ponía a disposición de los retirados, o de los familiares más allegados en caso de fallecimiento, una cantidad de dinero que les permitía hacer frente a los primeros gastos, e incluso hasta lograr un equilibrio en la vida. También, en caso de emergencia, se les prestaban sumas que luego pagaban en cómodas mensualidades.

Como los sueldos de los militares habían aumentado el 10 de marzo, se formó el capital de la CASFA a base de descuentos que, a modo de ahorro y ganando intereses, se depositaban en bancos de la capital.

La disposición para crear esta institución me vino directamente del presidente Batista. De momento no supe qué pensar, porque no tenía yo experiencia en la materia, y aquello debía ser la obra de un experto.

En el caso del Círculo Militar, me hice cargo de una organización eficiente, compuesta por caballeros que trabajaban con el mayor desinterés. En este caso, se me ocurrió lo obvio, es decir que, si lograba encontrar el personal adecuado, el problema hallaría su solución. Por fortuna, ese personal apareció.

Al general [Arístides V.] Sosa de Quesada debí la redacción del decreto-ley que establecía la base orgánica del Banco. Otros abogados, entre los que recuerdo al Capitán Auditor Pedro Díaz Landa vinieron en mi ayuda, y también contadores, casi todos militares, pero algunos civiles amigos míos de otras épocas. Tanto la reglamentación como los cálculos de futuros ingresos y egresos fueron exhaustivos. Así, se establecieron las bajas posibles durante los próximos

---

[140] Suprimida la causa, desaparece el efecto.

cinco y hasta diez años, teniendo en cuenta las edades y los accidentes no previstos.

La ley primitiva fue después complementada por otra, por no cumplir con todos los requisitos que el presidente deseaba.

Básicamente, la CASFA quedó organizada de la siguiente forma:

1. Para evitar malas interpretaciones futuras con el dinero, el Banco quedó bajo la supervisión del Tribunal de Cuentas de la Nación. Y cuando en abril de 1956 pasé a Oriente y fui relevado como director, tuve la satisfacción de que este propio Tribunal de Cuentas nos colocara en el primer o segundo lugar entre los organismos del gobierno mejor organizados.[141]

2. El Presidente de la CASFA fue, nominalmente, un civil. Mi cargo fue de vicepresidente.

3. Resultaron beneficiados todos los miembros del Ejército, la Marina y la Policía. Cuando entregué la CASFA, había alrededor de dos millones de pesos en dos bancos de la capital. También, las dos casas que albergaban las oficinas y demás dependencias, dos automóviles casi nuevos, varios miles de pesos en maquinarias electrónicas modernas y gran cantidad de muebles de primer orden. También estaba funcionando el servicio de préstamo, lo que le correspondía a cada militar. Me sucedió en la Dirección el General [Luis] Robaina [Piedra], a quien le entregué el organismo en pleno funcionamiento en 1956.

EL CASO DEL CUARTEL MONCADA

He aquí algo bien conocido, que tantas consecuencias ha tenido en los destinos de América, y quién sabe si hasta del mundo. Todo comenzó el domingo 26 de julio de 1953, cuando un antiguo agitador universitario, llamado Fidel Castro Ruz, atacó la jefatura del Regimiento Nº 1 en Santiago de Cuba, provincia de Oriente. Para ello, concentró poco más de cien hombres en una finca cercana a la ciudad. Los componentes de este grupo procedían casi todos de las provincias occidentales. Fueron llegando a Oriente por grupos, mezcla-

---

[141] Díaz Tamayo fue nombrado presidente de CASFA el 18 de diciembre de 1952.

dos con el público que afluía a Santiago para celebrar el carnaval. De la finca partieron en varios automóviles, vestidos de soldados, y con un armamento muy heterogéneo.

Al llegar a la Posta, mataron al centinela.[142] Pero aún moribundo, tuvo éste tiempo de hacer sonar la alarma. Raúl, el ~~medio~~ hermano[143] de Fidel Castro, se situó junto a la puerta y dirigió la entrada al campamento, mientras Fidel Castro verificó que los que venían en los vehículos posteriores se apearan y corrieran hacia la puerta. Después, cuando todos pasaron al interior del campamento, los dos hermanos huyeron y se pusieron bajo la protección del obispo de Santiago, Monseñor [Enrique] Pérez Serantes.[144]

El Cuartel Moncada se componía de varios cuerpos de edificio estrechos en su frente y de unos treinta metros de profundidad. Estos edificios, de dos pisos cada uno, daban por su frente a un amplio Polígono de maniobras. En la planta alta, se comunicaban entre sí por un pasillo que corría a todo lo largo de ellos. Allí estaban los dormitorios de los soldados. En su planta baja se hallaban las dependencias, tales como el cuartel-maestre, oficinas y talleres. Al rebasar la portada que daba acceso al campamento, los asaltantes encontraron el primer edificio. Algunos trataron de forzar la entrada al piso bajo, seguramente buscando armas. Otros subieron la escalera al pasillo del piso alto, y entraron al dormitorio. Había en él pocos soldados durmiendo, porque la mayoría se hallaba franca de servicio o en el Cuerpo de Guardia, pero a los que encontraron los mataron cuando trataban de levantarse. Después, por las ventanas, dispararon hacia el dormitorio vecino, abatiendo a varios hombres que, en paños menores, corrían hacia los armeros a tomar los fusiles.

---

[142] El Cabo de la Guardia Isidro C. Izquierdo Rodríguez.

[143] Tacha la referencia de medio hermano porque en el ejército se rumoraba que el padre biológico de Raúl Castro era el comandante Narciso Campos Pontigo.

[144] Esta versión es falsa. Solo cinco rebeldes penetraron en el cuartel. Monseñor Pérez Serantes no intervino hasta el 1 de agosto de 1953, cuando presenció la rendición de Fidel Castro. Raúl Castro había sido capturado en San Luis cuatro días antes.

Pero hasta aquí llegó su suerte. El coronel Ardant du Picq,[145] en sus *Estudios sobre el Combate* establece que el soldado, cuando comienza a disparar, deja de avanzar. Una vez al abrigo en el dormitorio los asaltantes, faltos de dirección, se detuvieron. La guardia, al reaccionar, dominó primero con su fuego a todos los que se mostraban por el frente del edificio. Después, una ametralladora calibre .30 cubrió a la guardia y a los miembros de la guarnición que avanzaron por la calle o, en la planta alta, a lo largo del pasillo. Muchos asaltantes se habían apelotonado en la barbería del frente del dormitorio, y fueron todos muertos. Los demás fueron enfilados por la fusilería a todo lo largo del cuartel. Otros cayeron cuando trataban de huir por la parte posterior del edificio. Los que pudieron escapar, fueron capturados en su mayoría en los días subsiguientes en diversos lugares de Santiago. En cuanto a los hermanos Castro, Monseñor Pérez Serantes los presentó, después de obtener del Presidente garantía para sus vidas.[146]

He aquí el primero de los grandes errores de Batista. Dejar vivos, y después amnistiar a los principales responsables de aquel ataque donde perecieron 20 soldados.[147]

Moncada fue el hecho que dio a conocer a Castro, y la base de su posterior renombre. ¿Y qué decir del agravio a los familiares de tantos soldados caídos? ¿Y cómo juzgarían los demás soldados la impunidad otorgada a los asesinos de sus camaradas?

Esa misma noche recibí órdenes del Presidente para volar al día siguiente a Santiago de Cuba. Mi misión consistiría en imponer la medalla de servicios distinguidos, con carácter póstumo, a nuestros compañeros asesinados. También, y en representación del Presidente, presidiría el sepelio.

---

[145] Charles Jean Jacques Joseph Ardant du Picq (octubre 19, 1821-agosto 18, 1870) fue oficial del ejército francés y teórico militar cuyos escritos tuvieron un gran efecto sobre la teoría y doctrina militar francesa.

[146] Esta es la versión oficial del gobierno que fue falsificada. La historia detalla de estos eventos aparece en: Antonio Rafael de la Cova, *The Moncada Attack: Birth of the Cuban Revolution* (University of South Carolina Press, 2007).

[147] En el cuartel Moncada hubo quince soldados muertos y tres policías, además de veintitrés soldados y cinco policías heridos. En el simultáneo ataque al cuartel de Bayamo resultó muerto un policía y dos soldados fueron heridos.

El coronel [Alberto] del Río Chaviano,[148] jefe del Regimiento Nº 1, me condujo en una inspección por el Moncada. Los cadáveres habían sido ya levantados, y lavada la sangre. El dormitorio se veía de nuevo ordenado, pero toda la fachada de la compañía, así como el barandal de hierro del pasillo aparecían acribillados por los impactos de la ametralladora.

Después del sepelio, el coronel me llevó hasta la finca situada sobre el camino del Morro,[149] lugar desde donde había partido el ataque. Unos diez hombres habían quedado allí por distintos motivos y, al llegar el Ejército, hicieron resistencia. Sus cuerpos sin vida yacían por todas partes. Uno de ellos se parecía a Castro, y del Río Chaviano, por un momento, creyó que se trataba de él. En realidad, Castro no se expuso nunca, ni allí ni en la Sierra. Cuando el ruso Bashirov envió a Castro a Bogotá,[150] allá por 1948, para cooperar en el famoso *Bogotazo*, hizo algo similar. Es decir, tan pronto se produjeron los desórdenes en la capital de Colombia y vino la reacción policíaca, Castro corrió a refugiarse en la Embajada de Cuba. El enton-

---

[148] Alberto Roberto del Río Chaviano (julio 4, 1915-abril 26, 1978) natural de Sagua la Chica, Las Villas, se alistó en el Ejército el 23 de noviembre de 1933. Era concuño de Francisco Tabernilla Dolz y capitán el 10 de marzo de 1952, cuando fue ascendido a coronel. A los dos meses recibió el mando del Departamento Militar de Oriente. Nombrado general de brigada el 5 de diciembre de 1957. Fue jefe de los Regimientos 6 y 7 de la Guardia Rural y el 18 de septiembre de 1958 obtuvo la jefatura del Tercer Distrito Militar. Cuando Batista ordenó su arresto, huyó a República Dominicana el 27 de diciembre de 1958, donde tuvo una ganadería que luego le expropió Trujillo. En 1963 residió en Dallas, Texas, siendo profesor de español hasta mudarse a Miami poco antes de fallecer de cáncer de la médula.

[149] La granja estaba cerca de la aldea de Siboney, en dirección opuesta al Morro, a ocho millas al este de Santiago de Cuba.

[150] Salvador Díaz-Versón Rodríguez (noviembre 6, 1905-febrero 15, 1982), alegó en «¿Cuándo se hizo comunista Fidel Castro?» publicado en el periódico *El Mundo* de Miami, el 19 de octubre de 1960, que Fidel Castro, a los diecisiete años de edad y estando internado en el colegio Jesuita Belén, era controlado por el agente de inteligencia soviético Gumer W. Bashirov. Escribió que el ruso envió a Castro a Colombia, el 9 de abril de 1948, para interrumpir la conferencia de la Organización de Estados Americanos (OEA) que terminó con el Bogotazo. Díaz-Versón dijo que tuvo las pruebas en el expediente A-943 en su oficina de la Liga Anticomunista de Cuba, cuyos archivos fueron destruidos bajo órdenes de Ernesto «Che» Guevara el 23 de enero de 1959.

ces embajador tuvo la debilidad de admitirlo como asilado político.[151]

1953 Y 1954

Estos dos años fueron para mí relativamente tranquilos. Aparte de mis trabajos de rutina como Inspector General, como presidente del Círculo Militar, más la organización de la CAFSA, solo tres misiones extraordinarias, dos de ellas con fuero diplomático, marcaron el período.

En 1953 volé a México, concurriendo como Embajador Extraordinario a las festividades de la Independencia. El entonces presidente, señor [Adolfo] Ruiz Cortines, se mostró sumamente amable conmigo. Ya México me era familiar, pues, como se recordará, en 1938 había acudido allí el equipo hípico. Todavía en 1953 no existían aún los inconvenientes que hoy afligen a la capital: me refiero a la superpoblación y a la polución del aire producido por las industrias. En aquellos tiempos, la Ciudad de México se mostraba en todo su esplendor, y más parecía una metrópoli europea.

Como es natural, menudearon los saraos, los banquetes y las recepciones, pero yo estaba especialmente interesado en la cuestión militar y, en verdad, en ese aspecto no me sentí decepcionado. La parada del 16 de septiembre resultó impresionante: jamás he visto mayor marcialidad que la del soldado mexicano. Yo, que he visto desfilar a la Guardia Real inglesa, me atrevo a afirmar que el Colegio Militar de México nada tiene que envidiarle. En su orden cerrado, la influencia francesa aflora a cada paso. Esto puede apreciarse, sobre todo, en las músicas regimentales. En la primera fila de sus bandas, los franceses colocan únicamente tambores, y cornetas de infantería en la segunda. Este agregado, llamado *la clique*, se mantiene activo casi todo el tiempo, produciendo un fondo de notas vibrantes en las marchas que ejecuta el resto de la banda. También, cuando la música principal cesa, el trueno de oro de los clarines y el continuo batir de los redoblantes pasa a un primer plano. Esto se co-

---

[151] Fidel Castro, Enrique Ovares Herrera, Alfredo Guevara Valdés y Rafael del Pino Siero, durmieron en la residencia del cónsul cubano Carlos Tabernilla Dolz, hermano del general. Al siguiente día, el embajador Guillermo Belt los sacó del país en un avión cubano de carga.

noce como *la reprise des clairons*. En México esta tradición se mantiene al pie de la letra actualmente.

Pero no en balde los Estados Unidos son la superpotencia hacia quien todos miran. Cuando en 1938 vi por primera vez tropas mexicanas, los soldados parecían estampas llegadas de Ultramar. Los cascos de acero y el vuelo del capote recogido eran la imagen exacta del *poilu* francés. Los hombres de a caballo podían haber sido dragones del II Imperio. Para 1953, sin embargo, imperaba ya el caqui y el yelmo «made in USA». En cuanto a armamento, se hallaba por aquellos días en plena evolución, aunque la infantería portaba todavía el mosquetón sistema Mauser, y la policía el fusil Mondragón de 7 mm. Hoy en día, todo ese perfil ha cambiado.

En 1954, nueva invitación, esta vez a Venezuela. Por aquella época, el presidente era el general [Marcos] Pérez Jiménez, y el *boom* petrolero auguraba un bellísimo futuro para el país. La hospitalidad venezolana fue regia. Tan pronto expresaba yo un deseo, una pléyade de ayudantes y funcionarios se apresuraba a satisfacerlo. Guardé siempre un bello recuerdo de aquella visita. Se me perdonará, sin embargo, lo que voy a exponer, y es que nuestros hermanos venezolanos no parecían tener noción del tiempo. Acostumbrado al rígido protocolo y a la puntualidad de nuestro ceremonial, la despreocupación por la hora en que comenzaba o terminaba un acto me chocó un tanto. Una revista militar en La Habana, por ejemplo, rompía a la hora exacta y no llegaba a dos horas de duración. Las unidades rebasaban la tribuna sin interrupción, con solo doce pasos de distancia entre la cola de una columna y la cabeza de la siguiente. En Caracas, por el contrario, los desfiles abrían con enorme retraso, y transcurrían a veces hasta cinco minutos entre el paso de un regimiento y el siguiente. Pasaban así horas y horas sin que se viera el final. La escuela de infantería, como la de casi todas las naciones iberoamericanas, era alemana. Las tropas pasaban a paso de ganso, *in der regiments kolonel* con excelente ritmo. Lo mismo puede decirse de los colegios públicos y privados. Su *gemacht* se veía realzado por la gracia con que las adolescentes caraqueñas acompasaban los rígidos movimientos prusianos.

Sobre el armamento, me pareció modernísimo, casi todo de origen europeo, aunque me pareció que su adquisición se hizo sin tomar en cuenta las necesidades del país. Pasaron, por ejemplo, enormes cañones de sitio, descartados ya por las grandes potencias. ¿Qué utilidad podrían tener en Venezuela en la guerra moderna, donde el armamento ligero es la excelencia?

No puedo evitar, por otra parte, en establecer un paralelo entre este país y México, porque en el ejército azteca, bajo la apariencia brillante, la política ha hecho estragos. Los amigos del Presidente eran recompensados con el grado de general de división (un oficial mexicano me informó que en aquel momento había alrededor de 800 generales en la nómina) y el grado de preparación de las tropas dejaba mucho que desear. El capitán Cueto, graduado de la Escuela Superior de Guerra de México, redactó a su regreso un informe confidencial que tuve oportunidad de leer. Como consecuencia, me entrevisté con él antes del viaje. Señalaba Cueto la gran infiltración comunista en esta escuela, a través de profesores civiles que en ella enseñaban. Posteriormente Cueto, quien llegó a teniente coronel, fue fusilado por Fidel Castro. En Venezuela, por el contrario, la capacitación de oficiales y soldados se llevaba adelante a ritmo febril, y el escalafón se observaba celosamente. Ambas misiones me resultaron sumamente gratas. Todo fue halagos, sin notas discordantes, y sin otra responsabilidad por nuestra parte que causar una buena impresión que redundara en beneficio de Cuba.

A mi regreso, me esperaba otra tarea de índole muy diferente. Los Estados Unidos habían invitado al general Tabernilla a un recorrido por 21 fuertes e instalaciones militares. Su estado de salud impidió al general aceptar, y la Cancillería norteamericana reiteró la invitación, con el ruego de que se enviara a otro jefe. El presidente Batista pensó en mí, y quedé designado para el viaje. El general Tabernilla nombró a los dos oficiales que me acompañarían: teniente coronel Catasús,[152] de la Fuerza Aérea, y el teniente coronel [Manuel] Varela Castro, del Regimiento Mecanizado. El coronel Barquín, por aquella época Agregado Militar de Cuba en Washington, pidió autorización para agregarse al grupo. Al consultárseme, respondí que no tenía inconveniente.

Un avión de la Fuerza Aérea de Cuba nos llevó a Washington D.C., donde se nos recibió con todos los honores. Allí hizo su pre-

---

[152] Felipe Antonio Catasús Pazos (julio 6, 1917-enero 5, 2003) salió al exilio el 1 de enero de 1959 y falleció en West Palm Beach, Fla.

sentación el que sería mi ayudante durante mi estancia en los Estados Unidos, un coronel alto, pelirrojo, de apellido [J. E.] Treadway. Poco después, este coronel pasó a ser Agregado Militar de los Estados Unidos en Cuba, cargo que desempeñó hasta 1958.

Nos hospedamos en el Hotel Mayflower, y permanecimos en la capital casi tres días. Primero recibí la visita de un funcionario del Departamento de Estado y, a continuación, un almuerzo en Fort McNair, en la misma capital. A este almuerzo asistió gran número de oficiales y algunos funcionarios civiles. Nuestro embajador, Dr. Campa,[153] se hallaba entre ellos, así como el Dr. Andrés Vargas Gómez.[154] Pero ahora tengo una duda. Habiendo perdido mi archivo

---

[153] Miguel Ángel de la Campa y Caraveda (diciembre 8, 1882-agosto 19, 1965) hijo de españoles, fue diplomático de 1906 a 1958. Doctor en Derecho Civil y Público. En 1937 fue nombrado Subsecretario de Estado y Secretario de Estado en 1940 y 1952-1955. Embajador en España, Italia, México, Japón, Naciones Unidas y en Estados Unidos desde 1955 a 1958. Falleció en Miami.

[154] Luis Andrés Vargas Gómez (mayo 14, 1915-enero 13, 2003) uno de los numerosos nietos del generalísimo Máximo Gómez Báez. No terminó el bachillerato en el Instituto de Segunda Enseñanza de La Habana al involucrarse con su hermano Pedro en la lucha contra Machado como miembros del Partido Unión Revolucionaria Comunista. Ambos fueron expulsados del partido en 1932 con otros camaradas que criticaron el análisis del KOMINTERN sobre la situación política y social de Cuba. El 3 de enero de 1934, contrajo matrimonio con Helen Whyte, viuda del diplomático Calixto Sánchez García de cuyo matrimonio nació el futuro dirigente obrero Calixto Sánchez Whyte y su hermana Margaret. Entró en el servicio diplomático en 1935 como canciller en Cayo Hueso y Nueva Orleans hasta regresar al Ministerio de Estado en La Habana en 1938. Recibió el título en Derecho de la Universidad de La Habana en 1942 pero nunca puso bufete. En 1949 era consejero especial del Directorio de Asuntos Económicos del Ministerio de Estado cuando fue asignado a la delegación cubana ante Naciones Unidades en Nueva York. Participó en la Conferencia del GATT en Inglaterra en 1950-1951 y al siguiente año el régimen de Batista lo asignó a la Sección Económica de Ministerio de Estado. Divorció a Helen Whyte en 1955 al tener amoríos con María Teresa de la Campa, la divorciada hija de su jefe, con quien contrajo matrimonio en 1960. Junto con el ex comunista José Camejo-Argudin, fueron los únicos miembros del Ministerio de Estado que no fueron purgados por el régimen castrista por su amistad con Raúl Roa. El 3 de marzo de 1960 fue nombrado embajador ante las Naciones Unidas en Ginebra, pero desertó al siguiente mes y en Miami fue director de una estación de radio clandestina de la CIA. Se infiltró en Cuba con su esposa en 1961 y tras el fracaso de la invasión de Playa Girón obtuvieron asilo en la Embajada del Ecuador. Durante una salida nocturna de la embajada, fue arrestado y sentenciado a la pena de muerte en la Causa 318 del 23 de mayo de 1962. La intervención de su

en Cuba, tengo generalmente que confiar en mi memoria. Por ejemplo, un mayor general de los Estados Unidos presidió el acto, y sé que era el comandante de Fort McNair, pero su nombre se me escapa.[155] Tampoco estoy seguro de que fuese el Dr. Vargas Gómez o el Primer Secretario de la Embajada, Dr. Averhoff.[156] De cualquier modo, derivé una gran satisfacción de ver a mis compatriotas, y de la gran cortesía desplegada por nuestro anfitrión.

Una visita al Pentágono era cosa obligada, pero lo que me tomó de sorpresa fue saber que la agenda se había modificado, para una visita de seis minutos al Jefe de Estado Mayor Conjunto, general Matthew Ridgway,[157] y es que este general había ido a La Habana cuando la toma de posesión del presidente Prío, siendo yo su edecán en aquella ocasión. Ridgway era un héroe de la Segunda Guerra Mundial. Fue él quien sustituyó al famoso general [Douglas] MacArthur en Japón, así como en el mando de las tropas de la ONU en Corea. Su tarea había sido ingrata, pues esta fue la primera de las guerras libradas por los Estados Unidos con el propósito de no ganarlas. Esta estrategia, condenada hasta en los manuales militares más elementales, ha sido seguida religiosamente por el gran país del norte desde entonces, y condujo en línea recta al desastre de Vietnam. La protesta de MacArthur ante la decisión de Truman de man-

---

madre, fundadora de organizaciones comunistas, con Fidel Castro, logró conmutarle la pena a 30 años de presidio. Regresó a Miami el 25 de diciembre de 1982, donde falleció posteriormente.

[155] El coronel George W. Gibbs era el comandante de Fort McNair en esa época.

[156] Octavio Augusto Averhoff Sarra (septiembre 6, 1911-marzo 12, 1999), hijo del rector de la Universidad de La Habana y secretario de Educación, Justicia, Estado y Hacienda del presidente Machado. Estudió Derecho en Tulane University a principios de los 1930s. Casado con Miguelina, hija de Miguel Ángel de la Campa. Era ministro consejero de la Embajada en Washington en 1956. Se naturalizó ciudadano estadounidense el 17 de septiembre de 1984. Falleció en Coral Gables, Florida.

[157] Matthew Ridgway (marzo 3, 1895-julio 26, 1993) su padre fue oficial de artillería al criarse en varias bases militares durante su niñez. Graduado de la Academia Militar en West Point donde posteriormente fue instructor de español. Durante la Segunda Guerra Mundial fue general comandante de la División 82 de Paracaidistas con quienes participó en las batallas de Sicilia, Normandía y el Bulge. Nombrado mayor general y jefe de las fuerzas de Naciones Unidas durante la guerra en Corea reemplazando al general Douglas MacArthur. En 1953 fue designado jefe del Estado Mayor de Ejército estadounidense hasta su retiro el 30 de junio de 1955.

tenerse a la defensiva mientras los comunistas chinos vapuleaban a los soldados de los Estados Unidos motivó su relevo. Su sustituto, como ya dije, fue Ridgway. Este general mantuvo con dignidad el pabellón de su patria hasta el fin de la contienda. Si mal no recuerdo, su esposa era filipina.[158] Bella y frágil como casi todas sus compatriotas, hablaba un magnífico castellano. En aquella ocasión, el general me dijo que había aprendido mucho con ella. Recuerdo que, durante su estancia en La Habana, Ridgway trataba de hablar siempre en español.

En el Pentágono, al llegar a presencia del jefe del Estado Mayor Conjunto, éste me estrechó la mano calurosamente, exclamando: ¿Creíste que te había olvidado? Me entregó a continuación una cigarrera de plata, con mi nombre grabado. Yo, por mi parte, le ofrecí una caja de tabacos habanos, de parte de nuestro presidente. En realidad, el presidente Batista me había dado solo dos cajas, con destino al Secretario de Defensa y al Secretario Adjunto para el Ejército. Eran de cedro, preciosas, y a mí se me ocurrió adquirir tres más, para casos imprevistos. Fue una de estas la que le entregué a Ridgway. La entrevista fue cordial y llena de reminiscencias de su estadía en La Habana.

Antes de partir en nuestro recorrido, que comprendería 21 fuertes e instalaciones militares, debí comparecer ante la Junta Interamericana de Defensa. Este organismo es parte de la OEA, y tan inoperante como ésta. Sin embargo, han pasado por ella oficiales muy distinguidos, y fue para mí un honor visitar su sede.

El día antes del acto, el coronel Barquín vino a mi cuarto en el hotel. Yo debía pronunciar un discurso en ocasión de mi comparecencia. El discurso había sido preparado en La Habana, y ahora Barquín trajo varias notas que modificarían su texto. Al leerlos, encontré que los cambios propuestos no eran nada favorables al presidente Batista. Eran incluso verdaderos ataques a nuestro gobierno. No me gustó nada y se lo hice saber. Creo haberle dicho incluso que, si estaba descontento con nuestro régimen, por qué no renunciaba. A mi regreso di cuenta de lo sucedido al general Tabernilla. En aquella

---

[158] En diciembre de 1947, el general Ridgway contrajo matrimonio con su tercera esposa, Mary Princess «Penny» Anthony Long (1918-1997) nacida en Virginia, no era filipina. Estuvieron casados durante 46 años hasta su muerte.

ocasión, el general no me contestó nada, y no sé de qué se emprendiera acción alguna contra el coronel hasta el año siguiente, en que tuvo lugar su arresto por otros motivos.

El Ejército de los Estados Unidos puso a nuestra disposición un avión Convair. Preparado para viajes largos, tenía camarotes con todas las comodidades, que nos permitían descansar durante el vuelo. De este modo, llegábamos frescos a la próxima etapa.

Volamos rumbo sur primero, oeste después, norte y por fin hacia el este, de nuevo hacia la capital. El recorrido cubrió veinte estados, y visitamos instalaciones tan importantes como Fort Benning [Georgia], Fort Bragg [North Carolina], Fort Knox [Kentucky] y, por último, Fort Belvoir [Virginia]. También hubo otros no menos notables. Por ejemplo, Fort Jackson [South Carolina], el primero, era el Centro de Inducción de Reclutas. Pudimos allí ver como los nuevos soldados eran clasificados, examinados, vacunados, vestidos y, por fin, puestos a punto para la instrucción. Existía entonces el servicio militar obligatorio, y la inyección de sangre joven era continua. Para no cansar, tocaré solo algunos aspectos: pude ver, entre otras cosas, el cañón atómico, pieza de gran calibre capaz de lanzar proyectiles nucleares a muchos kilómetros. Presencié las pruebas a que se estaba sometiendo al nuevo fusil M-14, destinado a sustituir al *Garand*. Por cierto, que el reinado del M-14 fue de corta duración. Lo desplazó el M-15, que pronto dejó su lugar al M-16.

En suma, ¡qué demostración de poderío! ¡y qué maravilla de organización! Volví a Cuba convencido de la invencibilidad de los Estados Unidos. Si esa era la impresión que querían darme, lo lograron a plenitud.

Algo muy halagador para mí resultó el acto final en que, ya de regreso en Washington, se me condecoró con la medalla de «Honor al Mérito».[159] Supongo que esta condecoración no tenía nada de extraordinario y se otorgaba a muchos visitantes. Pero sí lo fue para mí el que, al enumerar las razones por las que se me concedía, una de ellas resultó ser la «eficiencia y honradez» demostrada en la organización de la CAFSA. En realidad, la eficiencia había sido la obra de

---

[159] La medalla de la Legión de Mérito fue otorgada por el presidente Dwight Eisenhower «por conducta meritoria excepcional en el desempeño de servicios sobresalientes al gobierno de los Estados Unidos».

muchos, y la honradez no venía al caso, pero me quedó rondando la duda de por qué mencionaron el hecho.

Naturalmente, al regresar a Cuba redactamos un informe con nuestras impresiones.[160] Me parece recordar que, entre las consideraciones, estaba la de lo anticuado de nuestro armamento en comparación con el de los Estados Unidos. ¡Ya ellos estaban sustituyendo al *Garand*, y nosotros seguíamos con el antiguo *Springfield*!

Estoy exagerando. En realidad, yo llevaba instrucciones directas del presidente Batista en ese sentido. Existía el antecedente de un ofrecimiento hecho por el gobierno norteamericano en tiempos del general [Ruperto] Cabrera. Según este, nuestras Fuerzas Armadas, recibirían sobrantes de guerra de nuestros vecinos del norte a un precio irrisorio (un dólar por fusil, por ejemplo). La Marina y la Fuerza Aérea se apresuraron a aceptar, pero el entonces Ayudante General del Ejército, Soca Llanes, declinó el ofrecimiento. No vamos a analizar ahora las causas que tuvo para ello; lo cierto es que el Ejército siguió como antes. Misión mía fue sacar a flote la antigua oferta. En ocasión de mi visita al Pentágono, me entrevisté con el Ayudante General, el general [Paul Donal] Harkins. Me expresó éste que no dependía de él decidir sobre ese asunto, pero que lo comunicaría al Departamento de Estado. Cinco días después, hallándome yo en Fort Bragg, me llegó el cable de haberse logrado el asentimiento de dicho Departamento, y de que tres oficiales generales saldrían de inmediato hacia Cuba para estudiar nuestras necesidades. Fue así que se creó el Batallón Ligero, con fusiles *Garand* y el armamento de apoyo correspondiente.

EL CASO BARQUÍN

En 1956, nuestro Agregado Militar en los Estados Unidos, coronel Ramón Barquín López, fue arrestado por conspiración. Se aprovechó para ello de uno de los viajes que, por razones de su cargo, hacía periódicamente a La Habana. Sus agentes inmediatos fueron el teniente coronel [Manuel] Varela Castro (quien el año anterior me había acompañado al recorrido por las bases norteamericanas), el coman-

---

[160] La comisión encabezada por Díaz Tamayo regresó a la Habana el 5 de junio de 1955 después de tres semanas en Estados Unidos.

dante [Enrique] Borbonet [Gómez], el capitán Gabino [Rodríguez] Villaverde, y el segundo teniente José Fernández Álvarez. Los conspiradores fueron reclutados, exclusivamente, entre los oficiales de academia. El objetivo, por ellos declarado durante el juicio, era devolver a Cuba al ritmo constitucional mediante la deposición del Presidente y la posterior convocatoria a elecciones.

¿Qué posibilidades tuvo de triunfar? A nuestro juicio, muy pocas. Barquín, oficial de Estado Mayor, y fuera de Cuba durante años, era un desconocido para los soldados que, por otra parte, seguían ciegamente a Batista. Que muchos oficiales de academia se sintieran agraviados por el gobierno nacido el 10 de marzo era lógico. Nuestro presidente realizaba los ascensos *ad libitum*,[161] sin preocuparse en lo más mínimo del escalafón. Recordemos que ese fue el motivo principal de las conspiraciones anteriores a 1933, pero pensar, como pensó Barquín, que con solo un grupo de oficiales iba a imponer su voluntad a una tropa fanática de *El Indio* era, como cantó el poeta, la «libélula vaga de una vaga ilusión». Además, la conspiración no fue tan secreta que no transpirara, y el Servicio de Inteligencia Militar conocía de ella más de lo que se ha admitido. Batista jugó con el coronel Barquín como el gato con el ratón, aunque después, en el consejo de guerra, observó la misma clemencia que con Fidel Castro. He llegado a la conclusión de que, habiendo conspirado tanto en su vida, el presidente Batista se sentía obligado, como una cuestión de ética, a ser benévolo con los que practicaran el mismo oficio.

Barquín era uno de los oficiales mejor situados de nuestro Ejército, y sin duda alguna, futuro general. Por el momento, como se ha dicho, ocupaba una posición envidiable, aunque poco remunerada si se compara con otros jefes de este período. Quizás este fue uno de los factores de su descontento. Quizás conversaciones informales con algún funcionario norteamericano lo llevaron a pensar que contaba con el apoyo de los Estados Unidos para un golpe que él consideraba factible. También es posible que sus contactos con el coronel Varela durante nuestro recorrido de dos semanas por los Estados Unidos lo indujeran a una apreciación errónea de sus posibilidades. El día 1º de enero de 1959 tuvo Barquín su verdadera oportunidad. Ido Batista, fracasado el general [Eulogio] Cantillo en su gestión de

---

[161] A su placer.

formar gobierno, Barquín fue liberado de su encierro y se hizo cargo del mando. De su decisión dependió que las Fuerzas Armadas en pleno, sumadas a los Auténticos y a los estudiantes, se enfrentaran decididamente a los comunistas, impidiéndoles llegar al poder. Lejos de eso, el coronel Barquín empleó su tiempo en pequeñas venganzas personales, en hacer arrestar al Servicio de Inteligencia Militar en pleno, así como a toda la oficialidad superior. Al día siguiente, envió a Castro la noticia de que podía avanzar, que tenía el camino expedito. Por orden suya, el teniente coronel Varela entregó La Cabaña al «Che» Guevara, y el comandante Borbonet abrió las puertas de Columbia a Camilo Cienfuegos. Después de Waterloo, el mariscal [Étienne Jacques] MacDonald asumió, por orden de Luis XVIII, el mando del Ejército Francés. MacDonald llamó a toda la oficialidad comprometida con Napoleón y le dijo: —Pasen al extranjero o escóndanse, porque pronto vendrán los oficiales reales y yo no podré hacer nada por ustedes.

El coronel Barquín, por el contrario, entregó a cientos de hombres de los cuerpos de seguridad a los rebeldes, entre ellos al teniente [José] Castaño [Quevedo][162] y al comandante [Jesús] Sosa Blanco. Castro envió a Barquín a descansar en su domicilio y, con posterioridad, se lo quitó de encima nombrándolo Embajador Ex-oficio en Europa Occidental, cargo que ocupó durante varios meses.

---

[162] José de Jesús Castaño Quevedo (junio 16, 1914-marzo 6, 1959) natural del barrio Santa Fe de La Habana. Su padre Paulino Castaño, era capitán del Ejército. Alistó en 1933 y por exámenes de oposición adquirió los grados de cabo y sargento mayor, mientras trabajaba de mecanógrafo y traductor de siete idiomas que hablaba. Fue profesor de idiomas en la Academia Militar del Caribe. Obtiene el grado de sub-teniente y desde 1940 hasta 1952 ingresa en el Grupo Represivo de Actividades Subversivas (GRAS) y el Servicio de Inteligencia Militar (SIM). En 1950 dirige el Departamento de Actividades Anti-Democráticas durante la efervescencia comunista contra la guerra en Corea. Fue jefe de Operaciones del BRAC. Arrestado tras la huida de Batista, fue acusado por la artista de Radio y Televisión Alicia Agramonte Marrero de matar a un estudiante. Un tribunal revolucionario lo sentenció a fusilamiento el 4 de marzo de 1959. Según Phil Agee, el desertor de la CIA, el jefe de la Estación de la CIA en la Habana, James A. Noel, envió al periodista Andrew St. George, que había entrevistado a los jefes rebeldes en la Sierra Maestra, a hablar con Ernesto «Che» Guevara para salvarle la vida a Castaño. Guevara respondió que Castaño sería ejecutado no por ser esbirro de Batista sino por ser un agente de la CIA. A los dos días, Castaño fue muerto a tiros en un calabozo de La Cabaña.

El teniente coronel Varela, graduado de la promoción 1944-1947, era segundo teniente el 10 de marzo. Este golpe, en que él tomó parte, lo llevó al grado superior que ostentaba. ¿Por qué conspiró? Porque, como dicen los franceses, el apetito viene comiendo. Ya vimos en las páginas anteriores un caso similar que, desgraciadamente, me tocó a mí denunciar.

El comandante Borbonet lo debía todo a Batista. Su padre, el coronel del mismo nombre y amigo personal del presidente, se hallaba retirado el 10 de marzo. Siendo ya un anciano, se le llamó de todos modos a servicio, recibiendo además una residencia en Columbia para que viviera tranquilamente sus últimos días, y todo esto sin obligaciones de ninguna clase. Con el apoyo de Batista, su hijo ingresó a la Escuela de Cadetes en 1942 para un curso de dos años. El 10 de marzo dio Batista una prueba más de amistad, ascendiéndolo a comandante y nombrándolo alcalde de Cienfuegos. Con posterioridad, lo complació en su deseo de crear una compañía de paracaidistas, enviándolo a Fort Benning para su entrenamiento. Evidentemente, el coronel Borbonet era ajeno a la gratitud. Condenado en el mismo consejo de guerra que Barquín, junto a éste quedó en libertad el día 1º de enero. Por orden de su jefe tuvo a su cargo la misión de encerrar en los calabozos de Columbia a los centenares de oficiales y soldados ya mencionados. Llegada la columna de Camilo Cienfuegos, entregó el campamento y a estos hombres a los comunistas. Con posterioridad, Borbonet se adhirió al régimen marxista y continuó en Cuba hasta su muerte, ocurrida en años recientes.[163]

Un caso que me atreveré a calificar de patético es el del teniente José Fernández Álvarez.[164] Magnífico organizador, magnífico eje-

---

[163] Enrique Borbonet Gómez murió en un accidente en Cuba en octubre de 1979.

[164] José Ramón «El Gallego» Fernández Álvarez (noviembre 4, 1923-) natural de Santiago de Cuba, donde realizó sus primeros estudios. Ingresó en el Ejército el 30 de agosto de 1940 y se graduó de la Escuela de Cadetes en 1947. En abril de 1956 fue sancionado a cuatro años de presidio por su participación en la Conspiración de los Puros. El 1 de enero de 1959, personalmente detuvo a José Castaño Quevedo, quien lo había arrestado a él en 1956, y al general Eulogio Cantillo Porras. Dos semanas después, Fidel Castro lo nombró director de la Escuela de Cadetes. Luego fue jefe de los batallones de milicia y del Ejército que derrotaron la invasión de Playa Girón en abril de 1961. Posteriormente tuvo diferentes cargos en el régimen castrista incluyendo viceministro de las Fuerzas Armadas Revolucionarias hasta

cutivo, número uno de su promoción (1945-47), número uno en la Escuela de Artillería. Graduado con altas calificaciones de la Escuela de Artillería de Fort Sill. Eficiente y dedicado como oficial . . . Sin embargo, nunca pasó de segundo teniente. ¿Por qué? Yo diría que por circunstancias de carácter. Según algunos de sus antiguos camaradas, con quienes he hablado, Fernández resultaba sumamente desagradable en su trato, tanto con sus iguales como con sus superiores y subalternos. Y en Cuba no existe delito mayor que ser *pesao*. Ningún jefe lo quería en su unidad y, por tanto, jamás le tomó nadie en consideración para un ascenso. El 10 de marzo lo privó de ascender por antigüedad o por oposición. De ahí su proclividad a la conspiración: era su única salida. Su prisión en Isla de Pinos lo llevó a conocer a otros reclusos comunistas, a quienes impresionó por su capacidad. Al caer Batista, estos comunistas lo recomendaron a Raúl Castro, y ese fue su gran momento. Hoy es miembro del Comité Central del Partido y figura principal en el régimen de Castro. El teniente Fernández es un exponente de tantos otros involucrados en la conspiración Barquín. De saber apreciar mejor nosotros sus condiciones, hubiera sido tal vez el peor flagelo de nuestros enemigos.

    En su libro *El Príncipe*, Maquiavelo establece que toda conspiración, por fallida que sea, hace daño a los gobernantes. Barquín nos lo hizo, y mucho. Todos los complotados eran cadetes graduados, no solo de Cuba, sino también de prestigiosas academias extranjeras. Con ellos perdimos sus conocimientos y su experiencia. Por otra parte, aunque se juzgó o se dio de baja a unos sesenta oficiales, en número de implicados fue considerablemente mayor, y muchos de ellos se vieron envueltos en posteriores intentos, porque la lenidad de las sanciones alentó a otros a hacer lo mismo. Bien puede decirse que, hasta 1959, hubo siempre algún tipo de conspiración.

1970; ministro de Educación (1972-1990); y vicepresidente del Consejo de Ministros (1978-2012).

CAPÍTULO VII

LA CIA Y EL BRAC

Un día del último trimestre del año 1955, fui invitado a un almuerzo al Palacio Presidencial por el Presidente Fulgencio Batista. No tenía esto nada de extraordinario, pues el Presidente gustaba de sentar a su mesa a los generales, en unión de los ministros del gobierno y otras personalidades. *Yo me sentía pequeño entre aquellos hombres de tanto poder, pero como eran todos conocidos y mediaba alguna amistad entre nosotros, también me sentía cómodo y honrado a la vez, por estar compartiendo con las principales personalidades del gobierno de aquel instante. También sabía que alguno de los allí presentes preferían verme vestido de civil o no verme por aquellos lares. La situación de la República ya estaba difícil. Hasta yo que era el menos importante en el grupo, sentía grandes inquietudes por conocer de tantas cosas que estaban ya ocurriendo en todo el país. Al decir lo anterior, no me refiero solo a lo que se iba a tratar allí, sino en general.*

Al tomar asiento, el Primer Mandatario no ocupaba la cabecera, sino el centro. A partir de él, a derecha e izquierda, se colocaba a los comensales de menor a mayor importancia, y así todo alrededor, por manera que los de mayor categoría venían a quedarle al frente. Se daba el caso de que, por algún motivo, el de menor importancia venía a ser un funcionario de tercera categoría, invitado por alguna razón específica y, como ya he dicho, venía a quedar junto al Presidente. Para estas personas Batista empleaba un gran tacto, no exento de buen humor. Les decía al oído, por ejemplo: —¿Le gustó la langosta? ¿Por qué no la repite? El *chef* que tenemos es tremendo borracho, pero cocina muy bien.

Volviendo al hilo de la narración, repetiré que aquella invitación no tenía nada de extraordinario, pero lo que sí me llamó la atención fue la cantidad y la calidad de los invitados. Recuerdo, entre otros, al Primer Ministro, Dr. [Jorge] García Montes,[165] al Ministro de la Presidencia, Dr. [Andrés] Morales del Castillo, al Ministro de Estado, Dr. Carlos Saladrigas,[166] y al Ministro de Gobernación, Dr. Santiago Rey Perna.[167] Militares, el general Tabernilla, el brigadier [Rafael] Salas Cañizares, *jefe de la Policía de la Habana*, y yo en-

---

[165] Jorge García Montes (octubre 19, 1897-junio 21, 1982) nació en Nueva York cuando su padre estuvo exiliado allí durante la Guerra de Independencia. Se graduó de la Escuela de Derecho de la Universidad de La Habana en 1917. Miembro del Partido Liberal, fue Representante de la provincia de Las Villas (1922-1933) y tuvo que exiliarse a la caída del régimen de Machado. Regresó a Cuba tres años después tras la amnistía y fue electo Senador por Las Villas. Designado Primer Ministro (febrero 24, 1955-marzo 26, 1957) y Ministro de Educación (1957-1958). Volvió a salir al exilio a través de la embajada de Colombia el 13 de marzo de 1959 y arribó a Miami a fin de ese mes. En 1970, con el Dr. Antonio Alonso Ávila, publicó el libro *Historia del Partido Comunista de Cuba*. Falleció en el Mercy Hospital de Miami.

[166] Carlos Saladrigas Zayas (octubre 13, 1900-abril 15, 1956) nació en La Habana. Se graduó de Derecho Civil en la Universidad de La Habana en 1922 cuando su tío Alfredo Zayas era presidente. En 1931 fue uno de los fundadores de la organización revolucionaria ABC. Participó en las «Conferencias de la Mediación» auspiciadas por el embajador norteamericano entre la oposición y el gobierno del presidente Gerardo Machado. En 1933 fue designado Secretario de Estado y Justicia en el Gabinete del presidente provisional Carlos Manuel de Céspedes; Secretario sin Cartera en febrero de 1934 en el gobierno del presidente Carlos Mendieta y tres meses después Secretario de Justicia. En 1936 fue nombrado ministro de Cuba en Inglaterra. Primer ministro bajo el gobierno de Batista desde octubre de 1940 hasta agosto de 1942. Concurrió como candidato presidencial por la Coalición Socialista Democrática que integraban tres partidos a las elecciones de 1944 que ganó el Dr. Ramón Grau San Martin. Se dedicó a su profesión de abogado desde entonces hasta 1952, cuando Fulgencio Batista le confió la presidencia del Consejo Consultivo y posteriormente el Ministerio del Trabajo, pasando después a Ministro de Estado. Falleció en La Habana tras una larga enfermedad.

[167] Santiago C. Rey Pernas (abril 7, 1908-octubre 6, 2003), hijo de un veterano de la Guerra de Independencia, nació en Cienfuegos. Graduado de la Escuela de Derecho de la Universidad de La Habana. Fue delegado a la Asamblea Constituyente de 1940 el mismo año que fue electo gobernador de la provincia de Las Villas. Fue senador de Las Villas desde 1944 a 1958. Batista lo designó Ministro de Gobernación el 23 de febrero de 1955. El 1 de enero de 1959, su residencia en la esquina de las calles D y 21 en El Vedado fue saqueada cuando obtuvo asilo político en la Embajada de Chile. Allí permaneció 73 días antes de ir a Santiago de Chile y pasar a la Ciudad de México. Se estableció en Miami en julio de 1961, donde posteriormente falleció.

tonces Inspector General del Ejército, Presidente fundador del Banco de Préstamos y Seguros de las Fuerzas Armadas, Presidente del Círculo Militar y Naval (en construcción), Presidente de la Federación de Polo de Cuba, y Presidente de la Federación Ecuestre de Cuba.

Como siempre ocurre en estos casos, la conversación recayó sobre temas intrascendentes, pero según fueron sirviéndose los diferentes platos, ésta fue centrándose sobre la necesidad de hacer frente de un modo efectivo a la actividad comunista. Según nos informó el Señor Presidente, el gobierno de los Estados Unidos nos había pedido la creación de un «Bureau Represivo de Actividades Comunistas». Sería éste un organismo autónomo, y su misión consistiría en el fichado y clasificación de los comunistas de Cuba. Interesaba al State Deparment que el presidente del BRAC fuese un general del Ejército. La razón del almuerzo era tratar sobre cuál de nosotros era el más idóneo para el cargo.

Comenzó la enumeración: El general Tal: ¡Imposible! Es indispensable donde se encuentra ahora. El general Cual: ¡Ni pensarlo! Su carácter no se aviene con ese tipo de trabajo. Y así sucesivamente hasta mencionarlos a todos, menos a mí. Y se me ocurrió exclamar: —¡Señores, por favor! No han dejado ustedes títere con cabeza. ¡Al único que no han nombrado es a mí!

—¡Pues tú mismo eres, chico! ¡Tú eres el hombre! –dijo alborozado el Presidente, señalándome con el dedo–. ¡Ni una palabra más! ¡Estás nombrado!

Los allí presentes aplaudieron, acompañando sus aplausos con un «¡Bravo!». Al salir, el Dr. Saladrigas me llamó aparte y, sonriendo, me dijo en voz baja: —General, el presidente le ha tomado a usted el pelo. Desde el principio sabíamos que era usted el candidato. Para su satisfacción, déjeme decirle que fue el State Department quien, extraoficialmente, lo sugirió a usted. Parece que tiene muy buenos amigos por allá.

Esas palabras siempre me han quedado presentes. Jamás supe a qué hecho atribuir la deferencia del gobierno de los Estados Unidos para conmigo. Y no fue la última vez, como más adelante veremos. Pero, bueno, todo ha quedado en el terreno de la conjetura.

Partimos para Washington en un avión de la Fuerza Aérea, tal y como lo había hecho menos de un año antes. Me acompañaron el comandante retirado de la Policía Secreta, [Enrique] Fernández Parajón,[168] y el primer teniente Castaño, posteriormente en las prisiones militares de La Cabaña, donde fue asesinado a tiros personalmente por el «Che» Guevara.

En el Aeropuerto de Washington nos recibió un coronel de la CIA, quien nos condujo a un hotel de la capital. Todos los días, a primera hora, pasaba a buscarnos un automóvil, que nos conducía a la sede de este servicio secreto. Se encontraba en las afueras, oculto tras macizos de vegetación. Imposible imaginarse el tamaño de la edificación, ni la variedad de oficinas y equipo que contenía. Día tras día, durante diez horas, recibíamos una instrucción intensiva, con breves recesos y algún tiempo para almorzar y comer. Así fue durante un mes, menos sábados y domingos. La instrucción, muy variada, se componía de películas, conferencias, demostraciones y clases, todo dirigido por siete instructores que se turnaban en la explicación de las diferentes materias. Estos instructores nos acompañaban aún en las horas de comida, y en la mesa continuaban haciéndonos preguntas o aclarando puntos oscuros.

El curso versó desde la historia del comunismo a partir de la Revolución Industrial, hasta la fecha actual. Estudiamos sus tácticas y el aprovechamiento de la doctrina por Rusia para extender su imperio. Se nos trató sobre el comunismo en Cuba, con un estudio psicológico de sus dirigentes, de sus fines inmediatos. Día tras día se desarrollaba ante nuestros ojos la diabólica conspiración a nivel mundial, a fin de derribar las instituciones de Occidente y adueñarse del poder en nuestros países. Me llamó mucho la atención la parte dedicada a los «tontos útiles», como suele llamárseles hoy en día, o «compañeros de viaje», como los llaman los propios comunistas. Son estas personas que no son comunistas y ni siquiera simpatizan con el comunismo, pero que por una razón u otra les hacen el juego.

Yo había leído algo sobre la materia, pero aquel mes de estudio en la capital de los Estados Unidos resultó una verdadera revolución. Para mí fue el acceso a un mundo nuevo. Muchas de las cosas que sucedían en Cuba y que con anterioridad me pasaban inadvertidas, las contemplé a partir de entonces con una claridad meridiana. Lo

---

[168] Enrique Fernández Parajón salió al exilio el 1 de enero de 1959 en el mismo avión con Fulgencio Batista.

que no acierto a explicarme es como, con un conocimiento tan completo del complejo mundial y, más aún, de las intenciones de Rusia sobre Cuba, permitió la CIA que el famoso cuarto piso del State Department[169] apoyara a Castro y facilitara su llegada al poder. Y sobre todo, que se abandonara a Cuba a su suerte, como con posterioridad se hizo.[170]

Antes de pasar al tema de la graduación, quisiera mencionar las atenciones que nuestra Embajada en Washington tuvo con nosotros. Falleció ya nuestro embajador de entonces, Dr. Álvarez de la Campa. De los demás funcionarios, a pocos he vuelto a ver en el exilio. ¡Pero qué vívidas han quedado en mí las impresiones de aquellas cuatro semanas! Los domingos, tras seis días de constante aplicación, la Embajada nos abría sus puertas. Disfrutábamos allí de magnífico yantar, de la culta conversación de sus moradores, así como de la inspiradora presencia de sus esposas e hijos. Aunque ya han transcurrido casi treinta años, vaya para todos ellos mi gratitud.

Al graduarnos, nos recibió el director de la CIA, Mr. Allen Dulles. He de admitir que la entrevista fue la digna culminación de nuestros estudios. Va para dos años que leí en el *Miami Herald* un reportaje sobre este personaje. Si la memoria no me es infiel, el señor Dulles habría declarado ante una comisión en el Senado ignorar que el movimiento de Castro fuese comunista. Ignoro qué motivos tendría para formular esta declaración, pero de ser cierta la noticia, el señor Dulles se rió en las mismas barbas del augusto congreso. Puedo afirmar que, por aquellos días, la atención de la CIA sobre los acontecimientos de Cuba era intensa, y su conocimiento de nuestra situación, minucioso.

Nuestra entrevista con el director de la Agencia Central de Inteligencia duró unos 20 minutos. Tras preguntarnos si nos había agra-

---

[169] El cuarto piso del departamento de Estado era donde se formulaba la política exterior norteamericana.

[170] Cuba fue abandonada a la órbita soviética cuando el presidente John Kennedy, para resolver rápidamente la Crisis de los Misiles en octubre de 1962, permitió que, a cambio de los rusos retirar 42 cohetes nucleares de la isla, Estados Unidos sacó 104 misiles nucleares de Inglaterra, Italia y Turquía; prometió jamás invadir a Cuba; prohibió a los cubanos exiliados atacar a Cuba; y dejó que una brigada soviética de combate permaneciera en la isla indefinidamente en violación de la Doctrina Monroe.

dado el curso, y si nos sentíamos satisfechos, entró de inmediato en materia. Su proyecto, que los cubanos llamamos luego «Buró para la Represión de Actividades Comunistas» (BRAC) era de una amplitud mucho mayor de lo que al principio creí intuir. Consistiría en investigar a fondo, y en fichar, tanto a los comunistas como a los que mostraran ideas izquierdizantes. Nuestra cooperación les era imprescindible para lograr un control absoluto sobre los miembros del partido, así como de la penetración de su aparato en Cuba. A continuación, el señor Dulles nos expuso que nuestro país, por su posición geográfica, era el objetivo número uno del comunismo en América, y que los Estados Unidos no podían permitir que Cuba cayese en manos moscovitas. Me encargó que transmitiese al gobierno de La Habana que ellos suministrarían los fondos que fueran necesarios para que el BRAC se convirtiese en un organismo efectivo. Añadió que seríamos una institución piloto y que, de tener éxito, muchos otros países de la América Española no tardarían en establecer otros BRAC, usando el de Cuba como modelo.

Regresé a La Habana maravillado de cuanto viera y oyera. También, mi vanidad creció de punto. Escogerme a mí para esa tarea era un espaldarazo, tanto de mi Presidente como de los Estados Unidos. Me sentí el personaje central de una organización callada, pero no por eso menos poderosa, que contribuiría a proteger a Cuba y a Occidente de doctrinas exóticas.

Mecido por esos sueños regresé a La Habana, y de inmediato pasé a entrevistarme con el presidente Batista. Le expuse con lujo de detalles el resultado de mi misión, e hice hincapié en el peligro en que Cuba se hallaba, y en la poderosa ayuda que podíamos esperar de los Estados Unidos. *Traté de convencer al presidente sobre hacer una ley o unas leyes que obligaran a los comunistas a identificarse, conocer de sus movimientos y actividades, pero el presidente no estuvo de acuerdo por creerlo innecesario. Yo era solo un subalterno. Él era el que tenía que responder a mis proposiciones. Yo hice cuanto esfuerzo pude porque estaba convencido de que ya estábamos en la mirilla del Kremlin.*

Como tenía por costumbre, Batista me escuchó atentamente, sin decir palabra hasta terminar yo. No me interrumpió una sola vez, ni mostró señales de impaciencia, pero al terminar yo, tomó él la palabra, y fue para mí como un cubo de agua fría. He aquí, más o menos, el dictamen del Señor Presidente:

—Está bien lo del BRAC. Procederemos a crearlo de inmediato, pero nada de dinero norteamericano. Tú no te das cuenta de que esa dádiva resulta para nosotros una indignidad. El BRAC funcionará con fondos cubanos, y haremos lo que podamos.[171]

Aquello significaba una completa frustración. El futuro gigante moría en la cuna. Librados a nuestros propios medios, poco podíamos hacer. ¡Nuestro Presidente subestimaba a los comunistas! Fue esa una conclusión a la que llegué, sobre todo, teniendo aún fresco el adoctrinamiento que acababa de recibir. Quizás tuviera él razón en lo inconveniente de recibir fondos extranjeros porque, al fin y al cabo, el que paga es el que manda, y las diferencias de criterio hubieran podido contribuir a rozamientos, pero así, prácticamente sin presupuesto, el BRAC se convirtió, desde sus inicios, en un cuerpo escuálido y cuasi-simbólico. Y a partir de mi relevo, ocurrido doce meses después, terminó por convertirse en un mero auxiliar del Servicio de Inteligencia Militar. El BRAC hubiera debido ser una institución autónoma, silenciosa, detectora de cualquier vestigio de comunismo, allí donde se hallare. La información recogida pasaría en su momento a los cuerpos de seguridad, que actuarían con conocimiento de causa.

Algo había que hacer. En vez de millones, dispuse de un presupuesto de $210,000 para los primeros seis meses. Aunque facultado para contratar al personal que hiciere falta, lo limitado de mis medios me forzó a acudir a elementos procedentes de los organismos que hasta ese momento yo controlaba. Es decir, la CASFA y el Círculo Militar y Naval. También, muchos militares y policías me brindaron sus servicios en sus horas libres. El Dr. Salvador Díaz Versón, anticomunista convencido y gran conocedor de la materia, nos facilitó sus archivos, increíblemente ricos, que incluían documentos de la mayor importancia. Andando el tiempo, me convencí

---

[171] El BRAC fue creado por el Decreto Presidencial No. 1307 el 4 de mayo de 1955. La organización inicialmente estuvo presidida por el Ministro de Gobernación Santiago Rey Pernas. Martín Díaz Tamayo fue nombrado su Vice Presidente-Director general por decreto el 4 de junio de 1955, al igual que el teniente coronel José J. Figarola Infante fue designado secretario administrador del BRAC.

de que este archivo era una de las cosas que más temían los comunistas del patio. En muchos casos, eran recortes de periódicos de los años 30 y principios de los 40. En ellos, Blas Roca Calderío, Lázaro Peña, Juan Marinello, etc., rivalizaban en lamer las botas del coronel Batista, a quien llamaban *Mensajero de la Prosperidad* y *Verdadero Padre del Pueblo Cubano*. Recuerdo un gran titular del periódico *Hoy*, donde los camaradas clamaban a coro: «¡Reclamamos para el coronel Batista los entorchados de general!».

MI TRASLADO A ORIENTE

Conviene advertir que mis diferencias con el general Tabernilla, que en ningún momento fueron cordiales, se habían acentuado desde hacía algún tiempo. Quizás uno de los ingredientes fuera mi carácter retraído. En la ocasión a que me referiré, sin embargo, un comentario hecho por mí en la intimidad de mi oficina desencadenó el incidente. El compañero de armas ante quien hice el comentario lo repitió al general, y éste se dirigió indignado a Palacio para quejarse ante el Presidente. Batista me hizo llamar, muy apenado, y tras dar vueltas y más vueltas al asunto, me propuso el pase a Oriente por una temporada. Pienso que su intención era separarnos hasta que se enfriaran los ánimos, pero véase lo que son las cosas, yo, de ordinario tan callado, reaccioné vivamente.

Casi desesperado le dije al presidente Batista: El Ejército va hacia un precipicio sin remedio. Bote a todos los generales, empezando a mí, y a todo aquel que estorbe a la causa de Cuba. Haga un nuevo Estado Mayor y empiece de nuevo. Esa noche él tenía un Consejo de ministros. Habíamos empezado a hablar a las 7:00 PM. Era una cita para pedirme que fuera de jefe de Oriente. Del Consejo lo llamaban y él esperó hasta las 9:00 PM que no despedimos. Pero en el tiempo indicado le dije: Cuando las Fuerzas Armadas se derrumben no quedará de pie ni una institución de la República; ni Ud. Tampoco señor Presidente, apuntándole con mi índice derecho. Era un problema con el General Tabernilla Dolz, motivado por la visita del nuevo Embajador Inglés,[172] que iniciaba sus labores di-

---

[172] Díaz Tamayo se confunde con la fecha del evento, ya que el embajador británico Alfred Stanley Fordham (septiembre 2, 1907-abril 6, 1981) fue asignado a La Habana el 18 de octubre de 1956. Fordham aprobó la venta de tanques y aviones

plomáticas en Cuba. Fue una cosa sencilla y sin importancia, pero como fui yo el que lo comentó, se formó tremendo lío. Me gané el relevo de la Inspección General, la presidencia del banco de las Fuerzas Armadas que lo había organizado y dirigido yo con un grupo de oficiales distinguidos; la dirección del BRAC; la presidencia del Círculo Militar y Naval; la presidencia de la Federación Ecuestre; la dirección de la Federación de Polo y la comodidad de estar cerca de mi familia en La Habana.

Yo sé que cuando no me gusta una cosa que trae responsabilidades y cosas graves para lo que defiendo, soy un poco majadero. Yo no pedía nada, sino que las cosas se hicieran bien. Como es lógico, no acepté al señor Presidente, con todo el respeto que imponía su alta investidura, ir a ocupar aquel magnífico puesto. Le rogué me retirara, me enfermara o lo que tuviera a bien hacer conmigo, pero dar ese gusto injusto a alguien teniendo yo la razón, no. Y no fui, ni nada pasó. Más tarde fui a Oriente, pero en otra forma. Fui porque yo creía que lo que hacía falta en Oriente era una conducta, no un amo de la provincia.

Volviendo al caso del Embajador Inglés, fue un problema de confusión con el teniente coronel [Gustavo] Cowley [Gallegos]. Yo estimé que un oficial del Ejército como él especialmente, no podía confundir una cuestión de confianza con un objeto chismosería barata. El General Tabernilla no fue ofendido, simplemente le expliqué al coronel lo que yo vi, que no lo consideré correcto, simplemente. El Coronel Cowley era para mí un hombre de toda confianza. Nunca más creí en él ni en nadie. Él fue ascendido después, como era natural cuando esa conducta tiene ambiente. Pero no dejo de comprender lo dañinos que son esa clase de gente. Que Dios lo tenga en la gloria, como otros muchos que procedieron mal ayer. Con todo eso, me satisface haberlo ayudado en dos ocasiones.

Agradecí al Presidente su intención de utilizarme donde más falta hiciera, pero que, en este caso, sabía yo cuál era la verdadera causa del traslado. Le expliqué la razón de mi comentario que, por otra parte, no hubiera debido salir de mi oficina. También le expuse lo disgustado que me sentía por una serie de circunstancias que ve-

---

británicos al gobierno de Batista en 1958 y dos años después pasó a ser Embajador en Colombia.

nían sucediendo. Añadí que, si esas circunstancias no se remediaban, el Ejército se desmoronaría de pura desmoralización. Habiendo llegado a este punto, le pedí mi retiro.

Según su costumbre, Batista me escuchó sin interrumpirme. Impasible el rostro y con los ojos fijos en mí. Al terminar yo mi *tirade*, tomó la palabra para contestarme:

—¿Te has vuelto loco? ¿Cómo puedo yo retirarte? ¡Estás ofuscado! ¡No sabes lo que dices! Está bien. Sigue en tu puesto. Ve ahora para tu casa y refréscate, pero en adelante, procura llevarte bien con el «Viejo Pancho».

Entre las muchas cosas que debo agradecer al presidente Batista, está lo tolerante que fue conmigo aquel día. Los propósitos que vertí, aunque expresados en tono respetuoso, no dejaban de ser demasiado duros y directos para decirlos a un presidente. Esta condescendencia no era un signo de debilidad en Batista. El presidente se sentía tan seguro de su autoridad, que podía permitirse el lujo de manejarme como lo hizo.

Por otra parte, nada temía tanto el general Tabernilla como el relevo del brigadier del Río Chaviano, y menos por mí. Este era su concuñado y su hombre de confianza. Mi presencia en Oriente cambiaría un tanto las cosas en el Regimiento 1. Es muy posible que al saber que el castigo del general Díaz Tamayo consistiría precisamente en mi traslado a Oriente, prefiriera dejar las cosas así, y se dio éste por terminado.

Continué yo organizando el BRAC, pero no por mucho tiempo. Pasados dos meses, volvió a citarme el Presidente. Esta vez me comunicó que se había hecho imperativo sacar al brigadier del Río Chaviano de Oriente, *que seguía haciendo de las suyas por allá,*[173] y que yo, precisamente yo, tomara allí el mando, que recibiría oficialmente las órdenes a través del general Tabernilla. Así pues, cuando el general me comunicó la orden del Presidente, ya estaba yo listo para cumplirla.[174]

---

[173] José López Vilaboy, en *Motivos y Culpables de la Destrucción de Cuba* (Editora de Libros Puerto Rico, 1973), página 323, señaló que Alberto del Río Chaviano fue retirado de la Jefatura de Oriente «por incapaz, borracho, abusador y desleal».

[174] «Movimiento en la alta oficialidad de las F. Armadas», *Diario de la Marina*, abril 28, 1956, 1.

Varias veces me he preguntado qué quiso decir Batista al decirme que yo, precisamente yo, debía tomar el mando en Oriente. El Presidente era sumamente astuto. Tal vez quiso hacer patente no haber olvidado mi conducta de semanas atrás, pero me consta que, al situarme en Santiago de Cuba, trataba de conciliar una serie de circunstancias que situaban al Ejército en una luz desfavorable.[175]

Tomé el avión y partí para mi destino. Todo se hizo con tal premura, que ni siquiera entregué el mando del BRAC. Después me enteré de que había sido nombrado en mi lugar el coronel Aquilino Guerra [González].[176] Tampoco el brigadier del Río Chaviano estaba en Santiago para recibirme. Su remoción fue súbita y tajante. Supongo que en todos los ejércitos suelen ocurrir de tarde en tarde estas cosas.

Cuando fui a Oriente con la misión de hacerme cargo de aquel mando militar, contra mí se había elaborado un atentado personal. Esta noticia me obligó a no llevar conmigo a mi familia hasta 10 días después. Solo fuimos dos ayudantes, dos chóferes y dos alistados que estaban a mi servicio por motivo del momento que vivíamos. Yo siempre tengo fe en nuestro Dios. Pues nada pasó.

Tan pronto tuve el mando en manos seguras, hice venir a mi esposa, suegra e hijos. Ocuparon ellos la casa del Jefe, destinada al Jefe del Regimiento, que se hallaba situada casi fuera del recinto militar, frente a la posta opuesta a aquella por donde entraron los atacantes del 26 de julio de 1953.

Pocos días llevaba yo en mi nuevo mando, cuando al entrar en mi domicilio para almorzar, Rosaura, mi esposa, salió a mi encuentro para decirme: —Tienes un visitante.

---

[175] Díaz Tamayo asumió el mando del Regimiento No. 1 el 3 de mayo de 1956.

[176] El coronel Aquilino Guerra González fue nombrado Vice-Director del BRAC el 30 de abril de 1956 y fue sustituido cinco meses después por el coronel Leopoldo Pérez Coujil. En el verano de 1957, el cargo de Vice-Director fue reemplazado por el de Director General de Investigaciones del BRAC que asumió el teniente coronel Mariano Faget Díaz. El primer teniente José de Jesús Castaño Quevedo asumió el departamento llamado Agencia Central de Operaciones con ramales en cada regimiento del Ejército y en cada Puesto Naval de la Marina y en la Sección de Propaganda y Materiales. La Sección era asesorada por los periodistas Edmund Chester y Salvador Díaz-Versón, y el historiador Herminio Portell Vilá.

Era un norteamericano inválido, sentado en una silla de ruedas. Tendría unos 45 años de edad, alto, de pelo rubio pajizo. Se me identificó como el Sr. [Lyman B.] Kirkpatrick,[177] supervisor de la CIA para Hispanoamérica. Lo invité a almorzar y, mientras se preparaba el almuerzo, pasamos al bar. Una vez solos, me espetó: —General, queremos saber qué le ha pasado. He venido expresamente para averiguarlo.

Yo me eché a reír y le respondí: —¡Ah! ¿Pero usted no lo sabe? ¡Pues yo tampoco!

No insistió. Pasamos a poco al comedor y, terminado el almuerzo, lo hice conducir al aeropuerto, para su regreso a La Habana. Nunca más supe de él.

Mi tarea en Oriente no fue tan difícil, ni fue menester realizar tampoco grandes cambios. Bastó que yo estableciera mi línea de conducta de siempre. Apenas conocidas las reglas del juego, la sociedad oriental me abrió sus puertas. En cuanto al Ejército, era la primera vez que volvía a estar al mando de tropas desde mi retiro, allá por 1951. Para mi satisfacción, hallé una Guardia Rural aún apta y que, bajo el mando adecuado, respondía con disciplina y orgullo de su uniforme. El armamento, por otra parte, muy anticuado. La caba-

---

[177] Lyman B. Kirkpatrick, Jr. (julio 15, 1915-marzo 3, 1995), natural de Rochester, Nueva York, graduó de la universidad de Princeton en 1938. Durante la Segunda Guerra Mundial fue oficial de inteligencia del Ejército en Londres. En 1947 ingresó en la CIA donde era asistente ejecutivo del director Allen Dulles cuando fue afligido con polio en 1952. Quedó inválido y usó una silla de ruedas el resto de su vida. En 1953 fue nombrado inspector general de la agencia hasta 1961. Redactó el reporte confidencial sobre el fracaso de la invasión de Bahía de Cochinos, exculpando al presidente Kennedy y responsabilizando a Dulles por el desastre. El informe sirvió para despedir a Dulles, quien al ser reemplazado por John McCone, frustró las ansias de Kirkpatrick al puesto. En abril de 1962 le crearon un puesto especial administrativo como director ejecutivo hasta que renunció de la agencia en 1965 para ser profesor de ciencias políticas en Brown University. En sus memorias, *The Real CIA* (1968), describió a Díaz Tamayo como «un duro pero correcto oficial del ejército». Indica que después que el general se fue del BRAC, «hubo evidencia que el BRAC podía ser muy entusiasta en algunas de sus interrogaciones. Nosotros pensamos que mucho más se podía hacer en el reclutamiento y entrenamiento de sus investigadores y personal de vigilancia y había una necesidad desesperada para la consolidación de los expedientes de todas las agencias investigativas, de las cuales había muchísimas». Se retiró de Brown en 1982 y falleció en su residencia en Virginia.

llería, desaparecida como unidad de línea, se hallaba solamente en los escuadrones, aunque, por desgracia, en número inadecuado. Me parece ahora oportuno dejar caer unas pocas palabras sobre la marcha del Ejército a partir de 1952.

En diversas páginas de este libro he hablado sobre la evolución de nuestras Fuerzas Armadas: Primero, la Guardia Rural, totalmente a caballo. Más adelante, bajo José Miguel Gómez, aparece el Ejército Permanente. Tras el 4 de septiembre, el único cambio sustancial en la organización resultó en la sustitución de los Tercios de Caballería (que eran uno por regimiento) por batallones de infantería. Sobrevivió únicamente el Tercio de Columbia. Luego, salvo la creación de algunas escuelas, tales como la Superior General de Guerra y la General de Clases, más la adquisición de tanques medianos y ligeros y dos batallones antiaéreos de 25 mm., no se advierten grandes alteraciones.

El mando superior se ejercía por un Mayor General Jefe de Estado Mayor, y el Jefe de las Fuerzas Armadas era el Presidente de la República. La Marina contaba con su propio jefe, que en los primeros tiempos fue un Capitán de Navío. Más adelante, durante la Segunda Guerra Mundial, la Marina recibió nuevas unidades, sus efectivos aumentaron y el Jefe pasó sucesivamente a ser un comodoro, un contraalmirante y, finalmente, un almirante. La Policía, incluida en las Fuerzas Armadas a partir de 1933, era comandada, por lo común, por un coronel o un general del Ejército, aunque hubo algunos jefes procedentes del propio cuerpo.

Aunque existían tres generales de brigada en los cargos respectivos de Ayudante General, Cuartel-Maestre General e Inspector General, era el primero de estos, o sea, el Ayudante General, el personaje de mayor importancia. Esto era razonable, porque siendo el Oficial Ejecutivo, el mando se ejercía a través suyo. Todos los detalles de mando y organización dependían de este jefe.

Ya vimos cómo, tras ocupar yo provisionalmente este cargo en la madrugada del 10 de marzo, fui relevado por el general [Eulogio] Cantillo. ¿Fue un acierto la designación de éste? Creo que sí. Se recordará cómo en Kuquine opiné que fuese él y no el general Tabernilla el Jefe del Estado Mayor. En su función de Ayudante General resultó eficiente, capaz y magnífico planificador, pero cuando en 1957 se le extrajo de su medio natural enviándolo a la zona de operaciones, los resultados fueron poco satisfactorios, porque la experiencia de Cantillo en el mando de tropas era casi nula. También, el don de mando nace con el individuo, no se adquiere, y este general casi carecía de él. Era hombre de buró, de cuarto de operaciones, de mapas. Muchos grandes generales han tenido esta limitación pero, conscientes de ello, ejercieron su influencia, a veces decisiva, a través de hombres muchas veces inferiores a ellos, pero que por su tipo de personalidad, arrastraban a sus tropas a esfuerzos sobrehumanos.

Otra de las limitaciones de Cantillo era su excesivo apego a la doctrina militar norteamericana. Graduado de varias escuelas de los Estados Unidos, acataba todo lo procedente de ese país como artículo de fe, al pie de la letra, y sin tener en cuenta nuestra idiosincrasia. Habiendo Norteamérica suprimido la caballería, hizo él lo propio. En lugar de caballos envió *jeeps* a la Guardia Rural, a razón de un *jeep* por puesto. Naturalmente, a los puestos y apostaderos no llegaban los *jeeps*. De todos modos, había que hacer los recorridos, de modo que los guardias rurales, faltos de cabalgaduras, tomaban prestados los pobres jamelgos de los campesinos. Esto rebajó el prestigio de la Guardia Rural en los hombres de campo, para quienes las famosas parejas, montadas en enormes percherones, habían llegado a constituir un mito. Otra cosa: el *jeep* era tan cómodo y tentador para los jefes de unidad, que muchos lo destinaban a su uso personal. Durante mi mando en Oriente pude constatar que muchas parejas, faltas de vehículo en qué moverse, reportaban como realidades recorridos que no habían hecho.

Mi estancia en la provincia oriental duró once meses. ¡Y cuántas reminiscencias me trajo! Siendo segundo teniente, allá por 1936, había venido en desgracia a este regimiento. También en aquella ocasión había estado allí durante once meses, que disfruté muchísimo, a pesar de sentir sobre mí la Espada de Damocles. Además, fue en Santiago de Cuba que, pese a mi grado, desempeñé la función de Jefe de Escuadrón. ¡Mi primer mando independiente!

No puedo decir que en 1957 todo fuese un lecho de rosas. La oposición armada al régimen del 10 de marzo comenzaba a concretarse, pero me creo con derecho a afirmar que con mi actuación, contribuí a aquietar los ánimos y a neutralizar la enemistad de muchos en favor del presidente Batista.

Un honor que me fue conferido fue la concesión de una medalla de reconocimiento por acuerdo unánime de los alcaldes de la provincia. El gobernador de Oriente, señor [Luis] Casero,[178] me hizo llegar la resolución, aunque, tras dar las gracias, me sentí obligado a no aceptar sin la autorización del Presidente, autorización que nunca llegó.

A propósito del señor Casero, éste, aunque de extracción Auténtica y muy lejos de simpatizar con el gobierno, tuvo la gentileza de declarar, en el programa de televisión *Ante la Prensa*, que con seis jefes militares provinciales como yo, no existiría en Cuba el menor problema. Aunque estimo exagerado el elogio, mucho se lo agradecí y se lo sigo agradeciendo.

Tercer motivo de satisfacción fue el apoyo que me brindaron las clases vivas de Santiago de Cuba en ocasión de los acontecimientos del 30 de noviembre. Espontáneamente acudieron al Cuartel Moncada representantes de las diversas clases sociales, industria, comercio, banca, etc., donde tuvieron para mí palabras de encomio.

... Y un buen día desembarcó Fidel Castro. Mi conducta en aquellos días fue la que estimé apropiada con los medios que a mano tenía. No obstante, ha sido criticada por algunos de mis compañeros de armas.

El desembarco de Castro se efectuó en la madrugada del 2 de diciembre. El Estado Mayor conocía de esta aventura. Sabía el nombre del barco, el número de hombres a bordo, adónde se dirigía, y cómo interceptarlo. Nada se hizo y, lo que es peor, nada se me comunicó hasta las 3 de la tarde de ese día, pese a haber tomado tierra en territorio de mi jurisdicción. El Jefe de Escuadrón [12 de la Guardia Rural] de Manzanillo, capitán Caridad [B.] Fernández, en cuyo

---

[178] Luis Felipe Casero Guillén (noviembre 22, 1902-agosto 15, 1998) Nació en El Cristo, Oriente, nunca fue gobernador. Electo alcalde de Santiago de Cuba de 1944 hasta abril de 1951, cuando fue designado Ministro de Obras Públicas en el gobierno de Carlos Prío (1948-52). Candidato a vicepresidente por el Partido Auténtico en las elecciones frustradas de 1952. Implicado falsamente en el ataque al cuartel Moncada el 26 de julio de 1953, fue juzgado y absuelto. Se dedicó al negocio de los seguros. Recogió fondos para la clandestina Organización Auténtica de Carlos Prío, por lo que tuvo que exiliarse en Jamaica y regresó a Cuba en enero de 1959. Volvió al exilio en Miami con su familia en 1971, donde posteriormente falleció.

territorio el desembarco tuvo lugar, y situado en esa posición por el general Tabernilla, comunicó el hecho al Estado Mayor directamente, sin informarme a mí también. Con esto, quedé durante varias horas en la mayor ignorancia. Tampoco, ni Caridad ni su cuñado, el segundo teniente [Aquiles] Chinea,[179] hicieron el menor esfuerzo por tomar contacto con los expedicionarios. ¡Qué actuación tan diferente de la del Jefe de Escuadrón de Holguín, en 1931, cuando al tener noticias del desembarco en Gibara, marchó con sus fuerzas sobre el enemigo sin esperar refuerzos ni órdenes! La actuación de Caridad Fernández quedará para que otro la juzgue. Fidel Castro le pagó el favor fusilándolo en [febrero de] 1959. Chinea disfrutó de la amistad de Castro durante un tiempo, pero al fin hubo de exilarse. ¡Así le paga el diablo a quien bien le sirve!

Pero me estoy adelantando a los acontecimientos. El 29 de noviembre por la noche, el jefe del Servicio de Inteligencia Regimental, comandante Arcadio Casillas Lumpuy,[180] me informó que algo ocurriría en Santiago de Cuba en las primeras horas de la mañana.

---

[179] Aquiles Chinea Álvarez (mayo 12, 1926-diciembre 19, 2005) natural de Manacas, Las Villas. Era jefe del puesto de Niquero del Escuadrón 12 de la Guardia Rural, cuando tuvo allí una disputa con el teniente coronel José M. Salas Cañizares y lo hirió gravemente tirándole su Jeep para matarlo. Fue encarcelado en Isla de Pinos y cuando salió el 1 de enero de 1959, fue nombrado por el coronel Ramón Barquín como jefe de la base aérea de San Antonio de los Baños. Nueve días después, estando en el Edificio del Estado Mayor rebelde en el campamento Columbia, se dio un balazo calibre 45 en el pecho intentando suicidarse al abochornarse que el Directorio Revolucionario se había llevado de la base las armas bajo su custodia. Al Fidel Castro preguntarle por qué se dio el tiro, le dijo: «Creo en ti Fidel; creo en la revolución, pero no podía soportar tanto peso». Sirvió de testigo contra el ex cabo Ezequiel Pérez Villalobos ante un tribunal revolucionario el 5 de marzo de 1959. Dos meses después atestiguó contra el capitán Gabriel Ulloa Franqui, que fue sentenciado a 15 años de presidio. Chinea se asiló en la Embajada del Brasil el 25 de marzo de 1960. Viajó al Brasil y de allí fue a Miami el 6 de julio de 1960, donde obtuvo asilo político. El 1 de noviembre de 1966 se mudó a Los Ángeles, California, donde se naturalizó ciudadano estadounidense el 20 de noviembre de 1970, y se cambió el nombre a Arch Christy. Falleció en Las Vegas, Nevada.

[180] El teniente coronel Arcadio R. Casillas Lumpuy (1919-1959) el 1 de enero de 1959 fue invitado por el jefe militar de la plaza de Guantánamo, comandante Roberto Franco Lliteras, secundado por el capitán Raúl Vila y el teniente Joaquín Zumbado Armenteros, entre otros, a asistir a una entrevista conciliatoria con los jefes guerrilleros para garantizar la entrega de sus fuerzas sin represalias ni ven-

Con carácter urgente cité, para las doce de la noche de ese mismo día, a los siguientes jefes:

- Comodoro [Mario] Rubio Baró,[181] Jefe del Distrito Naval de Oriente.
- Teniente coronel Álvaro Miranda, Jefe de la Policía Nacional.
- El mencionado capitán Casillas, Jefe del Servicio de Inteligencia Regimental.
- El primer teniente [Antonio] Gutiérrez [Valdés],[182] Jefe de la Microonda.
- A los jefes de unidades del Cuartel Moncada.

Después de transmitirles la información recibida por el capitán Casillas, les di órdenes de acuartelar al personal y tomar cualesquiera medidas que tuvieran por convenientes para garantizar la seguridad de las fuerzas a su mando.

Yo no tenía jurisdicción sobre la Marina de Guerra, pero el comodoro Rubio Baró tomó nota de lo tratado, y estuvo de acuerdo

---

ganzas. Sus colegas le prepararon una alevosa trampa siendo arrestado al llegar al lugar de la reunión. Rápidamente fue sentenciado a la pena de muerte con otros militares por un improvisado Tribunal revolucionario. Cuando eran llevados al paredón de fusilamiento sobre una camioneta, Casillas se abalanzó sobre un custodio y le arrebató el fusil. Desde el balcón del ayuntamiento, guardias rebeldes ametrallaron el vehículo, matando a los reos y también a algunos custodios rebeldes. Su hermano Joaquín Casillas Lumpuy había muerto de la misma manera el día anterior en Santa Clara, mientras forcejeaba con los custodios que lo conducían en un camión al paredón.

[181] Mario Felipe Rubio Baró (septiembre 20, 1914-septiembre 11, 1993) natural de Jovellanos, Matanzas, era capitán de fragata y asistente del jefe del Estado Mayor de la Marina de Guerra el 5 de agosto de 1953 cuando fue designado jefe del Distrito Naval de Oriente. En 1957 era comodoro y director de la Academia Naval de Cuba. Fue encarcelado en El Morro de la Habana en enero de 1959 con 130 oficiales y alistados de la Marina de Guerra. Fue juzgado por un Tribunal revolucionario y condenado a 12 años de presidio en mayo de 1959, y todos sus bienes fueron incautados. Llegó al exilio en Miami el 16 de agosto de 1970 y se naturalizó ciudadano norteamericano el 22 de mayo de 1976. Falleció en Miami.

[182] Antonio Gutiérrez Valdés fue fusilado por los rebeldes con más de cien otros batistianos sin previo juicio en la Loma de San Juan el 11 de enero de 1959.

conmigo en la gravedad del momento, tomando él idénticas medidas.

Hice comunicar en clave, a todos los escuadrones y dependencias a mi mando, las instrucciones de tomar precauciones en sus respectivos mandos, así como de alertar a las autoridades civiles. *A vez se ordenó el acuartelamiento de todas las tropas, cosa que disgustó a algunos altos jefes.*

Amaneció el 30 de noviembre, y por fin se produjo lo esperado: una acción de distracción destinada a cubrir el desembarco de Fidel Castro, que se efectuó dos días después. Los instrumentos fueron los tontos útiles de siempre, sobre todo, jóvenes estudiantes.[183] Consistió en tiroteos esporádicos por distintas partes de Santiago de Cuba. El ataque principal se realizó contra la Jefatura de Policía. No fue lo bastante fuerte para tomarla, pero sí tuvieron éxito en incendiarla. Lamentablemente ocurrió algo así, porque una dependencia de la Universidad de Oriente, creo que la Escuela de Artes Plásticas, daba al fondo del edificio de la Jefatura. Los comunistas penetraron en la Escuela, y desde allí lanzaron materias inflamables. La Jefatura era una casona de madera del siglo XIX, y ardió como la pólvora. Se les envió un refuerzo de 25 soldados y un oficial, y con ello se conjuró el peligro. Murieron tres comunistas[184] y tres soldados de los nuestros. Los revoltosos ocuparon también el Instituto de Segunda Enseñanza y la Escuela Normal, aunque no se acercaron al Cuartel Moncada. Después desaparecieron, dejando los tres muertos ya

---

[183] Fidel Castro trató de emular el Plan de Fernandina de José Martí el 24 de febrero de 1895, con el alzamiento de sus seguidores en todas las provincias. José Antonio Echeverría, líder del Directorio Revolucionario (DR) previamente acordó con Castro en México que los estudiantes comenzarían la insurrección a través de la isla el 30 de noviembre de 1956, cuando se esperaba el desembarco del yate expedicionario Granma. A último momento, Echeverría abandonó el plan y el único que lo cumplió fue Frank País, que no era del DR, con su gente en Santiago de Cuba. El Granma, sobrecargado con 82 hombres, armamento y gasolina adicional, se demoró dos días más de lo calculado.

[184] Los rebeldes muertos fueron Tony Alomá, de 29 años, empleado de Obras Públicas; Otto Parellada, de 28 años, liniero; y José «Pepito» Tey, de 23 años, presidente de la Federación Estudiantil Universitaria Oriental. Tey y sus hombres atacaron la estación de policía por el frente, mientras que Parellada y sus seguidores lo hicieron por el fondo.

mencionados y algunas armas. Nos llegó también noticia de que se preparaba otro ataque contra la Jefatura de la Policía Marítima. Preventivamente, les envié un oficial y 25 soldados y de este modo, si es que de verdad intentaron atacar, este ataque se evitó. Eso fue todo. *El cuartel Moncada y su hospital militar quedaron intactos.*

En la página 47 de su libro *Respuesta*, el ex-presidente Batista escribe que los desórdenes en Santiago duraron tres días, y que fue preciso enviar un batallón a las órdenes del teniente coronel [Pedro] Barrera para restablecer la normalidad. Y todo esto debido a que «a mí me faltaban condiciones para hacer frente a la situación».

Con todo el respeto que tengo para mi antiguo jefe, quien por otra parte, no está ya entre nosotros, no encuentro yo mal haber acuartelado la tropa, tanto para proteger a los soldados y evitar que fueran muertos en las calles, como para disponer de una masa de maniobra. Es una medida tan elemental, que no sé por qué algunos jefes me la criticaron. En cuanto a los desórdenes, habían ya terminado en la noche del día 30.[185] El coronel Barrera me fue enviado sin yo pedirlo, y lo atribuyo a la malquerencia del general Tabernilla hacia mí, quien deseaba que fuera yo relevado del mando, y vuelto a nombrar para el mismo a su concuñado, el brigadier del Río Chaviano.[186]

El brigadier del Río Chaviano estaba casado con la hermana de la gran dama Esther Palmero, esposa del Gen. Francisco Tabernilla y Dolz. Eso era un gran problema para mí pues el brigadier era para el jefe más que su concuñado, era un hijo. Eso desagradaba mucho al General en Jefe, puesto que yo no era santo de su devoción. ¿Por qué yo no lo era? Pues por muchas cosas que no coincidían con las del jefe. Yo no sabía decir que sí cuando me venía a la mente un no, después de saber que lo correcto era lo opuesto al sí. O

---

[185] Santiago de Cuba fue pacificada en tres días con un saldo de una docena de muertos de ambos bandos y un civil sordo que no escuchó una orden de detenerse.

[186] El coronel Pedro Barrera Pérez concurrió al escribir: «Durante mi actuación en la Sierra había palpado el enorme distanciamiento que existía entre el jefe del Estado Mayor general Tabernilla y el jefe del Regimiento Maceo en Oriente, general Martín Díaz Tamayo, con motivo de que el general Tabernilla ponía cuantos obstáculos estaban a su alcance para hacer fracasar a Díaz Tamayo y convencer al presidente de la necesidad de volver a enviar a Oriente al coronel Río Chaviano». «Por qué el ejército no derrotó a Castro», *Bohemia Libre*, agosto 20, 1961.

porque yo le salía al paso a todas las cosas que convenían a la institución Fuerzas Armadas, y aún más allá de éstas. Pudiéramos citar muchas cosas, pero yo no he vivido nunca de las cosas desagradables.

Interpreté la inesperada llegada del Batallón Barrera como una violación de la ética, y del respeto debido a mi jerarquía. Pensar siquiera que el brigadier del Río Chaviano pudiera volver a mandar el Regimiento 1, resultaba infantil. Era uno más de los palos de ciego que desde hacía tiempo se venían dando, pero por el momento consideré además como un insulto personal que se enviara un batallón, con órdenes de actuar independientemente, y todo eso en mi propio mando, en mi propio territorio. También acantonó aparte, en el Palacio del Gobierno Provincial, y no en un cuartel del Ejército. Barrera tuvo suficiente tacto para presentarse a mí de inmediato, y de mantener contacto diario conmigo, pero eso no disminuyó la magnitud del agravio pues, siguiendo las instrucciones que recibiera, actuó con entera independencia, dando cuenta únicamente al Estado Mayor... Y todo esto en un territorio de mi jurisdicción.

Recuerdo que tan pronto comenzaron a llegar los primeros aviones con las compañías de Barrera, llamé por teléfono al general Tabernilla, y le pedí una explicación de aquello. Me dijo que no sabía, que esa era una orden del Presidente. Le rogué entonces que me permitiera hablar con él. Logré al fin la comunicación, y el Presidente me habló con gran cordialidad, preguntándome por mi esposa, los niños, etc. Tan pronto pude le dije estas palabras:

—Señor Presidente, espero que mi relevo esté ya en camino.

—¿Tu relevo? ¿Pero por qué tú relevo?

—Porque es intolerable para mí esta dualidad de mando que usted ha creado, sin tomarme en consideración para nada. En estas condiciones, ni puedo ni debo continuar aquí.

Lejos de enfadarse, de contradecirme o de asentir conmigo, Batista se echó a reír, me hizo ver lo necesario que yo era en Oriente, y terminó diciéndome:

—No te pongas así. Te envié a Barrera para que te apoyara. Él está ahí para ayudarte, estará unos días, y regresará. Eso que tú me dices de la dualidad de mando es, a todas luces, un error de interpretación. Tú eres imprescindible en Oriente, etc.

La verdad es que me ablandé. Hubiera debido insistir en el relevo y no lo hice. La cordialidad y la forma afectuosa con que me habló el Presidente actuaron en la forma acostumbrada. Además, no quise crear nuevos problemas, y terminé por aceptar la situación, a condición de que Barrera solo estuviese unos días.

Para terminar con el 30 de noviembre, a las tres de la tarde de ese día, los únicos disparos que se sentían en la provincia de Oriente eran los ocasionados por *las ametralladoras Thompson de* un grupito armado liderado por el Dr. Laureano Ibarra.[187] Este señor había tenido negocios con mi predecesor, el brigadier del Río Chaviano, y ostentaba el cargo de Administrador de la Aduana de Santiago *por obra y gracia del jefe del regimiento que nosotros relevamos en abril de 1956 que lo hizo poseedor de muchas prebendas indebidas que no mencionaré por ética profesional. Eso es una historia larga y triste para la provincia heroica.* Ibarra había sido autorizado para mantener a cierto número de hombres sobre las armas, y este fue uno de los problemas a que tuve que hacer frente durante mi estancia en Oriente. Por lo demás, y como es natural, se realizaron arrestos e investigaciones en los días subsiguientes, pero no me creí en la obligación de ordenar la muerte de nadie. Si con ello se estima que «no tenía condiciones», pues, ¿qué le voy a hacer?

La cuestión del desembarco de Castro y de su posterior internamiento en la Sierra, donde se hizo fuerte, y de donde salió para hacerse dueño de Cuba, es un tema abierto a la polémica. Parece inconcebible que tal cosa pudiera ocurrir. En más de una ocasión he afirmado que Batista utilizó a Castro para atemorizar a la oposición no combatiente, y que ésta, dada a escoger entre dos males, se echara en brazos del gobierno. No voy a opinar, al menos en estas líneas, pero sí es justo que rompa una lanza en defensa de las Fuerzas Armadas.

---

[187] Laureano Ibarra Pérez era abogado y fue profesor de segunda enseñanza y Representante electo en las elecciones de noviembre de 1958. Su residencia fue saqueada el 1 de enero de 1959.

Mi humilde opinión es que lo de Castro era algo así como un pequeño animalito que lo teníamos escondido en una de nuestras manos para no dejarlo crecer y apretarlo en momento dado hasta hacerlo perecer. Esto tenía o debía ocurrir cuando al gobierno le fuera favorable y todo quedaba bien. Pero el animalito siguió creciendo y creciendo hasta que se hizo tan fuerte y grande, que aquella mano que debió impedir su crecimiento y desbaratarlo a tiempo, no lo pudo hacer, porque su mano se volvió débil y el animalito devino en un satánico gigante, ayudado por la inconsciencia, la ignorancia y el odio.

Los pobres soldados están desorientados con las cosas que ven en la Sierra Maestra y fuera. Los jefes no los estimulan desde acá. Solo se exige que hagan, pero no parece que hay el propósito firme de acabar con esas malas hierbas que tal vez muchas buenas madres concibieron. Desgraciadamente fue así, en menos tiempo del que yo creía. Quise decírselo al presidente una vez, pero con la experiencia que había de otros muchos, hubiera sido una explosión que casi nadie hubiese creído. Yo solo me guiaba por los partes de operaciones, la ayuda que individuos en el poder daban y la propaganda internacional. También había que añadir la negativa de los norteamericanos Roy A. Rubottom, Jr.[188] y William Wieland, la falta de cooperación del campesinado y el pueblo en general y el abuso a que se sometió a las Fuerzas Armadas todas, sin la obtención de verdaderos éxitos con nuestros magníficos soldados, marinos y aviadores, en el momento oportuno y en el lugar apropiado. La policía también jugó un rol muy importante en las ciudades. Luego entonces lo que hacía falta era, desde arriba hasta abajo, el deseo de vencer y la falta de preparación en la guerra de guerrilla.

---

[188] Roy Richard Rubottom, Jr. (febrero 13, 1912–diciembre 6, 2010) nació en Brownwood, Texas, y estudió en la Universidad de Texas hasta enrolar en la Marina en 1941 como teniente y terminar cinco años después con el grado de comandante. Comenzó el servicio diplomático en 1947 y en septiembre de 1956 fue nombrado subsecretario de Estado para Asuntos Interamericanos. Influenciado por su asistente William Wieland, insistió hasta 1960 que Fidel Castro no era comunista. Entonces cambió de opinión y favoreció los intentos de la CIA para asesinar a Fidel Castro y Rafael Trujillo. Fue embajador en Argentina 1960-1961 y administrador en varias universidades hasta su retiro en 1973. Falleció en Austin, Texas.

En su propio descargo, establece el presidente Batista que muchos de sus subalternos no actuaron como debían, o lo traicionaron. Es decir, sitúa la responsabilidad en los otros, y jamás sobre su persona. De lo que de mí dijeron él u otros me tiene sin cuidado, pero no puedo tolerar que se desluzcan nuestras banderas. Para bien o para mal, el Presidente tenía en sus manos el poder absoluto. Ese poder no lo delegaba en nadie. Las operaciones militares en Oriente fueron dirigidas por él, y ni una unidad se desplazaba sin su consentimiento. Como militar, la incompetencia del general Batista era notoria, pero así y todo, desautorizaba una y otra vez los planes de operaciones que le sugería el Estado Mayor, para imponer sus propias ideas. Si a eso se une la constante subordinación de lo táctico a lo político, creo que todo queda más que explicado. ¡Pobre Ejército! ¡Pobres soldados!, con su fe ciega en *El Indio*. Al igual que los *grognards* de Napoleón, nuestros hombres también gruñían, pero nunca para acusar al Presidente. Otros eran los incompetentes. Otros los corruptos. ¡Jamás Batista! Me cuenta Medel que en presidio, los antiguos soldados, presos ahora como criminales de guerra, hablaban de que Batista había tenido que irse porque había sido traicionado, pero que volvería. ¡Claro que volvería! ¡Vendría al frente de 30,000 hombres, y entonces se haría la verdadera justicia!

Pobres soldados: simples, fieles, ingenuos. Los sacrificados de todos los tiempos y en todos los países por políticos sin escrúpulos. Véanse las guerras sin victoria que libran los Estados Unidos desde 1945. Más de cincuenta mil jóvenes norteamericanos muertos en Vietnam en aras de una política que fue desde lo estúpido a lo pérfido. ¿Y qué decir de los soldados vietnamitas que creyeron en la Gran Democracia, que al fin y al cabo los abandonó a su suerte?

El día 2 de diciembre, a las 3 de la tarde, se me notificó *desde La Habana* el desembarco de Fidel Castro, *que ocurrió como a las 6:00 AM*. Era domingo, y nos hallábamos reunidos en ese momento en mi oficina el Oficial de Día, mi ayudante, el capitán [Gabriel] Ulloa Franqui, y yo. La comunicación la hizo el propio general Tabernilla, quien me ordenó, no que me personara yo en el lugar del hecho, ni me preguntó qué había hecho yo, sino que enviara a un oficial y 25 soldados de refuerzo para el escuadrón de Manzanillo, allí estaba Caridad Fernández. Le hice ver que el destacamento tendría que ir por tierra, por no disponer de transporte aéreo. Me indicó entonces que tomara el primer avión de la Compañía Cubana de Aviación que llegase.

Procedí a cumplir la orden, nombrando para comandar al mencionado Capitán Ayudante Ulloa Franqui. A poco de encontrarse en el aeropuerto llegó un bimotor, del cual se hizo descender a los pasajeros para acomodar a los soldados y, a los pocos minutos, llegaron estos a Manzanillo. Al día siguiente se me pidió el envío de otro oficial y 25 soldados más, y la designación recayó sobre el segundo teniente Gilberto Costa Cairo. También supe de la llegada a la zona de operaciones de un batallón mandado por el comandante Juan González González.

Si las cosas hubiesen ocurrido como tenían que militarmente ser, que el jefe del Regimiento No. 1 hubiese recibido orden enseguida del desembarco o lo antes posible y, que por lo menos, me hubiesen consultado, con todo el derecho que tenía reglamentariamente un jefe de Regimiento, yo debía saber lo que sucedía, pero solo Dios sabe lo que ese y otros muchos días, allí sucedió. Sé que me llevaré a la tumba esa gran duda de lo que pasó aquel memorable día, por qué no se me avisó a tiempo ni quisieron que yo interviniera en tal asunto, que con dos escuadrones de la Guardia Rural solamente, se hubiese resuelto. Pero, miremos atrás y veamos cuánta sangre, cuántas lágrimas y cuántas vidas se han perdido por un error, por una venganza o por una traición.

Los expedicionarios fueron cayendo uno a uno en manos nuestras, pero dejamos pasar la ocasión de capturar a Castro. ¿Y por qué? Porque lejos de interceptarlos, fueron empujados al interior de la Sierra. ¿Y por qué se actuó de ese modo? ¿Por qué no se hizo lo que se debía? Tuvimos todas las oportunidades. ¡Todas! Y no se aprovecharon. Nos dice el ex-presidente Batista en la página 291 de su libro *Respuesta*: «El grupo de Fidel Castro pudo ser aniquilado fácil y rápidamente. Sin embargo, razones humanitarias, escrúpulos democráticos y el clamor de una parte de la opinión pública lo impidieron». ¡Ay, Dios mío! ¿De qué razones humanitarias, de qué escrúpulos democráticos y de qué opinión pública nos habla? Englobaba él los tres factores. Aquí, al igual que en el Moncada, impidió Batista, personalmente, que Fidel Castro fuera eliminado de una vez y para siempre. Al menos esta declaración, al igual que lo que añade más adelante, en la página 292, de que fue por orden del Presidente que se suspendió la persecución, tiene la virtud de salvar la responsabilidad de los jefes que allí mandaron, porque en todo momento la estrategia, y hasta muchos aspectos tácticos, fueron dictados desde La Habana.

Algún tiempo después, hablando yo con el señor Fabio Freyre, Administrador General o bien condueño del Central Media Luna, próximo al lugar del desembarco, me contó que el día de los hechos había sabido de primera mano que unos cien hombres armados vestidos de verde olivo habían desembarcado en Punta Colorada (Belic), donde solo existía un apostadero de dos hombres. Que en nombre suyo, el Sub-Administrador del Central se personó en el puesto de la Guardia Rural de Niquero, y le dijo al Jefe de Puesto, segundo teniente Aquiles Chinea, lo que estaba ocurriendo. Que los desembarcados estaban vomitando y no podían ni caminar, y que había un médico atendiéndolos *con mucho apuro, pero no se sabía por qué*. Continuó diciéndome el señor Freyre que el teniente Chinea no salió para el lugar de los hechos hasta dos horas después. La obligación del teniente era avisar de inmediato a su superior, el Jefe de Escuadrón *en Manzanillo y al jefe del Regimiento No. 1, cosa que nunca me enteré que lo hiciera* y, a continuación, marchar hacia el enemigo y tomar contacto.

En la página 49 del mismo libro Respuesta *dice: «El general Díaz Tamayo, jefe del territorio militar, y el coronel Barrera, jefe de las operaciones, contribuían a que se robusteciera la creencia en el Estado Mayor de que la lucha había cesado por parte del grupo que desembarcó el 2 de diciembre».*

Jamás tuve que ver con la Sierra Maestra. Eso era tabú para mí. Razones: las intrigas contra todos los que no estábamos de acuerdo en muchas cosas, que no hace falta mencionar. ¿O es que yo abandoné mi grado en el Ejército por gusto?

Quizás Barrera Pérez lo dijera, como lo informó al Dr. Márquez-Sterling, y lo hace constar en su historia, pero yo jamás hablé de esa posibilidad. Cómo lo iba a hacer sin tener datos en mi poder. Yo si fui a la Sierra Maestra, pero a llevarle cigarros, dinero y otras necesidades a tropa que había peleado allí. Nada más. Todo eso se dirigía desde Palacio.

Pero bueno. Después de las acciones iniciales todo pareció aquietarse. El teniente coronel Barrera regresó con su batallón a La

Habana y yo, por mi parte, transcurrido un tiempo prudencial, renové mi solicitud de relevo. Este demoró varios meses, pero al fin llegó. Unas palabras finales sobre Oriente. Me tocó una época turbulenta, ya veces tuve que proceder con alguna energía, pero en ningún momento dejé de recibir las mayores pruebas de afecto por parte de los santiagueros. Dejé allí grandes amigos entre todas las clases sociales, y muchos de ellos me testimoniaron esa amistad en momentos difíciles.

Mi nuevo destino era el Distrito Militar de La Cabaña, o sea, el Regimiento de Artillería, *en los primeros días de abril de 1957. Regresé en avión a La Habana con mi familia.* Relevé allí al brigadier [Julio] Sánchez Gómez,[189] quien pasó al Regimiento 5 de la Guardia Rural.

El general Tabernilla había sido Jefe de La Cabaña durante muchos años, y tenía para él especial consideración. No deja de ser curioso que el Presidente me designara, primero para relevar de Oriente al brigadier del Río Chaviano, concuñado y hombre de confianza de este general, y con posterioridad, para mandar este predio de Tabernilla. En cierto modo, eso contribuía a aumentar las diferencias entre nosotros dos. ¿Deseaba el Presidente neutralizar la influencia de Tabernilla en ambos mandos? El presidente Batista tenía un sentido del humor muy especial, y sus intenciones eran inescrutables.

El General Tabernilla ponía en riesgo las operaciones en Oriente por oír y defender a del Río Chaviano, quien tenía tanta influencia que el Presidente Batista ordenó dividir el territorio de Oriente entre el General Cantillo y el General del Río Chaviano, en vez de llamarlo al orden disciplinario militar.

No estaba yo tan vinculado a La Cabaña como lo estuve con Columbia, pero no obstante, me encantó mi nuevo mando. En primer lugar, era una zona cargada de historia. Data esta fortaleza del siglo XVIII, y la decisión de construirla fue consecuencia directa de la toma de La Habana por los ingleses en 1762. Los primeros trabajos comenzaron en 1763, y se completaron en 1774. La Cabaña es el ejemplar más completo que existe en América del sistema Vauban, o

---

[189] El brigadier Julio Sánchez Gómez fue sentenciado por un Tribunal revolucionario a 25 años de presidio el 2 de junio de 1959 por complicidad en el golpe de Estado de Batista.

sea, la fortificación en contrapendiente. Dirigió las obras el mariscal de campo Ingeniero don Silvestre de Abarca. Invisible desde el mar, sus murallas dominan por tierra la bahía y la ciudad de La Habana. También se halla La Cabaña en un plano superior al Morro. Por eso fue que en el siglo XVI, al llegar a La Habana el ingeniero militar Battista Antonelli para construir el Morro, informó: «De nada servirá construir el Castillo si no se fortifica La Cabaña. Quien domine esa loma será el dueño de La Habana».

Mi mando en esta gran fortaleza duró menos de un año, y no recuerdo que hubiese allí ningún episodio digno de mención. El brigadier Sánchez Gómez había hecho un bello trabajo de organización, y el personal me secundó a maravilla. También, y según aumentaban los problemas en Oriente y la insurrección iba tomando cuerpo, una parte del personal pasó a la zona de operaciones. Fue mi tarea adiestrarlos lo mejor posible antes de partir, y atender a sus familiares en La Habana. Reanudé también mis funciones como Presidente del Círculo Militar y Naval, y aguardé los acontecimientos.

De La Cabaña fui al Estado Mayor como Ayudante General, como Director de Inteligencia (G-2) y como Director de Operaciones[190] (sin saber lo que los superiores hacían con las operaciones). Las recomendaciones de los oficiales de operaciones no tenían valor al menos que coincidieran con el Estado Mayor Conjunto y el Palacio Presidencial.

Nuestro ejército era un ejército pobre, pero de verdad tenía una gran preparación, con la excepción de la guerra de guerrilla. No la tenía porque nuestros superiores no quisieron enviar por lo menos dos compañías a Fort Gulick, Panamá. Recuerdo que el coronel [Clark] Lynn,[191] jefe de la misión americana para el Ejército, me

---

[190] Fue nombrado director de Operaciones el 25 de enero de 1958 durante la reorganización del Ejército.

[191] Clark Lynn, Jr. (diciembre 4, 1912-marzo 19, 1999) nació en Washington, D.C. y se graduó de la Academia Militar en West Point en 1934. Durante la Segunda Guerra Mundial fue oficial de enlace para una división del Ejército chino. En 1951 fue asignado al grupo de asesoramiento y asistencia militar en Turquía. En 1957 fue asignado al puesto en Cuba, donde permaneció hasta marzo de 1959. Entonces fue enviado al Comando del Caribe en la zona del Canal de Panamá hasta 1961. Se retiró en 1964 siendo Inspector General del Centro de Artillería y Cohetería en Fort Sill, Oklahoma.

concedió, previo permiso del Ejército norteamericano, el envío de dos compañías de Infantería al lugar mencionado, si nuestra superioridad lo aprobaba. Cuando ya teníamos todo listo fue elevado a consideración del jefe supremo, General Batista, y la respuesta fue, no. Yo creo que él fue mal aconsejado. Eso ocurrió como en febrero o marzo de 1958. Había tiempo. No sé quién interrumpió esto.

Hablando otra vez de la Dirección de Operaciones deseo hacer constar que mi única función que realizaba era la de recibir los partes, enumerar los muertos de ambos bandos e informar a mis superiores. En lo de relacionar los muertos de uno y otro lado hubo discrepancias en los altos mandos, es decir, no hubo acuerdo en los números reales y lo que se debía poner. Al darme cuenta que yo no estaba bien al informar, aunque si decía la verdad, con delicadeza preferí que el parte de operaciones se hiciera por mis superiores en vez del informe que sí tenía yo que firmar. Corrí ese riesgo, pero no quise mentir. Nuestros hombres se dieron cuenta y también nuestros enemigos. Eso, no era correcto.

Los domingos por las noches el Señor Presidente nos invitaba a comer a Palacio o a la residencia en Columbia. Había buena comida, boxeo y canasta. Como a las 3:00 AM del lunes siguiente me llegaban los partes de la Sierra Maestra. Se notaban las expresiones fuertes del Señor Presidente y los demás invitados. Las informaciones no eran favorables desgraciadamente, después de la lectura de los mismos. Estoy hablando de mediados del año 1958 y después. A pesar de todo el Presidente mantenía la calma propia de su investidura.

Una de esas mañanas, ya casi amaneciendo, el ya extinto Doctor Jorge García Montes, Premier del Gobierno en aquel instante, haciendo un aparte me preguntó: ¿General, cuando van a acabar ustedes con el jueguito a los soldados que existe en la Sierra Maestra? Doctor, lo que usted me pregunta se las trae. [Aquí falta la siguiente página manuscrita].

Las cosas que sucedieron dentro del Ejército había que vivirlas para creerlas. La forma irresponsable del quebrantamiento de la cadena de mando militar enviando de sorpresa a un oficial subalterno [el coronel Barrera] a mandar dentro del mando asignado por leyes nacionales a otro oficial superior, eso no tiene nombre. Solo podrá verse casos así cuando los jefes supremos no tienen base académica, cuando un Ejército se gobierna como un partido político sin dirigentes o porque hay miedo de algo que no se exterioriza.

MODIFICACIONES

Convendría ahora hablar sobre los cambios que se produjeron durante los años 50 en la estructura del Ejército.

Durante la Revolución Francesa, el Ministro de la Guerra Lázaro Carnot creó un organismo director que le permitiera controlar desde París el funcionamiento de los distintos ejércitos de Francia. Con ello estaba sentando las bases de lo que luego fue el Estado Mayor General.

Aprovechando la lección, los prusianos organizaron el Generalstab y, más tarde el Oberkommando der Wehrmacht (Estado Mayor Supremo de las Fuerzas Armadas)

Este Estado Mayor Conjunto, poniendo a todas las fuerzas armadas bajo una sola voluntad, eliminó las antiguas rivalidades e hizo posibles las operaciones militares modernas. Para la Segunda Guerra Mundial, los Estados Unidos habían adoptado también el sistema, y nosotros lo tomamos de ellos.

Hacia 1956 el general Tabernilla pasó, de Jefe del Ejército, a Jefe del Estado Mayor Conjunto, siendo sustituido por el mayor general [Pedro] Rodríguez Ávila.[192] Tanto este último como Tabernilla ascendieron a tenientes generales.

En cuanto a las demás ramas del Estado Mayor,

---

[192] El coronel Pedro Barrera Pérez escribió que «Resulta conveniente explicar que la creación del Estado Mayor Conjunto provocó, desde su origen, serios rozamientos entre los altos jefes de los Cuerpos Armados. Al general Martín Díaz Tamayo le correspondía por antigüedad la jefatura del Ejército, pero fue eliminado por el general Tabernilla, quien puso en duda su lealtad; el general Eulogio Cantillo, a quien por ser uno no de los generales más capacitados debió haber correspondido esa jefatura, también fue desconocido por el jefe de Estado Mayor Conjunto, el que ya tenía reservada esa posición para su incondicional colaborador, el general Pedro Rodríguez Ávila, a quien todos los oficiales consideraban inepto para tan alta investidura, pero tenía el mérito de haber sido utilizado por el general Tabernilla para destruir la reputación del general Jorge García Tuñón, desde los mismos comienzos del golpe militar del 10 de marzo de 1952». «Por qué el ejército no derrotó a Castro», *Bohemia Libre*, septiembre 3, 1961.

- El antiguo Departamento de Personal pasó a ser el G-1.
- El Servicio de Inteligencia pasó a ser el G-2.
- La antigua Ayudantía General pasó a ser el G-3.
- El Cuartel-Maestre General pasó a ser G-4.
- Inspección pasó a ser el G-5.

En todos los casos, los jefes de estos departamentos fueron mayores generales. La «G» con que se denomina a las secciones, proviene del alemán «Grosse» (grande). Fue con motivo de esta reestructuración del Estado Mayor que ascendieron varios generales de brigada a mayores generales, entre ellos yo, pero esto no significó en la práctica cambio alguno en los procedimientos. La autoridad continuó concentrada en el presidente Batista, y los jefes de la Marina y de la Policía se siguieron dirigiendo a él directamente, y no por intermedio del Jefe del Estado Mayor Conjunto. El general Tabernilla continuó mandando directamente el Ejército, mientras que el Jefe del Estado Mayor, Teniente General Rodríguez Ávila, carecía prácticamente de mando. Estas eran las condiciones que prevalecían cuando pasé a ser G-3, es decir, lo que antes había sido Ayudante General. Y con esto se completó mi ciclo porque, como se recordará, esta fue la primera posición que se me asignó el 10 de marzo de 1952.

Fue desde esta posición que pude tener una imagen completa de nuestra situación porque, aunque no era competencia mía tomar las decisiones importantes, sí era inevitable que mi Departamento, al implementar las directivas del Presidente, tuviese una información de primera mano. Lo que en sus inicios me tocó vivir en Oriente, pude contemplarlo ahora en perspectiva, y como parte de un todo. El no haber ahogado en sus comienzos el brote comunista, el no haber destruido a Fidel Castro cuando se pudo hacerlo, ahora nos salía a la cara, porque ya estaba en juego la conjura internacional marxista. El periodista Herbert Matthews[193] subió a la Sierra sin impedirlo noso-

---

[193] Herbert Lionel Matthews (enero 10, 1900-julio 30, 1977) nació en Nueva York en una familia judía adinerada. Al graduarse de la universidad de Columbia en 1926 comenzó como reportero en el *New York Times*. Fue corresponsal de la invasión italiana de Abisinia y favoreció a los republicanos en sus reportajes sobre la guerra civil española. Dejó a su esposa e hijos abandonados en Nueva York por una década mientras cubrió los conflictos europeos y la Segunda Guerra Mundial.

tros, con todas las garantías, para volcar en la prensa norteamericana su entrevista en donde idealizaba al nuevo Robin Hood.[194]

¿Y por qué había subido el señor Matthews a la Sierra? ¿Qué hacía este extranjero en nuestra patria, dictaminando quién era Caín y quién era Abel? Era nada menos que un filocomunista de vieja cepa, veterano de la Guerra Civil Española, donde había militado como corresponsal en las brigadas internacionales. Ahora, pagado por uno de esos periódicos «liberales» de los Estados Unidos, el *New York Times*, fue su instrumento para contribuir a la caída de nuestro Presidente.

¿Hasta qué punto fue la política seguida por este Presidente responsable de los acontecimientos? Los acuerdos de Kuquine fueron muy distintos de lo que con posterioridad se hizo. Batista estaría al frente del gobierno solo un tiempo, lo bastante como para encaminar al país y convocar a nuevas elecciones. Tanto el presidente Prío como muchos otros auténticos, y el propio gobierno de los Estados Unidos, veían con alarma el posible triunfo de los ortodoxos, infiltrados hasta la médula por los comunistas. El golpe de estado cortaba el nudo gordiano y los cubanos, con esta experiencia, quizás

---

Un ataque cardiaco lo forzó regresar a Nueva York en 1949 donde le crearon una posición especial de reportero-editorialista en el *New York Times*. Fue el primer periodista que entrevistó a Fidel Castro en la Sierra Maestra, redactando tres artículos con 6,790 palabras, publicados el 24, 25 y 26 de febrero de 1957. Sus reportajes propagandísticos durante los próximos dos años glorificaron a Fidel Castro y los rebeldes e influyeron al gobierno norteamericano a ponerle un embargo de armas a Cuba y forzar a Batista del poder. En 1959, describió a Castro como «el héroe más grande en la historia de Cuba», aminorando a José Martí. Se auto-tituló «El hombre que inventó a Fidel Castro». En contraste, Castro se quejaba de estar «cansado de ese viejo que se cree que es mi padre y siempre me está dando consejos». El *New York Times* le prohibió reportar sobre Cuba después que insistió el 16 de julio de 1959 que Fidel Castro era anti-comunista y que el pueblo cubano no quería elecciones. Se retiró en 1967 y falleció amargado y frustrado en Adelaide, Australia. En 1997, la dinastía castrista erigió un monumento en el lugar donde ocurrió la entrevista en 1957.

[194] Díaz Tamayo declaró a la prensa que la visita de Matthews a Fidel Castro fue «una entrevista imaginaria» porque era imposible para nadie pasar las líneas de tropas que rodeaban el sector en que Castro operaba. El general dijo que: «Esta entrevista fue prefabricada para el propósito de ayudar a la guerra psicológica que está ocurriendo en Cuba». R. Hart Phillips, «Cubans Debating Rebel Interview», *The New York Times*, marzo 1, 1957, página 8.

aprendieran a ser algo más comedidos en un futuro. Después, elecciones posteriores con Batista como candidato estaban fuera de cuestión. Batista, con su magnetismo, con su ascendiente sobre las tropas, quedaría como una posibilidad para el futuro, pero no como aspirante inmediato en unas elecciones que, forzosamente, tendrían que ser fraudulentas. Estas cosas yo no las hubiese entendido, de no habérmelas él mismo explicado antes del 10 de marzo. Pero nada de esto fue así. Una vez en la silla, su dominio de las circunstancias fue demasiado completo. Nada lo limitaba, y no pudo resistir a la tentación de continuar en la presidencia. El poder es embriagador, lo reconozco. Disfruté de él y sé lo que significa. He ahí el nudo de la cuestión.

Existe otra faceta en Batista demasiado conocida, pero que no está de más que mencionemos. En su corazón, el Presidente era un demócrata convencido. Demócrata que, no pudiendo llegar al poder democráticamente, utilizaba otros medios para hacerlo. Una vez en la cima, trataba de comportarse democráticamente, y de que lo reconocieran como tal. Restableció la libertad de prensa y las garantías constitucionales. Y bien sabido es que la prensa opositora fustigará siempre al presidente de cualquier república, aunque sea la reencarnación de Cristo. ¿Cómo pensar que, teniendo la facilidad de hacerlo, esa prensa no lo atacaría? Así, al fin y al cabo, se vio en la precisión de suprimir esa libertad. No se decidió por la democracia absoluta ni por la dictadura total, porque para establecer esa democracia total hubiese tenido que abandonar la presidencia y, en cuanto a ser un dictador absoluto de cuerpo y alma, le faltaba vocación para ello. Por todo esto, su política resultó errática e indecisa. No era sanguinario, pero a ningún precio estaba dispuesto a renunciar a lo que tan caro le era, y para ello le fue preciso matar. Paso a paso, la opinión pública, que si no favorable en ningún momento, había sido al menos indiferente, se le tornó decididamente hostil. Pero la opinión pública por sí sola no derriba un gobierno autoritario: es el factor externo, en este caso los Estados Unidos, quien lo realiza. Porque ahora entran estos en juego.

Fue siempre incomprensible para los cubanos, y yo mismo vine a comprenderlo en el exilio, que figuras de renombre dentro de este país, que la mayor parte de la prensa, que legisladores, que la radio y la televisión, observen una conducta lesiva a los intereses de su patria. ¿Que lo hacen por ignorancia? ¿Por problemas hormonales? ¿Por conflictos emocionales? ¿Por convicción? ¡Poco importa! En otros países, y no tendrían que ser totalitarios, serían juzgados por traición y tratados como traidores. Sin embargo, las leyes de la Gran Democracia los protegen y hasta castigan a quienes los denuncian. En lo que respecta a Cuba, e independientemente de lo mal que lo estuviéramos haciendo, toda esa prensa a que me refiero, congresistas y hasta el Departamento de Estado procedieron alegremente a destruir a Batista, su amigo sincero, y a sustituirlo por Fidel Castro, comunista y enemigo acérrimo de los Estados Unidos.

Hemos dicho ya muchas veces que el presidente Batista jamás fue popular, pero para un pueblo desilusionado, de vuelta ya del mito auténtico, que fuera él u otro quien rigiera sus destinos lo dejaba poco menos que indiferente. Los grandes comerciantes, industriales y banca no lo veían con malos ojos, puesto que su respeto a la propiedad y su acertada política económica eran, ante ellos, su mejor credencial, pero al ver que el gobierno norteamericano se alejaba de él, pensaron: «A Rey muerto, Rey puesto». Y si los vecinos del Norte apoyaban el nuevo Robin Hood, justo era que ellos lo apoyasen también. No resta nada de eso responsabilidad a Batista, pero hagamos también constar la ceguera ya irresponsabilidad de muchos.

Otro síntoma ominoso fue el malestar en las altas esferas de las Fuerzas Armadas. Al ventear el desastre, algunos jefes comenzaron a pasar su dinero al extranjero y a preparar su huida. Hubo quien se puso al habla con el enemigo para comprar su seguridad. Desde mi belvedere en la antigua Ayudantía General veía a diario desarrollarse el drama. Llegaban hasta mí partes de las deserciones, las bajas sufridas, los incendios. Todo aquello pudo evitarse y, hasta última hora, la situación tuvo remedio. Y esta oportunidad se presentó con las elecciones. De ganarlas el candidato de la oposición, el Dr. Márquez-Sterling, la gran masa hubiera abandonado su actitud de lucha y dejado solo a Castro con su grupito de comunistas. Firmemente creí que este era el plan, y varias veces lo comenté en el seno de mi familia. ¡Cuál no sería mi sorpresa al ver que el vencedor fue el candidato del gobierno, el Dr. Rivero Agüero!

Recuerdo como casi en la víspera de las elecciones, se nos citó al salón de conferencias del Estado Mayor en Columbia, dándonos instrucciones para que las elecciones fueran completamente libres.

Sin embargo, allí mismo, en un aparte, alguien me dijo que las cédulas electorales ya preparadas eran enviadas en sacos para las provincias orientales, con el candidato gubernamental como ganador.

Sigo creyendo que en la mente del Presidente estuvo ceder la presidencia a Márquez-Sterling. ¿Qué fue lo que lo hizo cambiar a última hora? ¿O será cierto que el general Batista jamás pensó abandonar el poder efectivo, y que al tomar posesión el Dr. Rivero Agüero pasaría él a ser Jefe del Estado Mayor Conjunto? Pese a verlo con relativa frecuencia, nunca sorprendí en él el menor indicio en un sentido o en otro. Tampoco creo que confiara a nadie sus verdaderos propósitos.

Y en eso sonó el aldabonazo, *l'hôte inconnu* que venía a decidir la cuestión. Era el embajador norteamericano[195] quien, cumpliendo instrucciones de su cancillería, comunicó al presidente que su gobierno había dejado de apoyarlo. Es decir, que tenía que irse. Esta entrevista ha quedado plasmada, con lujo de detalles, en el libro *El Cuarto Piso*, escrito con posterioridad por dicho embajador.

---

[195] Earl Edward Tailer Smith (julio 8, 1903–febrero 15, 1991) natural de Newport, Rhode Island, y graduado de la universidad de Yale. Fue financiero y corredor de inversiones, miembro de la Bolsa de Valores de Nueva York. Durante la Segunda Guerra Mundial fue teniente coronel del Ejército y del Servicio de Inteligencia de la Fuerza Aérea. Director de finanzas del Partido Republicano en la Florida y cuatro veces delegado a la Convención Nacional Republicana. El presidente Dwight Eisenhower lo nombró embajador a Cuba en junio de 1957 y renunció el cargo el 20 de enero de 1959. Nunca había sido diplomático y no hablaba español. El presidente John Kennedy le ofreció el cargo de embajador en Suiza en 1961 pero lo rechazó. En 1962 publicó *El cuatro piso* donde responsabilizó al departamento de Estado norteamericano de las malas decisiones que ayudaron a llevar el comunismo al poder en Cuba. Fue alcalde de Palm Beach, Florida, durante 1971-1977, y en junio de 1982 el presidente Ronald Reagan lo nombró a la Comisión Presidencial de Radiodifusión hacia Cuba para efectuar Radio Martí. Falleció en Palm Beach.

CAPÍTULO VIII

LA CONSPIRACIÓN DE LOS BORRACHOS

A partir de la conspiración «Barquín», otras muchas se habían producido, y algún que otro mal intencionado mezcló mi nombre a varias. Cuando en cierta ocasión alguien le dijo a Napoleón que, siendo dueño de media Europa, podía ya él vivir en paz, contestó: —Jamás nos dejarán tranquilos, poseemos demasiadas cosas.

Yo nunca tuve mucho, y me guardé también de hundir mis manos en el río de oro que fluía en mi derredor. Pero creo que precisamente eso molestaba a más de uno. También, viendo que nada podía hacer para remediar la situación, me aislé aún más. Sin ser yo Napoleón, tampoco me dejaron tranquilo. Cuando el Presidente, medio en serio, medio en broma, hacía alusión a que mi nombre apareciera en listas y confidencias, yo le contestaba: —Ya usted ve, Señor Presidente, es lo que le he dicho antes: usted debe retirarme. Será mejor para todos.

Así siguieron las cosas hasta que un buen día se descubrió una nueva conspiración. Se le llamó «de los borrachos», porque los oficiales implicados se reunían en el bar de un club habanero. Entre los conspiradores se hallaba un primer teniente, secretario particular mío *de correspondencia. Ese oficial jamás se atrevió a decirme nada al respecto. Tampoco yo podía darme cuenta puesto que yo lo veía una sola vez al día para hablar de mi correspondencia diaria y eso era todo. Yo tenía absoluta confianza en el por ser un hombre serio, capaz y fiel al Ejército.* Así, pues, por estar involucrado mi secretario, tenía también que estarlo yo. Quizás por estar ya el Presidente harto de mis tiranteces con el Jefe del Estado Mayor Conjunto, decidió cortar por lo más fácil. Por intermedio del Jefe del Ejército, general Rodríguez Ávila, se me comunicó que la presencia de mi secretario en una intentona había dado qué hablar, y que el Señor Presidente estimaba que debía yo alejarme por un tiempo. Que se me daba a escoger entre las Embajadas de Cuba en Washington o en París, para ir a ellas como Agregado Militar. He aquí lo que contesté a la proposición: «Dígale al Señor Presidente que, de ser yo un traidor, lo mismo seguiré siendo en Francia que en los Estados Unidos. Y nada menos que un traidor uniformado. Esa calificación de traidor no la acepto de nadie. *Que yo no he conspirado contra nadie y que sí deseo ser retirado del Ejército para que terminen los problemas con mi persona.* No deseo ir a ninguna parte: la solución está en retirarme y, esperando ese retiro, me iré ahora mismo para mi casa y allí aguardaré la decisión que mis superiores tomen, pero aquí no volveré más». *Dicho esto, adopté la posición de atención*, saludé al general y tomé el elevador de vuelta a mi domicilio. Allí, me consideré en arresto domiciliario voluntario. *No hablé una sola palabra con nadie.*

Quizás eso no estuviera bien. Aunque me cuadré y lo saludé antes de retirarme, en realidad dejé a mi antiguo amigo y superior jerárquico, el general Rodríguez Ávila, con la palabra en la boca. Hubiese podido hacerme arrestar allí mismo, pero no lo hizo. Supongo que se sentía incómodo, porque de sobra sabía él de dónde venían los tiros. Me imagino también que se produjeron llamadas, conversaciones y deliberaciones sobre qué hacer conmigo. Aparentemente, se adoptó la solución de retirarme por enfermedad y así se publicó, pero yo, inconsciente de que ya se había dado la nota a la prensa tuve la ocurrencia de irme al Casino Español. Una vez allí, mis amigos me embullaron a jugar «squash», y tomé parte en tres partidos. *Eran como las doce meridiano del domingo. Hacía un sol tremendo. Parece que había sabuesos por la zona y pusieron de alerta a la alta comandancia. Seguro eran hombres del gran policía Irenaldo García, que había llegado a la delicada posición de jefe del SIM, como si eso se hubiese hecho para cualquiera.* Después regresé a casa y me acosté temprano, pues el ejercicio me había cansado.

El hecho de que el «enfermo» disfrutase de tan buena salud produjo hilaridad y hasta una fotografía en la prensa. A las 3:30 de la madrugada, un comandante y un primer teniente fueron en mi busca. El mayor general fue arrestado y conducido al SIM sin más ni más. Aparentemente, la orden de arresto contra mí no se produjo nunca, sino que un comentario del Presidente en presencia del jefe del SIM, teniente coronel [Irenaldo Remigio] García Báez,[196] fue interpretado por éste como tal.

El señor jefe del SIM requería mi presencia urgente. Los oficiales que fueron a conducirme al SIM actuaron con todo género de miramientos, y uno de ellos, que vive ahora en Miami, se mostró en todo momento apenado, y para mí, ¡qué vejación! *Después de eso y tantísimas cosas más que las creo incontables por vergüenza para el honroso ejército cubano, aunque a muchos le duela, ya yo no esperaba más. Aquella noche me sentí el hombre más infeliz del mundo.*

No fue sino hasta las siete de la tarde que me condujeron a presencia del jefe del SIM. Desde la madrugada anterior me la había pasado en una pequeña habitación, con una mesa y una silla por único mobiliario. ¡Cuánto cavilé en ese tiempo! ¡Con qué celeridad percibí entonces como todo se venía cuesta abajo, como el país se deshacía en nuestro derredor! ¿Hasta qué punto era yo responsable de la debacle? La Historia diría su última palabra. Y luego, ¿cómo sonaría en los oídos de la ciudadanía que un mayor general, uno de los verdaderos autores del 10 de marzo había sido preso por conspiración? ¿Qué esperar entonces de los que no se sentían atados al gobierno? ¡Cómo disfrutaría la oposición de todo aquello!

Cuando al fin me vi en presencia del teniente coronel García Báez, éste me pidió sentarme frente a él en su despacho. En realidad no existía acusación contra mí, y todo se volvió generalidades: que se me había visto con Fulano, que si yo conocía a Zutano, pero nada más. Terminé por decirle: —Mira, Irenaldo, esto que me está pasando a mí, esto que están haciendo conmigo, puede pasarle también a tu padre (el brigadier Pilar García) u otros en cualquier momento. Esto se está derrumbando poco a poco. Como veo las cosas, pronto se producirán en Cuba acontecimientos terribles. Yo quiero que le digas al Presidente que, al hacerme arrestar, está haciendo de mí un personaje. Están ustedes en un error al pensar que yo podría conspirar. Jamás se me ocurriría hacerle daño al Ejército ni al gobierno. Lo que quiero es estar tranquilo. Déjenme en paz y nada tendrán que temer de mí.

---

[196] Irenaldo Remigio García Báez (marzo 17, 1924-noviembre 29, 2006) natural de Matanzas e hijo del brigadier general Pilar García.

En efecto, a poco me dejaron en libertad y regresé a casa. Estuve confinado 17 horas *sin que mi familia supiera qué pasaba conmigo.*

¿Y qué es lo que había pasado? Como ya dije antes, mi partida de *Squash* en el Casino Español debió ser motivo de irritación. Se me dijo después que, en el curso de la comida en Palacio el día del famoso juego, el Presidente comentó: —Martín está buscando que lo hagamos arrestar.

De estas palabras, García Báez, que asistía a la comida, sacó la conclusión de que Batista me quería preso y ordenó detenerme. He aquí por qué fui arrestado en la madrugada del sábado al domingo. El hecho de que no se me pusiera en libertad hasta el domingo por la tarde significa que el Presidente no se enteró hasta esa hora de que me hallaba yo en el SIM, e inmediatamente dispuso que se me pusiera en libertad. Este es un ejemplo de servilismo barato.

Vinieron después las negociaciones para mi retiro. El comandante [Alberto] Boix Comas[197] fue el encargado de mediar entre el Estado Mayor y yo, y la fórmula final fue el retiro por enfermedad, que ya he mencionado. Efectivamente, a partir de la aparición del decreto quedé tranquilo en mi casa pero, ¿es «tranquilo» la palabra? Día a día veía yo cómo un fantasma sin cuerpo, tal como lo era la Sierra Maestra, derrumbaba, no ya un dictador, sino a todo un sistema político-económico. *Fueron unos días de angustia para mí por el cariño que sentía por nuestra Institución, que ya estaba en precario por todas las cosas que se juntaron a la vez.*

La salida mía del Ejército sorprendió a muchas personas, civiles y militares, porque ellos sabían que algo grave sucedía cuando tomábamos esa determinación tan seria. Como después vimos, solo veintisiete días más tarde se formó lo que todos conocemos. Eso me hizo sentir más triste todavía pues yo no creía que el desbarajuste iba a ocurrir ese mismo mes. Todos fuimos sorprendidos con la actitud tomada por el Presidente Batista. Los demás jefes no tenían nada que hacer, sino seguir al chief.

Yo creo que Batista hizo fracasar el 10 de Marzo casi al nacer. Qué distinto es cuando se suplica, antes de realizar un hecho, a la

---

[197] Alberto Boix Comas, vocero del Ejército, exsacerdote y exprofesor en el colegio Los Escolapios de Guanabacoa.

arrogancia que se despliega después de realizado el hecho. Batista quiso hacer tantos juegos malabares con Cuba, con Fidel y la política, que el truco le salió mal. Tan mal, que hundió a sus amigos, se hundió él y su nombre, y hundió por cien años o más a una de las repúblicas más lindas y adelantadas del orbe. Su ceguera, sus trucos y maniobras maquiavélicas lo hundieron en las profundidades del más obscuro abismo conocido por el hombre. ¿Quién puede negar esto?

Varias obras he consultado en estos días a fin de dar consistencia a lo que en este momento escribo. *En el Cuarto Piso*, del señor Earl Smith, penúltimo embajador de los Estados Unidos, en la *Historia de Cuba*, del Dr. Márquez-Sterling y *La Daga en el Corazón*, del Dr. Mario Lazo,[198] puede apreciarse con gran claridad el curso de los

---

[198] Mario Roberto Lazo y Guiral (marzo 21, 1895-marzo 25, 1976) nació en la embajada guatemalteca en Washington, D.C., donde su padre Antonio Lazo Arriaga (1857–1938) era ministro guatemalteco ante Estados Unidos y su madre María Lorenza Guiral y Domínguez (1863–1897) era hija de la Marquesa de Mont-Roig de Madrid. Se naturalizó ciudadano estadounidense en febrero de 1917. Alistó en la Guardia Nacional de Nueva York el 29 de junio de 1916 y con su hermano Antonio (1887-1956) fueron asignados en el Escuadrón A de Caballería a patrullar la frontera con México en Texas por seis meses. Graduado en Derecho de Cornell University el 14 de febrero de 1917 donde fue miembro de la sociedad Quill and Dagger. Comisionado capitán de Infantería del Ejército estadounidense el 26 de noviembre de 1917. Fue jefe adjunto del Estado Mayor, Sede del Puerto de Embarque, Hoboken, NJ, hasta agosto de 1918. Posteriormente fue oficial al mando de la Compañía de Cuartel General de la División 16 en Camp Kearny, California, hasta su licenciamiento el 31 de diciembre de 1918. De allí viajó a Japón, China e Italia por seis meses. Al regresar a Nueva York trabajó en un banco y fue abogado en el bufete Masten & Nichols desde enero de 1921 a octubre de 1925, cuando comenzó a estudiar Derecho Civil en la Universidad de La Habana. El 30 de diciembre de 1925 se casó con Gertrude Minshall Hopper (1900-1958) en la iglesia de la Transfiguración en Nueva York y tuvieron tres hijos. Tras graduarse el 29 de junio de 1928, juramentó la ciudadanía cubana y estableció el bufete Mario Lazo & Jorge E. Cubas. La firma representó al gobierno norteamericano y a grandes corporaciones, como la United Fruit Company, Freeport Sulphur y Cuba Sugar, y bancos estadounidenses, además de empresarios cubanos. El 17 de febrero de 1936, la revista *Time* lo describió como "El abogado N° 1 en la isla." Tras su divorcio con Gertrude, contrajo matrimonio con la viuda Carmen de la Guardia y Calvo, en la Iglesia San Agustín en Marianao, el 2 de septiembre de 1954. Su primo Carlos Márquez-Sterling y Guiral asistió a la boda. A principios de 1959, viajó a Washington, y en compañía del nuevo embajador cubano, le pidieron a Lyman

acontecimientos. Otro libro que he leído con gran interés es *Motivos y Culpables*, del señor [José] López Vilaboy.[199] Incurre el autor en numerosos errores históricos, sobre todo al tratar nuestra guerra de independencia pero, así y todo, vale la pena estudiarlo. No me explico qué razones tuvo el señor López Vilaboy para atacar tan violentamente a Batista, de quien no recibió sino beneficios. Aparte de acusarlo de ladrón, de egoísta, incapacitado, etc., lo que realmente hace resaltar, tal vez sin quererlo, son los rasgos más favorables del Presidente, es decir, su bondad y su buen sentido de la amistad.

Conocemos la obra del señor Vilaboy al frente de distintas empresas del gobierno, principalmente en la Compañía Cubana de Aviación. Creo que realizó una excelente labor, cosa que no pierde ocasión de decirlo él mismo en el libro, pero, ¿cómo convertirse de modesto periodista en millonario de no ser por la protección del presidente Batista?

Vemos como el Presidente lo apadrina una y otra vez en sus empeños como empresario. Lo sostiene contra *cliques* tan poderosas como los Tabernilla. Desbroza de obstáculos su sendero y obtiene para él créditos de millones. Y pronto vemos al director de un periódico de escasa circulación en condiciones de absorber, de su peculio, hasta el 20% de las acciones de una gran empresa.

En su saña, llega a decir que el Presidente no pensaba sino en el dinero, y que en todos los negocios había que darle a él parte. A mí se me ocurre preguntar: en los tantos negocios que el señor López Vilaboy hizo al socaire de *El Indio*, ¿tuvo él que contribuir a llenar sus arcas? Si la respuesta es afirmativa, se hace cómplice de una ma-

---

B. Kirkpatrick, inspector general de la CIA, que el gobierno norteamericano reconociera al gobierno revolucionario como único método de restaurar el orden. Fue arrestado el 17 de abril de 1961 al iniciar la invasión de Bahía de Cochinos y al ser libertado obtuvo asilo en la Embajada de Italia en La Habana. Se refugió en Estados Unidos y en 1968 publicó *Daga en el Corazón*, culpando al presidente Kennedy por la derrota de Bahía de Cochinos y la entrega de Cuba a la Unión Soviética. En 1974 estableció el Watergate Defense Fund para ayudar a sus amigos E. Howard Hunt y Bernard Barker, acusados en dicho caso. Durante un viaje desde Miami a su hogar en Norfolk, Connecticut, falleció de un ataque cardiaco a mitad del camino en Richmond, Virginia.

[199] José Ramón López Vilaboy (marzo 7, 1907-marzo 2, 1989) director del periódico Mañana. En 1953 adquirió el 22% de las acciones de Cubana de Aviación.

la práctica. Si es negativa, resulta entonces que Batista no era tan voraz como él dice.

Confiesa también el señor López Vilaboy que al dirigente obrero Calixto Sánchez,[200] culpable de actividades antigubernamentales, Batista lo pone en libertad y lo deja salir del país a petición suya. Unos meses después, este mismo señor desembarca al frente de una expedición armada.

En otros pasajes, dirige el señor López Vilaboy sus tiros contra la entonces Primera Dama, la señora Martha Fernández. La supone incluso influyendo sobre Batista hasta el extremo de hacerlo variar en sus decisiones. Creo en esto poder opinar con conocimiento de causa. Sobre el Presidente influían las circunstancias, pero jamás las personas, y mucho menos su esposa.

En la página 256 de su libro, aparece el siguiente pasaje, como prueba de la intromisión de la señora Martha Fernández en los asuntos de su esposo.

> Un día, almorzando en su casa de Kuquine (él, Martha y yo), llegaba el general E. Cantillo, quien compartió la mesa y nos dedicamos a examinar las cosas generales de la política cubana de aquellos tiempos, pero al final hablamos él, Martha y yo solos, y entre las cosas que comentamos estaba el buen resultado que le había dado al periódico *Mañana* un plan de regalos de casas y otros artículos, que nos habían permitido hacer más de 60.000 suscripciones. Martha, entusiasmada por la información, dijo: —Kuqui (así le decía ella al general Batista) ¿por qué no pones un periódico como Vilaboy con un plan de regalos para ganar dinero? Eso no tiene importancia, pero es sintomático de la ambición de doña Martha, cosa que influyó demasiado en la nueva vida de Batista.

---

[200] Calixto Sánchez Whyte (febrero 3, 1924-mayo 28, 1957), nacido en Glasgow, Escocia, era veterano del Ejército canadiense durante la Segunda Guerra Mundial. En 1949 fue electo secretario general de la Federación Aérea Nacional y miembro del Comité Ejecutivo de la Confederación de Trabajadores de Cuba (CTC). Al desembarcar con la expedición del Corinthia, Calixto Sánchez Whyte y 15 expedicionarios de la Organización Auténtica se rindieron al ejército tras ser sitiados y prometidos que se les respetaría la vida. Sin embargo, Batista ordenó que fueran ejecutados el 28 de mayo de 1957 en represalia por el ataque de la guerrilla de Fidel Castro al cuartel del Uvero el mismo día, donde murieron 11 soldados y 19 fueron heridos.

Conocí bien a la señora Martha, y las palabras que pone en su boca son típicas de ella. Su propósito, sin embargo, era siempre halagar al visitante, poniéndolo como ejemplo a seguir para su esposo. Demasiado bien sabía ella que el Presidente no tenía que poner un periodiquito para hacerse de unos pesos.

Volviendo al curso de la narración, hallándome yo en mi casa, casi siempre en mi pequeño despacho-biblioteca, a solas con mis libros, llegó a mi casa un amigo sacerdote. Lo recibí y resultó que traía una carta de Fidel Castro, pidiéndome que fuera a reunírmele en la Sierra. ~~No quise ni tocar la carta y le dije al sacerdote~~:[201]

—Padre, le ruego guarde esa carta y devuélvala a quien la escribió. Dígale al señor Castro que mis diferencias con el gobierno no suponen en modo alguno que esté yo con un movimiento que de sobra sé que es comunista. Y déjeme darle este consejo: limítese a decir misa y no se haga cómplice de lo que viene sobre Cuba.

Este sacerdote era español. Se llamaba Fray Balbino, de los Carmelitas Descalzos. A finales de enero de 1959 volvió a mi casa y me dijo:

—Tenía usted razón, Fidel Castro es comunista.

He de volver al tema de que durante mis siete años como general, me mantuve en un cierto aislamiento con respecto a mis jefes y a mis compañeros de grado. A nadie debo culpar por ellos: únicamente a mi modo de ser. Quizás, de existir entre ellos y yo una mayor comunicación, se produjeran menos malentendidos. Con el Presidente fui más explícito, siempre y cuando él me consultara. En esos casos me escuchaba con suma atención aunque reservándose, como es natural, las decisiones finales.

En mis grados subalternos tuve buenos amigos con los que departía y bromeaba, pero tanto como Inspector General o como Jefe de los distritos militares de Oriente y La Cabaña, y finalmente, como Ayudante General (G-3), solo con mi familia y con algunos íntimos me abría a la confidencia.

---

[201] Parece que dudaba sobre incluir o no la siguiente anécdota ya que al margen anotó NO.

Una vez retirado, pude liberarme un poco de lo que doy en llamar mis inhibiciones. Como es natural, dejé de asistir al Círculo Militar, pero se me dio la bienvenida en otros clubes, especialmente en el Casino Español. Pasé también a dedicar mayor tiempo a mi familia. Mi madre, por ejemplo, había venido a vivir conmigo. Lejanos quedaban ya los días en que ella me recriminara el haberme alistado en el ejército de la nación. Rosaura, mi esposa, así como mi suegra, la hicieron sentirse siempre como en su casa. ¡Dios las bendiga! ¡Por fin tuvieron compensación sus años de privaciones! Tuve la satisfacción de ver que nada le faltó mientras estuvo en nuestra casa.

Tocante a lo que en mi derredor sucedía, mejor puede apreciarse en los libros que hace poco mencioné. ¡Cómo, desde mi casa, contemplaba día a día la agonía del régimen! Y no es nada nuevo decir que el presidente Batista fue uno de los grandes responsables, pero cuando se me dice que el Ejército estaba vendido, que los soldados no querían pelear, se me ocurre este otro enfoque: ¿No es notable que bastante resistencia opusieran estos soldados al esfuerzo combinado de Rusia, Estados Unidos y Castro? ¿Y qué decir de aquellos dueños de fincas, ~~orientales, camagüeyanos, villareños~~, que iban hasta las bandas armadas comunistas y les decían: —Hay un destacamento protegiendo mi hacienda. Pueden ustedes matarlos sin dificultad, porque no son más que cinco, y cuando yo llegue pensarán que nada tienen que temer de mí y me abrirán la puerta.

¡Pobres soldados! ¿Cómo no iban a desmoralizarse? Pero véase el comportamiento de aquellos a quienes les tocó morir frente al paredón. ¿Y qué decir de los funcionarios del Cuarto Piso del Departamento de Estado? Ya se encargó el embajador Earl Smith de ponerlos en su sitio. Algunos de ellos ya han fallecido, pero no soy lo bastante generoso como para desearles una paz eterna. ¡Que las ánimas de nuestros hombres fusilados los atormenten, tanto en sus últimos momentos como en el más allá!

LA DEBACLE

Inútil añadir nuevas palabras a todo lo que ya se ha dicho y escrito sobre el 1º de enero. Solo estas impresiones: recuerdo que el populacho se guardó muy mucho de lanzarse a la calle hasta que, sobre el mediodía, se puso de manifiesto que la fuerza pública no reaccionaría, por obra y gracia de las nuevas jefaturas. Debió pensarse en una reorganización contra la famosa revolución. Pero preciso es admitir que se mostró menos sanguinario que a la caída de Machado. Mientras los miembros de las Fuerzas Armadas se batían en favor de la patria, la inmensa mayoría de la población enterraba más y más la República. En cuanto a mí, ya estaba retirado y no se me molestó en lo más mínimo. Sin embargo, pocos días después de llegados a La Habana los comunistas, se apareció en mi casa un grupo de barbudos. Venían de parte de un Dr. Armando Fleites, que hoy en día ejerce como médico aquí en Miami, y a punta de pistola se llevaron mi automóvil particular. No me hallaba yo en casa, y a mi regreso hallé a mi pobre esposa y a mi suegra agitadísimas. Pasaron los días, y una amiga nuestra, la señora Martha Montenegro, llegó a la casa y nos informó que habían visto el automóvil estacionado frente al Hotel Capri, y como mi esposa tenía un juego de llaves de repuesto, fueron ella y Martha hasta el hotel y regresaron con el auto. Por segunda vez volvieron los «muchachos» de Fleites, esta vez en número de más de diez hombres armados, y por segunda vez se llevaron el automóvil.

Dos días después recibió mi suegra a un señor, quien le dijo ser el padre de Armando Fleites. Muy atento y caballeroso, venía a disculparse por la conducta de su hijo, a quien no vaciló en calificar de audaz. Años después, la señora [Martha] Montenegro, cuyo esposo tenía a la sazón una estación de servicio, se encontraba en ella, cuando se detuvo a echar gasolina el Dr. Armando Fleites. Martha lo reconoció y, sin encomendarse a Dios ni al Diablo, le salió al paso y puso a este señor de oro y azul. Me contó Martha que el hombre no respondió, sino que con la cabeza gacha terminó de llenar el tanque y se fue sin decir palabra.

Existía en el cuerpo jurídico de nuestro Ejército un Comandante Auditor de apellido Nin. Se hallaba retirado, pero Castro lo había llamado a servicio. Un día me llamó Nin por teléfono, y me comunicó que acababa de iniciarse la Causa N° 4 por los hechos ocurridos el 10 de marzo de 1952. Añadió que debido al mucho trabajo que tenía, me rogaba que le escribiera yo mismo un informe con los descargos que estimase oportunos para mi defensa. Le contesté que eso requería tiempo, porque necesitaba refrescar la memoria y buscar datos que ahora no tenía a mano. La cosa quedó así, pero esto me puso sobre aviso de que más tarde o más temprano iba yo a tener dificultades.

Casi en seguida llegó de los Estados Unidos el mayor general (retirado) Ralph Truman,[202] primo hermano del presidente Truman. Nuestra amistad había comenzado años atrás, cuando este jefe, veterano de la guerra Hispano-Cubano-Americana, había venido a Cuba en misión semi-oficial. Deseaba este general explorar las posibilidades de cooperación de los dos gobiernos, para establecer parques histórico-militares en el teatro de operaciones de aquella contienda. En aquella ocasión quedó a mi cargo atenderlo. También, deseando visitar Daiquirí y San Juan, lugares donde él combatiera, yo lo envié en un avión del Ejército con el entonces capitán Medel, coautor de este libro.

El general Truman siguió correspondiéndose conmigo y, en 1958, nos invitó a Medel y a mí a una convención de veteranos de su antigua división, la 35 de Infantería.[203] En aquella ocasión, el presidente Batista le envió como presente una bonita caja de habanos que yo le entregué en Topeka, Kansas.

Un dato curioso: años después me contaba la señora Oliva Truman, esposa del general, que existía una franca enemistad entre Eisenhower y los Truman,[204] y que al llegar Eisenhower a la presidencia desmovilizó y desbandó la 35 División para mortificarlos. Pues en esta unidad había figurado siempre la rama militar de la familia Truman. Fallecido Eisenhower[205] y en el poder de nuevo los demócratas, se reconstituyó[206] una vez más esta división veterana de tantas guerras.

---

[202] Ralph Emerson Truman (mayo 10, 1880-abril 30, 1962) nació en Kansas City, Missouri. Fue veterano de la guerra Hispano-Cubano-Americana, la Insurrección Filipina, la Expedición a México del general Pershing, la Ofensiva Meuse-Argonne de la Primera Guerra Mundial, y como mayor general dirigió la División 35 de Infantería durante 1940-1941. Visitó La Habana en octubre de 1955, abril de 1957 y febrero de 1958.

[203] Arribó a Cayo Hueso en un vuelo de Aerovías Q el 17 de septiembre de 1958, rumbo a Topeka, Kansas.

[204] Al margen: No estoy autorizado para decir esto} por diferencias políticas que al parecer existían entre los generales Ike y Truman.

[205] Dwight D. Eisenhower (octubre 14, 1890-marzo 28, 1969).

[206] Al margen: Reorganizó. Hablaremos de esto, pues yo no debo corregir a mi profesor, ni jugando.

Pues bien, a principios de 1959 llegó [Ralph] Truman a La Habana.[207] El viejo soldado me instaba a irme para los Estados Unidos. General, –me dijo– váyase inmediatamente para los Estados Unidos. Usted está en un riesgo tremendo. Créame. Yo sé lo que le estoy diciendo. Vendrá usted a mi casa hasta que pueda encaminarse.

La verdad es que no actué con la premura que debiera, y eso estuvo a punto de costarme caro. No desoí el consejo del General Truman, pero sentía que no tenía nada que reprocharme y dejé transcurrir los días pese a ser éste el segundo aviso que recibía.

El tercero me vino de modo perentorio. El organismo que reemplazó al Servicio de Inteligencia Militar (SIM) fue el DIER. Un día a finales de marzo,[208] se recibió una llamada. Se trataba de alguien a quien yo había hecho no recuerdo qué servicio, y que ahora militaba en las filas del DIER. El mensaje era: «El jefe del DIER ha recibido la orden de detener al general Díaz Tamayo y al general García Tuñón. Está ahora durmiendo la siesta, pero en cuanto se levante irá para hacerlo preso».

Llamé inmediatamente a otro amigo mío, el señor Eloy García, diciéndole lo que me ocurría y que necesitaba hablar con él. Eloy me contestó: —Voy enseguida.

Al encontrarnos me llevó a casa de su hijo Joaquín, quien acababa de casarse y vivía con su esposa en un bonito apartamento. El hijo respondió afirmativamente a la petición del padre: —Quiero que tengas aquí a Díaz Tamayo hasta que pueda hallarle un escondite mejor.

~~Sugerí yo al señor García que hiciera~~[209] contacto con Fray Balbino, quien dos veces visitara mi casa, la primera para traerme la carta de Castro, y la segunda para disculparse por no haber comprendido a tiempo que Castro era comunista. En esta segunda ocasión, se ofreció para lo que pudiera servirme. Ahora lo recordé, y el señor Eloy García fue a verlo. Fray Balbino me hizo llevar a su parroquia en Miramar, que estaba cerca de mi casa. Allí me sentí tran-

---

[207] Al margen: El mismo día 1º de enero 1959 a las 9 de la mañana me llamó por larga distancia de Missouri.

[208] Error de memoria ya que salió al exilio a mediado del mes. «Ayer salieron otros veintitrés cubanos al exilio político», *Diario de la Marina*, marzo 17, 1959, p. 9-B.

[209] Al margen: Yo fui quien hizo el contacto. No hay explicación del hecho.

quilo por primera vez, en la paz del Señor, pues nada da mayor sensación de paz y de tranquilidad que el interior de un templo.

No se estuvo tranquilo por mucho tiempo Fray Balbino. Tenía yo otro amigo, el señor Danilo Mesa,[210] quien en aquellos tiempos ocupaba la posición de Subsecretario del llamado Ministerio de Recuperación de Bienes Malversados. Dije al sacerdote que el señor Mesa era de fiar, y allá fuimos los dos esa misma tarde. Danilo Mesa nos recibió en seguida, y de inmediato llamó a un señor que por aquel momento fungía de enlace entre el grupo civil de Castro y las Bandas Armadas Comunistas (FAR) Este señor era de apellido Duarte, y le llamaban «El Indio» Duarte.

La respuesta de Duarte fue la siguiente, más o menos: —Me imaginaba que me llamarías para interesarte por tu amigo Díaz Tamayo. Quiero que sepas que, o está preso, o lo arrestarán de un momento a otro, pues esas son las órdenes de Raúl.

Y el pobre Danilo, con la mejor intención, me dijo:—General, escóndete por ahí dos o tres días, que yo te arreglaré el asunto.

El pobre creía que se hallaba todavía en los tiempos del feroz batistato, en que bastaba una gestión personal para librar a un hombre de la prisión y hasta de la muerte.

Fray Balbino llamó entonces al embajador de España, Marqués de Vellisca. El señor Lojendio,[211] que ese era su apellido, dijo al

---

[210] Danilo Federico Mesa Díaz (septiembre 16, 1917-marzo 19, 1990) nació en Marianao y fue dueño de la tienda de equipos de sonido hi-fi «California Alta Fidelidad» en La Rampa. Era recogedor de fondos para el Movimiento 26 de Julio y contacto público para el jefe clandestino en La Habana. El 25 de noviembre de 1956 recibió un cable en La Habana con la señal del desembarco de la expedición del Granma. Arrestado en diciembre de 1958 y golpeado en la Décima Estación del coronel Conrado Carratalá en El Cerro. Lo sacó de la cárcel después de cuatro días el coronel José Martínez Suárez, inspector territorial del Quinto Distrito Militar, cuya hija estaba casada con el cuñado de Mesa. Salió al exilio la última semana de diciembre de 1958 y al regresar a La Habana en enero de 1959 sacó de la cárcel al coronel Martínez. Llegó exiliado a Gainsville, Fla., el 12 de octubre de 1961, donde trabajó en una librería y su esposa Rosa fue bibliotecaria en la Universidad de la Florida. Se naturalizó ciudadano norteamericano el 5 de mayo de 1976 en Gainesville y falleció en dicha ciudad.

[211] Juan Pablo de Lojendio e Irure (mayo 17, 1906-diciembre 13, 1973) fue cónsul de España en Santiago de Chile en 1932 y después de varios otros puestos di-

buen sacerdote que en aquel momento se encontraba enfermo y que él, por su parte, no podía darme asilo, por no tener España tratado con Cuba en ese sentido, pero que lo llamara al día siguiente, en que él me tendría el problema resuelto por otra Embajada. Y así fue. Al día siguiente el embajador de España nos informó que había tratado con el embajador de Chile, y que éste se había mostrado de acuerdo en asilarme, pero que desgraciadamente tenía tantos asilados que no podía admitir uno más. Por fortuna, el embajador de Ecuador, señor Chiriboga,[212] se había mostrado propicio, y sería él quien me asilaría.

Así, al día siguiente me dirigí a la dirección que él me dio. Era un edificio de apartamentos y, en el primer piso, me esperaba el primer secretario de la Embajada de Ecuador con su señora. Al verme, ésta me tomó del brazo y, seguidos de su esposo, bajamos hasta el auto de la Embajada. En él regresamos a la Embajada de Ecuador, donde al fin encontré refugio seguro. Había dejado atrás a mi compañera y a mi suegra que, no teniendo nada que temer, se reunirían conmigo en los Estados Unidos.

Durante mes y medio habría yo de vivir en la sede de la Embajada, junto con tres asilados más. Recuerdo sus nombres: el Dr. [Manuel] Ampudia,[213] quien fuera Ministro de Sanidad en el gobierno del presidente Batista y hoy, desgraciadamente, fallecido. También al señor Evaristo Marina,[214] Director hoy en día del Colegio *Aerospace* en Miami. Finalmente, el señor Camilo Padreda.[215] Este y yo jugá-

---

plomáticos, embajador en la Habana de 1952 a 1960, cuando fue expulsado tras un argumento con Fidel Castro en el estudio de televisión CMQ.

[212] Virgilio Chiriboga (1898-febrero 1, 1980)

[213] Manuel Ampudia González (marzo 11, 1898-marzo 1, 1972) Fue presidente-director del Consejo Nacional de Tuberculosis. Renunció como profesor de la Facultad de Medicina de la Universidad de la Habana el 28 de enero de 1959. Llegó a Miami el 17 de mayo de 1959. Falleció en Midland, Texas, al resbalarse de una silla, golpearse la cabeza contra la pared y fracturarse la primera cervical.

[214] Evaristo Luis Marina (diciembre 1, 1930-junio 20, 2009) natural de Caibarien, Las Villas. Fundador y director del Miami Aerospace Academy de 1969 a 1989 cuando el colegio cerró después de varios escándalos.

[215] Camilo Amancio Padreda Vázquez (agosto 25, 1932--), natural de La Habana, partió de Ecuador a República Dominicana en mayo de 1959 y posteriormente recibió asilo político en San Juan, Puerto Rico, el 17 de agosto de 1959. Arribó a

bamos canasta algunas noches, y dentro de las circunstancias pasamos veladas muy agradables, porque por otra parte no hacíamos más que comer y dormir, y como entretenimiento leíamos o contemplábamos los acontecimientos en la televisión.

Decía Bernard Shaw que al ser humano solo el humor lo salva del ridículo, porque realmente el hombre es un ser desgraciado. Convencido estoy de que los animales irracionales son más felices que nosotros. Solo les funciona el instinto y la memoria. Para ellos solamente existe el momento presente. Una vez llena la necesidad que ese instante les requiere, se acuestan tranquilamente a dormir, sin pensar de dónde saldrá la próxima comida. Las reses, cuando van al matadero, aguardan tranquilamente su turno de ser sacrificadas, rumiando con los ojos entrecerrados de pura paz de espíritu. Pero el ser humano agoniza día a día. La inteligencia y el raciocinio, cualesquiera que sean sus aspectos positivos, lo atormentan con dudas, incertidumbres, pasiones, premoniciones. Y miedo, miedo, miedo por todas partes.

Nunca fue eso más patente que en 1959, cuando llegaron los comunistas al poder, porque cierto es que muchas personas sentían simpatías por Castro, y justo es que expresaran su alegría por todos los medios disponibles, pero no es menos cierto que desde un principio se vio el carácter despiadado e implacable de la Revolución. Los banqueros, dueños de industrias y negocios, directores de colegios privados, dueños de casa, veían claramente lo que se les venía encima, y en medio de su terror rivalizaban en adular a Castro, con la esperanza de melificarlo.

Se me cuenta el siguiente caso: El dueño de una de las principales industrias invitó a Castro a ir de pesca. Un magnífico yate los llevó al sitio donde abundaban los peces, y se dice que unos buzos enganchaban en el anzuelo del líder comunista grandes pargos, que éste sacaba en medio de aplausos y gritos de admiración. Hubo también espléndida comida y, desde luego, encantadoras muchachas. Al regresar al muelle y acompañar al visitante al plató de la escala para despedirlo, éste le dijo: —No, señor, el que se va es usted: este yate pertenece ahora a la Revolución. Y cuando el industrial, sin saber

---

Miami el 29 de noviembre de 1960 y se naturalizó ciudadano estadounidense el 9 de junio de 1966.

qué decir o qué hacer, fue a tomar su automóvil, un barbudo le dijo:

—Este automóvil fue comprado con dinero que usted robó al pueblo y ahora es nuestro. Váyase a pie.

Hasta qué punto este relato es cierto, no puedo garantizarlo, pero sí sé qué cosas similares a esta ocurrieron frecuentemente por aquellos días. Cuando el «gobierno» declaró que los comerciantes habían defraudado al fisco durante años, y que ahora se haría una investigación sobre los impuestos dejados de pagar, los comerciantes declararon que era cierto que habían dejado de pagarlos, pero eso sí, que lo habían hecho por patriotismo, porque los anteriores gobiernos, desde que se inauguró la «pseudo» república en 1902, habían sido corruptos e inmorales, y la mayoría de sus funcionarios una banda de ladrones. Ahora, gracias a la Revolución, la palabra «honradez» recobraba su significado, y ellos, que solo estaban esperando por esa Revolución, entregarían voluntariamente los impuestos retenidos. Efectivamente, los contadores hicieron su zafra en esos días, poniendo en orden las contabilidades. El régimen comunista percibió millones y millones entregados por los comerciantes, y luego les quitó los negocios.

El presidente de los Ganaderos de Cuba declaró que contribuiría a la Reforma Agraria con 3,000 novillas cargadas. Castro tomó las novillas, le dio las gracias, y luego quitó a los ganaderos el resto de su ganado.

Una medida verdaderamente popular fue la Reforma Urbana. Se les dijo a los inquilinos de las diversas viviendas alquiladas, así como las casas de apartamentos, que no tenían que pagar más alquiler, y que la casa era suya. De no estar tan atemorizados, los dueños de casa hubieran puesto el grito en el cielo. Eso sí, los inquilinos no tuvieron el menor escrúpulo en apropiarse de lo que no era suyo y que, con el tiempo, el comunismo se los quitaría a ellos también.

Cuando el juicio del comandante [Jesús] Sosa Blanco, el Palacio de los Deportes se llenó de pueblo que vociferaba y pedía paredón para aquel valiente oficial. El día de su fusilamiento, se distribuyeron invitaciones entre los artistas de radio y de televisión, y muy pocos dejaron de asistir a la ejecución.

Los fusilamientos fueron miles, tras juicios en los cuales no existió la más mínima garantía para los acusados, y todos fueron aplaudidos por multitudes vociferantes. Multitudes que aplaudieron con idéntico entusiasmo las ejecuciones de los mambises, que vitorearon a los gobernadores españoles y, poco después, al generalísimo Máximo Gómez a su entrada en La Habana.

Que no se diga que los cubanos no son valientes. Pruebas de ello han dado a través de la Historia, batiéndose con los piratas durante los siglos XVI y XVII, contra los ingleses en 1762, en que superaron en arrojo a los pobres regulares de España, invadidos sus organismos por las caquexias tropicales. Con posterioridad, creo que nuestras guerras de independencia dieron buena prueba de ello. Pero el ser humano es el ser humano, y la naturaleza siempre vuelve por sus fueros.

Obsérvese que no hablo del pueblo bajo, que nada posee, o del mero populacho, que no tiene bandera y que solo espera las oportunidades para aprovecharse de ellas. Tampoco hablo de los resentidos, que acarician amorosamente su odio a la Humanidad. Me refiero a las personas superadas, normales, de posición media o elevada. Son los que estudian, trabajan y producen para el país, pero que, cuando el peligro los roza con su frío dedo, el mismo los hace bajar la cabeza y llegar a las mayores abyecciones.

Desde el advenimiento de la República, el humilde soldadito, con su uniforme caqui y su fusil, les había garantizado sus propiedades, la seguridad, el disfrute de sus bienes, pero para 1959 el soldadito había desaparecido, y en su lugar apareció el barbudo sucio y maloliente. El ciudadano medio, dando diente con diente de puro pánico, sonreía cobardemente y, a modo de defensa, pegaba a las puertas de su domicilio cartelitos de «Fidel: esta es tu casa», o «Gracias, Fidel». ¿Que hubo excepciones en todo esto? ¡Claro está, siempre las hay! El *Diario de la Marina*, por ejemplo, se fue a pique con las banderas al viento. Hubo alguna que otra prensa que, en forma más discreta, hizo sus observaciones, y periodistas que no perdieron ocasión de publicar artículos donde afloraba ya la oposición. Pero qué pocos, qué pocos fueron...

Volviendo a la realidad, el tiempo iba pasando. Aparte de leer, no hacía yo sino comer y dormir. También, como dije antes, Padreda y yo echábamos nuestra partidita de canasta.

Y llegó el día de nuestra salida. El embajador nos llevó en auto hasta el aeropuerto, y en él penetramos hasta la pista. Debimos aguardar atrás, en una carreterita, y cuando nos avisaron, llegamos en el auto hasta el mismo avión. Los de siempre, y a quienes me he referido antes, estaban ya en la terraza gritándonos horrores. Muchos están ahora en Miami, purificados por las aguas del Jordán que parece ser el Estrecho de la Florida.

Según me enteré después, la prensa que aún se atrevía publicó: «Los Díaz se van volando». Quedé agradecidísimo con el Embajador por sus muchas atenciones conmigo. También me dio una carta para un hermano, administrador de un banco de Quito, quien me resultó muy útil, como se verá.

Al aterrizar en Guayaquil, nos esperaba la prensa, la cual nos interrogó. Yo fui parco en mis declaraciones, quizás debido a mi reserva habitual. Por desgracia, uno de los periodistas interpretó que yo me había comportado de manera «arrogante», y se refirió a mí como el «arrogante general».

Tres días estuvimos en Guayaquil. De allí pasamos a Quito, capital de la nación. Al cabo de ellos, mis compañeros partieron en avión, pero a mí se me ocurrió hacer el trayecto por ferrocarril, para obtener una visión más amplia del país.

La experiencia no pudo ser más original. Se trataba de un ferrocarril de vía estrecha, cuesta arriba todo el tiempo y bordeando montañas. A veces la cuesta era tan empinada que el tren tenía que detenerse, retroceder por un desviadero hasta una pendiente opuesta, y avanzar entonces a todo vapor para, con el impulso, salvar la cuesta rebelde.

Esto ocurrió varias veces. Al llegar a cierto sitio, vimos que se había producido un deslave en la ladera de la montaña. El deslizamiento había arrastrado la línea, y con ella a un tren modernísimo, recién adquirido en Inglaterra. Allá, en el fondo, se veían los vagones despeñados. Pero la vía había sido ya reparada y pudimos continuar. Tengo la impresión de que aquello ocurría con cierta frecuencia, porque los grupos de rescate ya estaban organizados y actuaron con gran rapidez.

El contraste entre Guayaquil y Quito no puede ser mayor. El primero, situado a nivel del mar, y cruzado por el río Guaya, es húmedo y caluroso. Muchas de sus construcciones son del familiar estilo colonial español. Recuerdo que gran número de productos del interior vienen por el río, sobre todo los plátanos, que son hermosísimos. Los racimos flotan río abajo hasta llegar a los desembarcaderos, donde se les escoge y saca a tierra.

Y al fin llegamos a Quito, Padreda, que me había acompañado en mi aventura, y yo.

La capital se encuentra a 3,000 metros sobre el nivel del mar. El clima es delicioso: seco y templado. El pueblo resultó muy amable. La verdad es que no me pude quejar de las atenciones que recibí. También percibí cierta parcialidad a favor de Castro, pero estuve allí lo bastante como para constatar que los constantes fusilamientos fueron haciendo cambiar a la opinión pública.

En Cuba, yo no me había preocupado de sacar dinero del país. Jamás pensé que tendría que irme, y como mis cuentas estaban bien claras, me sentía en condiciones de hacer frente a cualquier investigación sobre mis bienes. Es decir, la casa en que vivía, herencia de mi esposa, y __ pesos en el banco, de los cuales también eran __ de Rosaura, y __ de mis ahorros.

He de confesar mi ingenuidad, pero un buen día el Vicepresidente del Banco Agrícola Industrial, que era donde yo tenía mi cuenta, me llamó para insinuarme: —General, ¿por qué no pasa usted algún dinero al extranjero? Uno nunca sabe cuándo puede necesitarlo.

No le di importancia a lo que estaba diciendo, y él, por su parte, me pidió autorización para pasar 6,000 pesos a los Estados Unidos. Le contesté autorizándolo. Y esos 6,000 pesos fueron los que me salvaron quién sabe de cuántas necesidades, porque gracias a ellos viví pasablemente en Quito y, más adelante, en los Estados Unidos.

Hablaré ahora del señor Chiriboga, hermano del Embajador en La Habana. Su posición en la banca ecuatoriana le permitió serme de gran utilidad. Además, fui su invitado en más de una ocasión, y sus atenciones para conmigo no tuvieron límite.

En los Estados Unidos, el general Ralph Truman no permaneció un momento inactivo. Después de mi ida, volvió a Cuba a ocuparse de sacar a mi esposa e hijos, así como al comandante Claudio Medel y su familia. A este último le sacó $2,000 del país, y a todos nos consiguió una rápida visa para Estados Unidos.[216]

---

[216] Claudio Medel no salió de Cuba en 1959. Inmediatamente se incorporó al Ejército Rebelde con su grado de capitán. Fue detenido en agosto de 1959 por participar en la conspiración de Trinidad y sentenciado a presidio.

Una pincelada sobre este hospitalario país. Al igual que casi todas nuestras capitales, tiene su parte antigua, deliciosamente colonial, llena de reminiscencias de conquistadores y de grandes patriotas. Abunda el indio, siempre digno y sombrío. Hay una tribu,[217] no recuerdo como se llama, que guarda todavía luto por Atahualpa. No se les ve por Quito, pero sí en provincias. Van por las calles y de vez en cuando, se plantan frente a algún blanco y le espetan: —Tú tienes la culpa por la muerte del Inca.

No pude evitar inquirir algo sobre lo militar. También la escuela prusiana, aunque afectada ya por la influencia norteamericana. Había cierta inquietud con respecto a Perú, que durante años ha mostrado una gran agresividad hacia ellos, infinitamente más débiles. Me contaban que una parte de la frontera en Ecuador y Perú lo era el río Zarumilla, pero que durante los años 40 el río, por uno de esos vuelcos tectónicos de los Andes, cambió el curso, dejando ahora al sur un gran territorio del Ecuador. Los peruanos no perdieron el tiempo y ocuparon las tierras que dejaba de su lado el Zarumilla. A las protestas de los ecuatorianos, contestaron que estaba establecido que el curso del río era la frontera, y que ellos no tenían la culpa de que esa frontera hubiese variado. Moraleja: que el pez grande siempre se come al chico.

Los días pasaron con rapidez, si se tiene en cuenta las pruebas de amistad y de hospitalidad recibidos de los ecuatorianos. Pero también la ansiedad por el futuro, mi separación de los seres queridos, la situación de Cuba, todo ello restaba tranquilidad a mi espíritu. Y cuando nos llegaban noticias del fusilamiento de tantos hombres, muchos de los cuales sirvieron a mis órdenes. ¡Qué tristeza!

Tocante a mi entrada a los Estados Unidos, no abrigaba duda alguna. Sabía que contaba con bastantes relaciones en el gobierno y, sobre todo, el general Truman, que hizo en todo momento honor a su apellido. Porque en efecto, a los cuatro meses, mi camino se había allanado y tomé el avión para Miami.[218]

---

[217] Los Cañaris.

[218] Recibió la visa estadounidense el 27 de mayo de 1959 y dos semanas después arribó a Miami el 8 de junio.

FOTOS

La familia Díaz Tamayo con la matriarca Paulina Tamayo de Díaz sentada.
De izquierda a derecha: Salvador, Ramón, Marcela, Clemente, Isabel,
Luis y Martín.

En el campamento de Columbia el 10 de marzo de 1952. Cuatro de los jefes del golpe de Estado. De izquierda a derecha: Luis Robaina, Díaz Tamayo, Francisco Tabernilla Dolz y Eulogio Cantillo Porras.

Parada militar en el Paseo Martí de La Habana, el 20 de mayo de 1952.

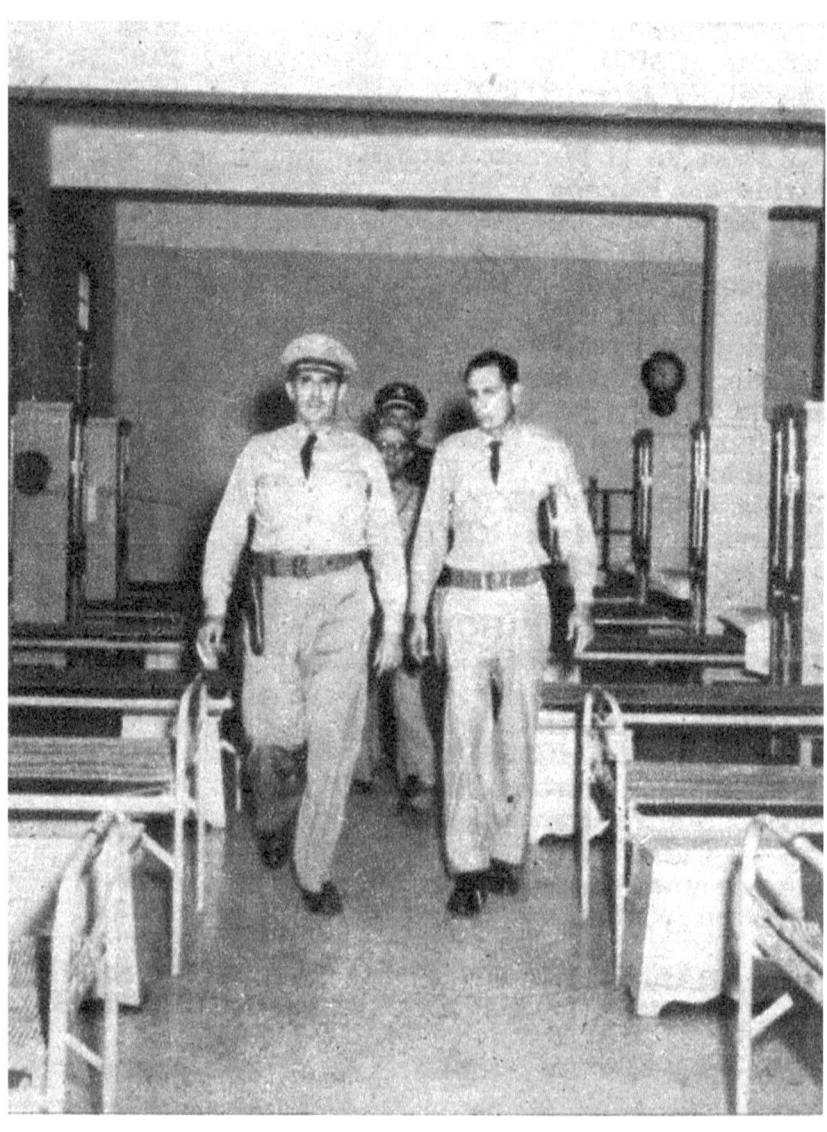

Inspeccionando el cuartel de Pinar del Río con el coronel José Fernández Rey en 1952.

Revista en el campamento de Columbia fue una de sus habituales ocupaciones.

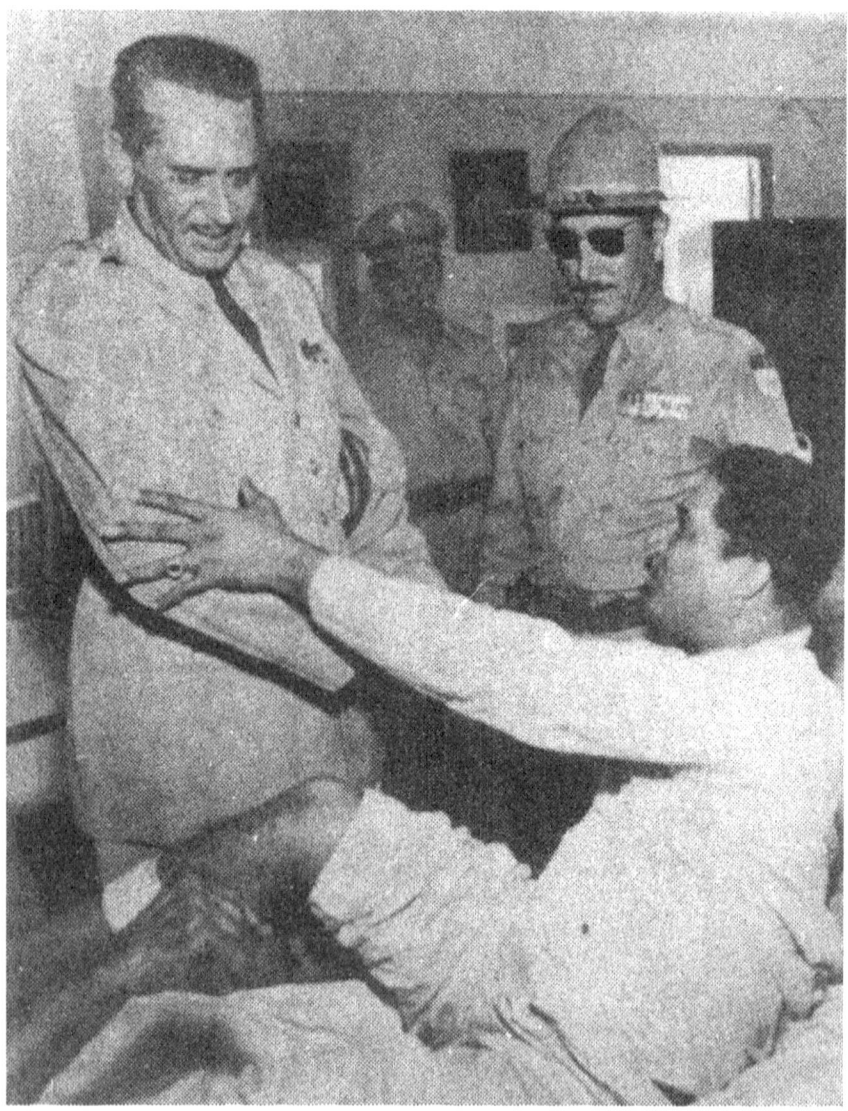

En el hospital militar visitando a los heridos del asalto al cuartel Moncada en Santiago de Cuba liderado por Fidel Castro el 26 de julio de 1953. Lo acompaña el jefe del Regimiento No. 1, el coronel Alberto del Río Chaviano.

Condecorando los 19 ataúdes en el polígono del cuartel Moncada de los soldados y policías muertos durante el asalto del 26 de julio de 1953.

Fue entrenado por la CIA en mayo de 1955 para organizar el Buró para la Represión de Actividades Comunistas (BRAC)

Durante una visita a la Junta Interamericana de Defensa en Washington lo acompañaron el coronel Ramón Barquín López (segundo de la izquierda) y los tenientes coroneles Manuel Varela Castro y Felipe Catasús Pazos.

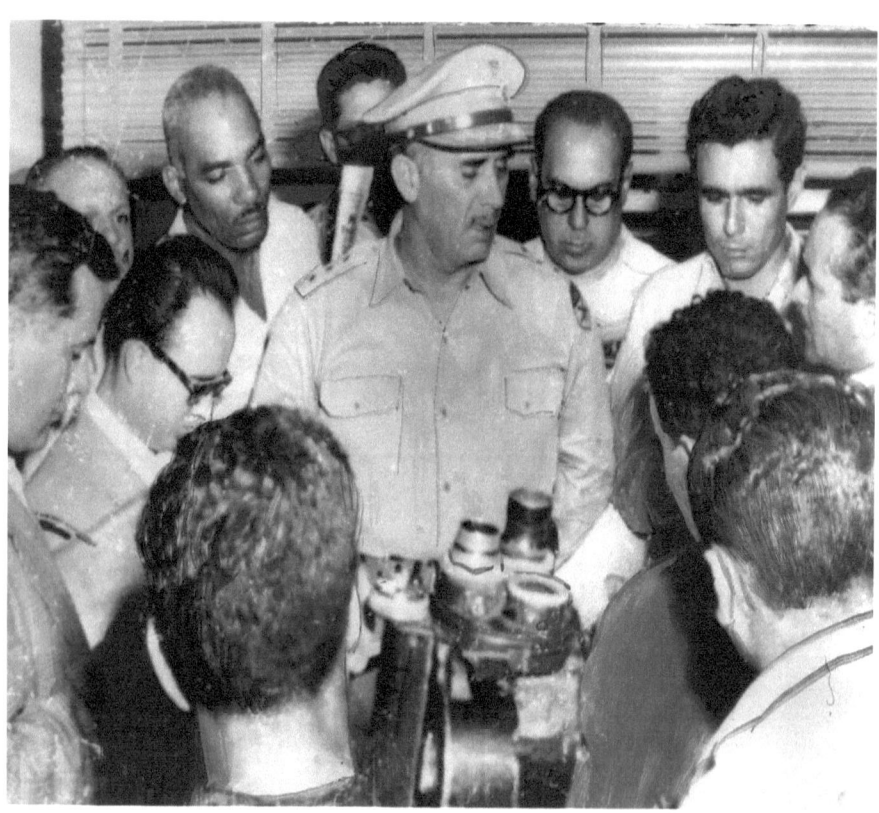

Conferencia de prensa el 3 de diciembre de 1956, siendo jefe del Regimiento No. 1 en el cuartel Moncada, anunció el sofocamiento del alzamiento rebelde en Santiago de Cuba, con un saldo de 11 muertos y más de 30 heridos.

El Dr. Arnold V. Arms le entrega la llave de la ciudad de Kansas City, Missouri, en septiembre de 1958. Lo acompaña el comandante Claudio Medel.

Con el general Ralph E. Truman en Topeka, Kansas, en septiembre de 1958.

Con su familia en el exilio en Hialeah en 1972. De izquierda a derecha: Martin, su esposa Lourdes Alemán Freyre, el general, y Roraima. Sentadas: Rosaura Menéndez con Martín Juan Díaz Alemán, y Aurora Hernández de Tejada.

En Miami dirigió la agrupación de las Fuerzas Armadas Profesionales de Cuba en el Exilio.

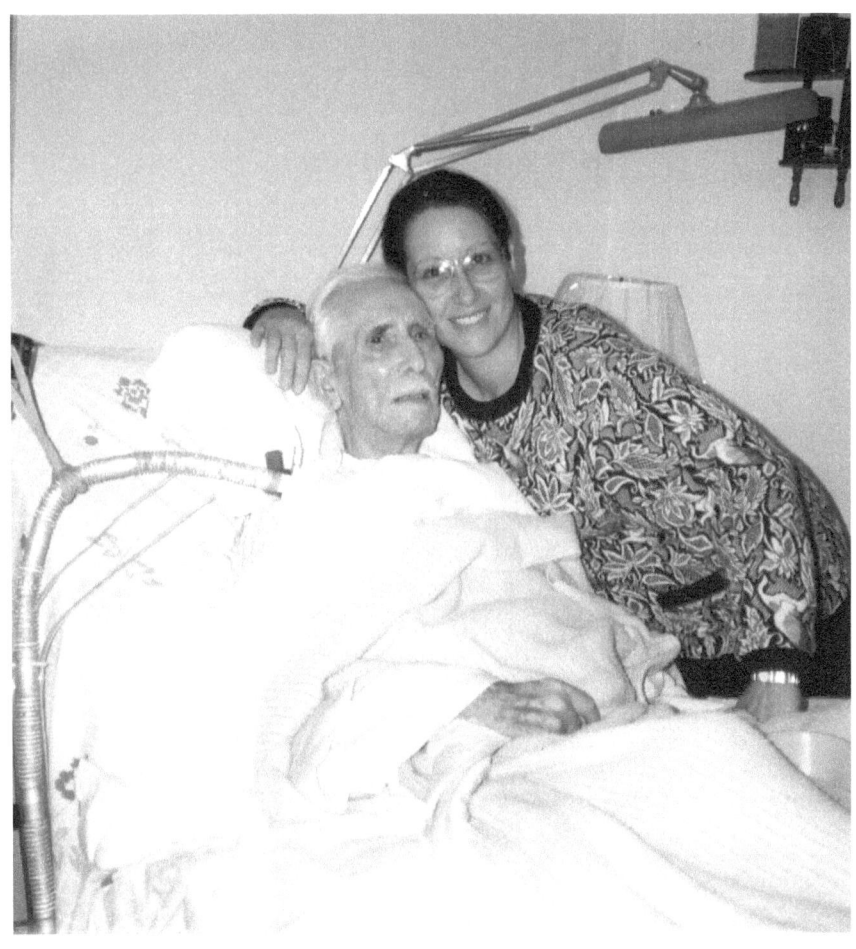

La última foto del general, afligido por la esclerosis de Lou Gehrig, con su hija Roraima en 1995.

Índice Onomástico

3er. Distrito Militar, 146
4 de septiembre de 1933, x, 16, 23, 25, 28, 31, 34-36, 38, 40-41, 44, 48, 53, 55, 57, 60, 64, 79, 83, 90, 98-99, 101, 105, 112, 171
5to. Distrito Militar, 65, 204
6to. Distrito Militar, 24-25
7mo. Distrito Militar, 115
17ma. Estación de Policía, xxi
Abarca, Silvestre de, 185
ABC, ix, 30, 36, 42-43, 75, 97, 160
ABC Radical, 41
Abril Rivas, Julio, 76
Academia de la Historia de Cuba, 35
Academia Militar de Cuba, 42, 58, 81, 105, 126
Academia Militar en West Point, xiv, 58, 87, 98, 151, 185
Academia Militar del Caribe, 104, 156
Academia Naval de Cuba, 175
Academia Naval en Annapolis, 40
Acción Revolucionaria Guiteras (ARG), 76
Adam Silva, Ricardo M., 29, 32, 41
Adelaide, Australia, 189
Agee, Phil, 156
Agencia Central de Inteligencia (CIA), xiii-xiv, xviii, xx, xxiii, xxv-xxviii, 128, 150, 156, 162-163,170, 180, 198, 220
Agnew, Spiro, 27
Agramonte Marrero, Alicia, 156
Agramonte, Matanzas, 109
Aguacate, La Habana, 87, 101
Aguilar, Comandante, 112
Aguilera, Francisco Vicente, 35
Alabama, 21
Alba de Tormes, Salamanca, España, 111
Alba Luque, María Soledad "Marisol", xvii
Alegría de Pío, vxi-xvii, 109
Alemán Casharo, José Manuel, 71, 75-76, 124
Alemán Freyre, Lourdes, 225
Alemán Urquía, José Braulio, 75
Alemania, 28, 49, 72, 148
Alerta, periódico, 90
Alfonso Pozo, Miguel "Clavelito", 123
Alianza Nacional Revolucionaria (ANR), 76
Alliegro Milá, Anselmo, 127
Almendares, 129
Almendares, río, 26
Alomá, Tony, 176
Alonso Ávila, Antonio, 160
Alonso Pujol, Guillermo, xxviii
Alquízar, La Habana, 22
Alto Songo, Oriente, 105
Álvarez, Alberto, 71

Álvarez Barrios, Sócrates, 116
Álvarez de la Noval, Miguel, 58, 117
Álvarez Margolles, Francisco, 113
Amarillas, Matanzas, 108
Ampudia González, Manuel, xxvi, 213
Angulo, Andrés, 25
Ansana Corporation, 76
Anthony-Long, Mary Princess "Penny", 152
Antonelli, Battista, 185
Aponte Hernández, Carlos, 71
Arbenz, Jacobo, xxiii, xxviii
Ardant du Picq, Charles Jean Jacques Joseph, 145
Argentina, 28, 180
Arroyo Arenas, xii, 9, 88
Arteaga, Teniente, 18
Artemisa, Pinar del Río, 5-8, 18, 105
Artigas Rabelo, Ricardo Anacleto, xvii
Asamblea Constituyente de 1940, 71, 160
Asamblea Constituyente de la Yaya, 28
Asociación de Nuevos Emigrados Revolucionarios Cubanos, 53
Asociación de Vendedores de la Lotería, xvii
Asociación Médica de La Habana, xix
Asturias, España, 58
Asunción, Paraguay, xxviii
Audiencia de La Habana, 24, 49
Audiencia de Santa Clara, 49
Austerlitz, batalla de, 133
Austin, Texas, 180

Autobuses Modernos S.A., xxiii
Averhoff Sarra, Octavio Augusto, 151
Aviación militar de Cuba, xi, xxiv, 25, 42-43, 54, 68, 83-84, 99-100, 105, 113-114, 118, 141,
Bacardí, xxiv
Bacunagua, Pinar del Río, 4
Báez, Santa Clara, 82
Bahía de Cochinos, xxviii, 111, 170, 198
Balneario Público La Concha, 140
Banco Agrícola e Industrial, xxvi, 211
Banco de Préstamos y Seguros de las Fuerzas Armadas, 161
Banes, Oriente, 63
Baquero Díaz, Gastón, 127
Barcelona, España, 49
Barker, Bernard, 198
Barnet, José Agripino, 49
Barquín López, Ramón, xix, xviii, xxii, xxiv, xxvii, 95, 126, 130, 149, 152, 154-158, 174, 193, 221
Barrera Pérez, Pedro Antonio, ix, xvi, 104-105, 118, 177-179, 183, 186-187
Base naval norteamericana de Guantánamo, 72
Bashirov, Gumer W., 146
Batallón N° 1 de Infantería, 12, 14, 43, 109
Batallón N° 1 de Artillería, 2, 24, 33
Batallón N° 2 de Infantería, 7, 9-11, 14, 30, 32, 43, 52, 68, 85, 109
Batallón N° 3 de Infantería, 14, 25, 43, 62, 109

Batallón N° 4, 17, 43
Batallón Ligero, 154
Batallón Mixto de Tanques, 108
Batería de Costa N° 1, 61
Batería de La Pastora, 60-61
Batista, Alejandro, 59
Batista Zaldívar, Fulgencio, ix-xxi, xxiii-xxv, 9, 16, 18, 22, 25, 30-41, 45, 47-49, 51-52, 54-55, 59-60, 63-66, 69-70, 72-75, 79-80, 87-88, 90, 92-111, 113-121, 123-130, 132, 136-139, 142, 145-146, 149-150, 152, 154-157, 159-160, 162, 164, 166-169, 172, 177-179, 181-182, 184, 186, 188-192, 196-199, 201, 203, 206
Batista Tamayo, Juan M., xxviii
Bauta, La Habana, 9
Bayamo, Oriente, 63, 99, 105, 145
Bayer y López Joffre, Antonio, 88
Bécquer, Isabel, 117
Belt, Guillermo, 147
Benedi Beruff, Claudio, 127
Benítez Valdés, Manuel, xxvii, 18
Bertini Alessandri, Laura, 28
Besada Valdés, Carlos Miguel, 109
Bilbao, España, 87
Bilbatúa Sanz, Antonio, 87
Bilbatúa Sanz, Jesús, 87
Bisset Coll, Ángel Custodio, xxx, 57-58
Blanco, Rufino, 18
Blanco Cañizares, Manuel, xxvii
Blanco Montalván, Antonio, 61
Blanco Rico, Antonio, xxii, 96
Bloque Alemán-Grau-Alsina (BAGA), 75

Bogotá, Colombia, xviii, 146
Bogotazo, xviii, 146
Bohemia, revista, xxv-xxvi, 72, 87, 121
Boix Comas, Alberto, 196
Bolivia, 66-67, 122
Bolsa de Valores de Nueva York, 192
Borbonet Gómez, Enrique, xviii, xxiv, xxvii, 155-157
Bosch, José M. "Pepín", xxiv, xxvii
Brasil, xviii, xxiii, 49, 129, 174
Brigada 2506, xxviii, 83, 111, 117
Brown University, 170
Brownwood, Texas, 180
Buenavista, reparto, 28
Buró de Investigaciones, ix, xvii, 16, 58
Buró Para la Represión de las Actividades Comunistas (BRAC), xii-xiv, xxv, 128, 156, 161, 164-165, 167-170, 220
Cabaiguán, Las Villas, 106
Cabo de San Antonio, Pinar del Río, 1
Cabrera Bosque, Mario, 82, 113, 118
Cabrera Rodríguez, Ruperto, 82-83, 89, 105, 107, 113-114, 154
Caffery, Jefferson, 48
Caimito del Guayabal, 9
Caja de Ahorros y Seguros de las Fuerzas Armadas (CASFA), xii, 127, 142-143, 165
Caja de Anticipos y Seguros de las Fuerzas Armadas, 115

Cali, Colombia, 123
California, 61, 76, 115, 174, 197
Calzada de Marianao, 103, 105
Camacho Aguilera, Julio, xxi-xxiii
Camagüey, 29, 33, 56-58, 82, 111
Camejo-Argudin, José, 150
Camp Kearny, California, 197
Campamento Columbia, x, xii, xix-xx, 7, 9, 12, 14, 18, 22-26, 31, 33, 42, 44, 52, 56, 59-60, 62-63, 65-66, 68, 72, 82-83, 85, 88-89, 95, 97, 103-104, 109, 113-116, 119, 128-129, 135, 139, 141, 156-157, 171, 174, 184, 186, 191, 214, 217
Campamento de Managua, 80, 104
Campos Marquetti, Generoso, 127
Campos Pontigo, Narciso, 144
Canadá, xi, 67
Canal de Panamá, 2, 66, 185
Cantillo Porras, Eulogio Amado, xiii, xviii, xxv, 99-100, 113-114, 117-120, 155, 157, 171-172, 184, 187, 199, 214
Cantillo González, Carlos, 100, 113
Cantón, Luis, 67
Capitolio, El, 122, 131
Capote, Teniente, 66
Caracas, Venezuela, 105, 148
Caramés, José, 122
Carbó Morera, Sergio, xv, 36-39
Cárcel de La Habana, 105
Cárdenas, Matanzas, 97
Carmelitas Descalzos, xxiii, 200
Carnot, Lázaro, 187
Carrasco Artiles, Nelson, 125
Carratalá, Conrado, 205

Cartaya Gómez, Nicolás, xxviii
Casa Minerva, xx
Casanova, José Manuel, 71
Casero Guillén, Luis Felipe, 173
Casillas Lumpuy, Arcadio R., 174-175
Casilla Lumpuy, Joaquín, 175
Casino Español, 140, 194, 196, 201
Castaño, Paulino, 156
Castaño Quevedo, José de Jesús, xiii, xxv, 156-157, 162, 169
Castellanos Rivero, Nicolás Dionisio, 78
Castillo, José M., xxviii
Castillo de Atarés, xxi, 42, 45-46, 57-60, 84, 117, 135
Castillo de la Fuerza, 24-25, 33, 66
Castillo del Príncipe, 90
Castro Ruz, Fidel, ix, xv-xvi, xviii, xx-xxi, xxiii-xiv-xxvii, 12, 57, 76-77, 105, 121-123, 129, 137, 143-147, 149, 151, 155-158, 163, 173-174, 176, 179-182, 188-189, 191, 199-202, 204-208, 211, 218
Castro Ruz, Raúl, 144-145, 158
Catasús Pazos, Felipe Antonio, 149, 221
Cayo Confites, 75, 77
Cayo Hueso, Florida, xxvi, 150, 203
Cementerio Colón, xvii
Cementerio Woodlawn, Miami, 16
Central Andorra, 5
Central Media Luna, 183
Centro América, 77
Céspedes y Céspedes, Carlos Manuel, 28, 35

Céspedes Quesada, Carlos Manuel de, 25, 28, 36, 38-39, 49, 71
Chandler College de Marianao, 53
Charlier Institute, 28
Chester, Edmund, xi, 104, 169
Chibás Rivas, Eduardo, 71-72, 77-78, 122
Chibás Rivas, Raúl, xxiv
Chicho Pan de Gloria, 123
Chile, xi, 65-67, 104, 160, 205-206
Chinea Álvarez, Aquiles, 109, 174, 183
Chipi Córdova, René, 67
Chiriboga, Virgilio, 206, 211
Chirino Otaño, Juan G., 109
Christy, Arch, 174
Ciclón de 1926, 13-14
Cienfuegos, 24, 49, 126, 157
Cienfuegos, Camilo, 156-157, 160
Círculo Militar y Naval, xii, xxii, 127, 139-142, 147, 161, 165, 167, 185, 201
Ciudad de México, 53, 147, 160
Club de Alistados, x, 30-34, 44,
Club de Oficiales, 25, 85, 112, 126, 129
Club de Oficiales de la Aviación, 84
CMQ televisión, 206
Coalición Socialista Democrática, 160
Cobas Reyes, Mario, 127
Cocoa, Florida, 109
Codina Aramburu, Santiago, 57, 85
Cojímar, La Habana, 61
Colegio Belén, 71, 98, 146
Colegio de Abogados de La Habana, ix, xix
Colegio Dolores, 71
Colegio Los Escolapios de Guanabacoa, 196
Colegio Militar de México, 147
Collazo, Rosendo, 37
Colombia, 48, 66, 123, 146, 160, 167
Columbia University, 188
Compañía Cubana de Aviación, 182, 198
Compañía Cubana de Electricidad, xvii
Concepción, Abelardo, 25
Confederación de Trabajadores de Cuba (CTC), 127, 199
Congreso de la Internacional Sindical Roja, 53
Consejo Consultivo, 88, 127, 160
Consejo de Guerra, 62, 101, 155
Consejo Nacional de Tuberculosis, 206
Consolación del Sur, Pinar del Río, 2
Conspiración "de los borrachos", xxii, 193
Conspiración de los Puros, 95, 101, 108, 126, 157
Conspiración de Trinidad, xxxi, 141, 211
Constitución de 1901, 39
Constitución de 1940, x, xii, 111-112, 127, 132
Conte Agüero, Luis, 122, 138
Cooperativa de Omnibus Aliados (COA), xii, 87, 92, 105
Coral Gables, Florida, 151
Cordillera de los Órganos, 1
Córdoba Gómez, José, 15-16
Corea, xi, xiv, 90, 115, 151, 156

Corzo Izaguirre, José Raúl, xxvii, 117
Cossío del Pino, Alejo, 87-88
Costa Cairo, Gilberto, 182
Costa Rica, xxxi, 77, 106
Cowley Gallegos, Gustavo, 167
Cremata Valdés, Radio, 88, 127
Crisis de los Misiles, xxix, 163
Crittenden, John Jordan, 58
Crittenden, William Logan, 58
Crucero Cuba, 45
Crucero Richmond, 40
Cruces, Las Villas, 96
Cruz Alfonso, Roberto, 122
Cruz Bustillo, Coronel, 22
Cruz Vidal, Ramón, xvi
Cuartel de Dragones, 42, 45
Cuartel de San Ambrosio, 42, 45-46, 84
Cuartel Goicouría, 65, 96
Cuartel Moncada, xv-xvi, xxi, xxv, 62, 87, 90, 104, 122, 129, 143-146, 173, 175-177, 182, 218-219, 222
Cuartel-Maestre, 30, 32, 34, 144
Cuartel-Maestre General, 45, 83-84, 98, 103, 119, 171, 188
Cuba Aeropostal, xix
Cuba Sugar, 197
Cubas, Jorge E., 197
Cuerpo de Señales, 96, 109, 117
Cuervo Navarro, Pelayo, 100
Cuervo Rubio, Gustavo, xix
Cueto, Capitán, 149
Curbelo del Sol, Cándido, 125
Daga en el Corazón, 197-198
Daiquirí, Oriente, 203
Dallas, Texas, 146

Daytona Beach, Florida, xix, xxiii, 93
de la Campa, María Teresa, 150
de la Campa, Miguelina, 151
de la Campa y Caraveda, Miguel Ángel, 150-151, 163
de la Cova, Carlina, xxxi
de la Fe Pérez, Ernesto, xxiv-xxv
de la Flor, Ricardo, xxii
de la Guardia y Calvo, Carmen, 197
de León García, Rubén, xxviii, 89-90
de los Reyes Delgado, Gustavo, 141
Decimoséptima Estación de la Policía Nacional, xxx
del Castillo Márquez, Rafael, 24-26, 33
del Pino Siero, Rafael, 147
del Río Chaviano, Alberto Roberto, xv, xxiv, 146, 168-169, 177-179, 184, 218
Delgado, Erasmo, Tte. Cor., 18, 22, 24-25
Departamento de Actividades Anti-Democráticas, 156
Departamento de Estado norteamericano, xiii, xvii-xviii, xxiii, 21, 104, 129, 150, 154, 163, 191-192, 201
Departamento de Guerra de Cuba, xix
Departamento de Guerra de Estados Unidos, 2
Departamento de Investigaciones del Ejército Rebelde (DIER), 204
Diario de la Marina, 98, 123, 209
Diario Nacional, 37, 121

Díaz, Andrés, 3
Díaz, Flores, 6
Díaz Balboa, Balbino Emilio, 122
Díaz Landa, Pedro, 142
Díaz Menéndez de Kanar, Roraima, vii, xxx-xxxi, 138, 225, 227
Díaz Menéndez, Martín, xxx, 225
Díaz Ordóñez, Salvador, 61
Díaz Tamayo, Clemente, xx-xxii, xxx
Díaz Tamayo, Elena, xxx, 213
Díaz Tamayo, Isabel, xxx, 213
Díaz Tamayo, Julio, xxx, 213
Díaz Tamayo, Luis, xxx, 213
Díaz Tamayo, Marcela, xxx, 213
Díaz Tamayo, Martín, niñez y juventud, 1-6;esposa e hijos, 43, 72, 91-92, 98, 112, 138-139, 169, 201-202, 211, 225; alistamiento militar, 9; cabo, 15-16; sargento 44; segundo teniente, 54; primer teniente, 68; capitán, 84; general de brigada, 119; mayor general, 188; conspirador con Batista, 92-102; partícipe en el golpe de Estado, 103-119; retirado del ejército, 90-91, 196; fundador del BRAC, 127-128, 161, 164-165; contacto con la CIA, 162-164, 170; jefe del Regimiento del Moncada, 166-171-179, 181-184; asilado en Ecuador, 209-212
Díaz Tamayo, Ramón, xxx, 213
Díaz Tamayo, Salvador, xxx, 213
Díaz-Versón Rodríguez, Salvador, 146, 165, 169
Dina, Evelio, 33

Dirección de Operaciones G-1 del Estado Mayor del Ejército, 101
Dirección Nacional de Deportes, 49
Directorio Estudiantil Universitario, 71
Directorio Estudiantil Universitario de 1930, 128
Directorio Revolucionario (DR), xxii, 174, 176
Distrito Militar de La Cabaña, xii, 120, 184, 200
Distrito Naval de Oriente, 175
División de Infantería, 99, 104, 115
División de Infantería "General Alejandro Rodríguez", 103
Doctrina Monroe, xxix, 163
Driggs Acosta, Fernando, 57, 61
Duarte, "El Indio", 205
Duarte Oropesa, José, xi, 90
Dueñas Robert, Víctor Manuel, 104-105
Dulles, Allen, xiv, 163-164, 170
Echeverría, José Antonio, 176
Ecuador, xxvi, 66, 150, 206, 212
Edificio Focsa, 117
Eisenhower, Dwight, xxiii, 153, 192, 203
Ejército Caribe, 48
Ejército de los Estados Unidos, 19, 66, 153
Ejército Libertador, 25, 28, 127
Ejército Rebelde, 21, 31, 58, 211
El Cristo, Oriente, 173
El Cuarto Piso, 192, 197
El Día, periódico, 36
El Fígaro, periódico, 36

El Macho, Oriente, 105
El Morrillo, 72
El Morro de La Habana, 61, 80, 175, 185
El Salvador, 48
El Vedado, 26, 89, 160
Embajada de Haití en La Habana, 96
Embargo de armas norteamericano a Cuba, xviii-xix, 189
Enmienda Platt, xiii, 21, 40, 69
Escuela de Artillería, 60-61, 158
Escuela de Cadetes, 80, 99, 105, 117, 126, 157
Escuela de Clases, 15, 80
Escuela de Oficiales, xi, 61, 87, 104
Escuela de Reclutas, xiii, 12-14, 51-52, 57, 80
Escuela Normal de Santiago de Cuba, 176
Escuela Profesional de Periodismo "Manuel Márquez Sterling", 37
Escuela Superior de Guerra, 42, 52, 84, 86, 120, 125, 128, 136
Escuela Superior de Guerra de México, 126, 149
Escuelas Cívico-Rurales, x, xx, 49, 73
España, xxiv, 53, 58, 61, 87, 93, 111, 150, 205-206, 209
Esperanza, Las Villas, 16
Espinoza, coronel, 28, 30
Estado Mayor del Ejército, xii, xvii, xxi, xxiv, 23-25, 28-30, 33-34, 38, 51, 57-58, 62, 66, 79-82, 87, 89, 92, 98, 100-101, 107-110, 112-115, 117-119, 126-127, 129-130, 137, 151, 155, 166, 171, 173-174, 177-178, 181, 183, 185, 187-188, 191, 196-197
Estado Mayor Conjunto del Ejército, xx, xxii, 98-99, 136, 151-152, 185, 187-188, 192-193
Estado Mayor de la Marina de Guerra, 98, 175
Estados Unidos, xi, xiii-xiv, xvii, xxvii, xxix, 19, 21, 24, 27, 30, 36, 39-41, 47-48, 53, 57, 66, 69, 72, 74, 82, 93, 101, 115, 120, 122, 124, 127, 148-155, 161-164, 172, 181, 187, 189-191, 194, 197-198, 201, 203-204, 206, 211-212
Esténger Neuling, Rafael, 127
Estévez Maymir, José A., xxiv
Estrada Palma, Tomás, x, 2, 77
Expedición de Río Verde, 49
Faget Díaz, Mariano, 76, 169
Fajardo, Ángel C., 67
Fajardo, Capitán, 57
Falla Bonet, Eutimio, 70
Federación Aérea Nacional (FAN), 199
Federación de Estudiantes Universitarios, 53
Federación de Polo de Cuba, xiii, 161
Federación Ecuestre de Cuba, xiii, 161
Federación Estudiantil Universitaria Oriental, 176
Fernández, Caridad B., 174, 181
Fernández Álvarez, José Ramón "El Gallego", 155, 157-158
Fernández Miranda, Martha, xv, xxx, 93, 138, 199-200

Fernández Miranda, Roberto R., ix, 92, 103-104
Fernández Parajón, Enrique, xiv, 162
Fernández Rey, José, 111, 216
Fernández Wong, José "El Chino", xxi
Ferrara, Orestes, 21, 27, 121
Ferrer, Raimundo, 59-60
Ferrer Guerra, José G., xxviii
Figarola Infante, Tulio, xxviii, 67
Figarola Infante, José J., 165
Filadelfia, 70
Finca Pañolón, 5-6
Fleites Díaz. Armando Manuel, xxv, 202
Florence, Carolina de Sur, xxiii
Flota Blanca, 66
Fordham, Alfred Stanley, 166
Forest, Mario E., 42, 84-85
Fort Belvoir, Virginia, 153
Fort Benning, Georgia, 153, 157
Fort Bragg, North Carolina, 153-154
Fort Gulick, Panamá, xix, 185
Fort Jackson, South Carolina, 153
Fort Knox, Kentucky, 153
Fort McNair, Washington, D.C., 150-151
Fort Riley, Kansas, 67
Fort Sill, Oklahoma, 158, 185
Fortaleza de La Cabaña, xii-xiii, xvi, xxiv-xxv, 22, 25, 41, 43-44, 61, 72, 89-90, 97, 104, 108, 115, 120, 141, 156, 162, 184-185, 200
Franca Álvarez de la Campa, Porfirio, 37

Francia, 19, 28, 46, 74, 120, 187, 194
Franco Lliteras, Roberto, 174
Fray Balbino, xxiii, 200, 204-205
Freeman, Charles Seymour, 40
Freeport Sulphur, 197
Frente Democrático Revolucionario (FDR), 111
Freyre, Fabio, xxvii, 183
Fuerza Aérea del Ejército (FAE), 82, 105, 118, 149, 154, 161
Fuerzas Armadas Profesionales de Cuba en el Exilio (FACE), xxviii-xxix, 105, 226
Fuerzas Armadas Revolucionarias (FAR), 157
Gainsville, Florida, 205
Galbond, Oliver G., xxvii
Galíndez, Ignacio, 43
Gálvez, Subteniente, 107
Garcerán de Vall y Souza, Julio, xxix
García, Eloy, 204
García Báez, Irenaldo Remigio, xxiii, 65, 194-195
García Báez, Roberto, 65
García-Bárcena Gómez, Rafael, 85, 128-129
García Espinosa, Conrado, 104
García García, Pilar D., 65, 105, 195
García Menocal, Mario, x, 24, 38, 72, 77
García Montes, Jorge, xxvii, 160, 186
García Tuñón, Jorge, xvii, xxviii, 104, 106, 110, 120, 187, 204
Gastón, Melchor, xxvii
Gehrig, Lou, xxix, 227

Georgia Industrial College, Barnesville, Georgia, 104
Gibara, Oriente, 37-38, 174
Gibbs, George W., 151
Glasgow, Escocia, 199
Gleichauf, Justin F., xxviii
Godinez, Elisa, 93
Godoy Loret de Mola, Gastón, 127
Gómez, José Miguel, x, 6, 49, 171
Gómez, Teniente Máximo, 32
Gómez Arias, Miguel Mariano, 49, 64
Gómez Báez, Máximo, 32, 35, 150, 209
Gómez Sicre, Clemente Ricardo, 95
Góngora, Luis de, 136
González, Juan, xvi
González, Teniente, 18
González Alfonso, Ángel, 89-90
González González, Juan, 182
Gran Logia Masónica, x, 30
Granma, expedición, xv-xvi, 109, 176, 205
Grau Alsina, Francisco, 75
Grau San Martín, Ramón, x, 16, 18, 36, 39, 41, 48, 52, 57, 65, 70-73, 75-81, 87-88, 93, 98, 100, 103, 105, 121, 123, 160
Grito de Yara, 35
Grupo Represivo de Actividades Subversivas (GRAS), 156
Guanabacoa, 103, 196
Guanajay, Pinar del Río, 9
Guane, Pinar del Río, 100
Guanito, Pinar del Río, 61
Guantánamo, 174
Guardia Nacional de Cuba, xxvii, xxix
Guardia Nacional de Nueva York, 197
Guardia Rural, xvii, 2, 7, 56, 65, 70, 77, 100, 105-106, 109, 125, 146, 170-174, 182-184
Guas Inclán, Rafael, ix
Guatemala, xxiii, xxviii, 77, 117, 129
Guayaquil, Ecuador, xxvi, 210
Guaynabo, Puerto Rico, 126
Güemes y Horcasitas, Juan Francisco de, 61
Guerra Civil Española, 189
Guerra de Independencia de 1895, 24-25, 42, 48-49, 160
Guerra de La Chambelona, 89
Guerra de los Diez Años, 35
Guerra González, Aquilino, 105, 169
Guerra Hispano-Cubano-Americana, 61, 203
Guerrero, Xavier, 53
Guevara, Ernesto "Che", xxv, 108, 122, 146, 156, 162
Guevara Valdés, Alfredo, 147
Guiral y Domínguez, María Lorenza, 197
Guiteras Holmes, Antonio, 48, 70-72, 76
Gutiérrez, Jorge, xxviii
Gutiérrez Fernández, Félix, xxii
Gutiérrez Valdés, Antonio, 175
Harkins, Paul Donal, 154
Harvard University, 21
Havana Post, xvii
Havana Yacht Club, 140
Hernández, Blas, xxi
Hernández, Manuel, 67
Hernández, Mario, xxi

Hernández de Tejada y García, Aurora, xxvi, 92, 225
Hernández Hernández, Hernando, xxv, 105
Hernández Hernández, Manuel, 125
Herrera, Alberto, 26, 28, 47
Herrera, Colín, 10, 68
Hialeah, Florida, xxix, 225
Hoboken, NJ, 197
Hogares Infantiles Campesinos, 49
Holguín, Oriente, 111, 125, 132, 174
Honduras, 77
Hopper, Gertrude Monshall, 197
Horta Suárez, Elías, 83-84
Hotel Almendares, 43
Hotel Capri, xxv, 202
Hotel Mayflower, 150
Hotel Nacional, 19, 25, 32, 39-41, 55
Hotel Presidente, 40
Hotel Waldorf Astoria, 93
Hugo, Víctor, 7, 10
Hunt, E. Howard, xxviii, 111, 198
Ibarra Pérez, Laureano, 179
Iglesia de la Transfiguración, NY, 197
Iglesia San Agustín, Marianao, 197
Iglesias, María Consuelo, 58
Imías, Oriente, 62
Inciso K de la Ley de Ampliación Tributaria, 75
India, 122
Indonesia, 122
Infiesta, Ramón, 85

Inglaterra, xxix, 140-141, 150, 160, 163, 210
Instituto Cívico-Militar, x, 49, 64, 73
Instituto de La Habana, 28
Instituto de Pinar del Río, 16, 58
Instituto de Segunda Enseñanza de La Habana, 150
Instituto de Segunda Enseñanza de Santiago de Cuba, 176
Insurrección Filipina, 203
Irisarri Gamio, José Miguel, 37
Isla de Pinos, 11-12, 14, 141, 158, 174
Italia, xxix, 28, 150, 163, 197-198
Izquierdo Rodríguez, Isidro C., 144
Jackson, Andrew, 124
Jackson Memorial Hospital, 105
Jacksonville, Florida, 65
Jamaica, 173
Japón, 49, 122, 150-151, 197
Jovellanos, Matanzas, 30, 175
Joven Cuba, 70
Junta Cívico Militar, xviii, xxi
Junta Cubana Anticomunista, xxvii
Junta de Relaciones Comunitarias de la Ciudad de Hialeah, xxix
Junta Interamericana de Defensa, 111, 152, 221
Kansas City, Missouri, 203, 223
Karnley, Patrick I., xxvi
Kasalta, restaurante, 26
Kennedy, John F., xxviii-xxix, 124, 163, 170, 192, 198
Kentucky, 58, 153
King, Joseph Caldwell, xxvii
Kirkpatrick, Jr., Lyman B., 170, 198

KOMINTERN, 22, 150
Korte, Werner, xxxi
Kramer, Agustín, 45
Kremlin, 164
Kuquine, xii, 92-94, 96-98, 104, 112, 115, 119-120, 138-139, 171, 189, 199
La Historia Me Absolverá, xxv
La Libertad, periódico, 36
La Lisa, La Habana, 9
La Prensa, periódico, 36
La Semana, periódico, 37-38
Lafayette, Luisiana, 48
Lamothe Coronado, Humberto, 109
Langley, Virginia, xiv
Laredo Brú, Federico, 49
Larrubia Paneque, Manuel, 105-106, 114, 118
Las Vegas, Nevada, 174
Las Villas, xxiv, 16, 49, 65, 96, 106, 109, 111, 115, 121, 123, 146, 160, 174, 206
Lastres, Sargento, 34
Laurada, expedición del, 28
Lazo Arriaga, Antonio, 197
Lazo Guiral, Antonio, 197
Lazo Guiral, Mario Roberto, 197-198
Lazo Cuba, Carlos, ix
Legión del Caribe, 75, 77
Leguina Martínez, Laura, xxii
Lenin, Vladimir I., 121
León Calás, Manuel, 42, 84
León García, Rubén de, xxviii, 89-90
León y León, Vicente F., 117
Leonard, Ciro, 42, 45-46, 58

Lesnick Menéndez, Max Edgardo, 122
Ley Arteaga, 6
Ley de Coordinación Azucarera, 49
Life, revista, 122
Liga Anticomunista de Cuba, 146
Limonar, Matanzas, xx
Llanillo, Eugenio, 16
Llerena, Mario, 128
Logia América, 30
Lojendio e Irure, Juan Pablo de, 205-206
Loma de San Juan, 175
Londres, 28, 170
Long Island, NY, 99
López, Clemente, 9
López, José, 9-11, 15-16
López Jorge, Rogelio, 68
López Uriola, Narciso, 58
López Vilaboy, José Ramón, 168, 198-199
Los Ángeles, California, 76, 115, 174
Los Palacios, Pinar del Río, 83
Lotería Nacional, xvii
Lugo Abreu, José Antonio, 106
Luis XVIII, 156
Lynn, Clark, xix, 185-186
MacArthur, Douglas, 151
MacDonald, Étienne Jacques, 156
Machado, Gerardo, x, 11-12, 19, 21-31, 33, 37-38, 47, 49, 52-53, 56, 63, 66, 69, 71, 73, 75, 90, 100, 105, 150-151, 160, 202
Madariaga Aróstegui, Juan Ignacio, 80-81

Madison Square Garden, Nueva York, 67
Madrid, xxix, 197
Maduro, Bobby, 76
Magoon, Charles E., 2
Magruder, Carter B., xiv
Maisí, Oriente, 62
Maltiempo, batalla de, 133
Man, Marcelo, 70-72
Managua, La Habana, 80, 104
Managua, Nicaragua, xxviii
Mantua, Pinar del Río, 99
Manzanillo, Oriente, 63, 173, 181-183
Mañach, Jorge, xxvii
Mañana, periódico, 121
Maquiavelo, 130, 158
Marianao, xxi, 9, 26, 53, 76, 103, 197, 205
Marín, Capitán, 18
Marina, Evaristo Luis, xxvi, 206
Marina de Guerra, xxviii, 40, 44, 54, 56, 60, 72, 78, 98, 115, 132, 143, 154, 169, 171, 175, 180, 188,
Marinello, Juan, 166
Márquez Cárdenas, Gustavo, 106
Márquez Sterling, Carlos, xx, 36, 75, 77, 87, 137, 183, 191-192, 197
Martí Pérez, José, 176, 189
Martin Elena, Eduardo Ernesto, 68, 111-113
Martínez Mora, Daniel G., xxviii
Martínez Sáenz, Joaquín, 122
Martínez Suárez, José, 205
Martínez Villena, Rubén, 22
Masferrer Rojas, Rolando, 88

Masón, Alfredo, 4, 19
Masten & Nichols, 197
Matanzas, xx, 42, 57, 65, 70, 78, 83, 95, 105, 108-109, 111, 175, 195
Matos Rodríguez, Urbano, 89, 106-108
Matthews, Herbert Lionel, 188-189
McCone, John, 170
McPortland, Nicanor, 53
Medel Fuentes, Claudio Manuel, xxix-xxxi
Mejides, Andy, xxix
Melena del Sur, La Habana, 83
Meléndez, Enrique, 18
Mella, Julio Antonio, xi, 52-53
Méndez Peñate, Rodolfo, 53
Mendieta Montefur, Carlos, 48-49, 132, 160
Menéndez, José E., xxii
Menéndez y Hernández de Tejada, Rosaura, xxv, xxx, 43, 98, 138-139, 225
Menocal, Raúl, xxvii
Mercado Único, 46
Mercy Hospital, Miami, 160
Mesa, Rosa, 205
Mesa Díaz, Danilo Federico, 205
México, xi, xiii, xvii-xviii, 16, 28, 53, 58, 67, 76, 93, 99-101, 116, 122, 126, 129, 147-150, 160, 176, 197, 203
Miami, xvii, xvii, xix-xx, xxvi-xxix, xxxi, 16, 18, 37, 58, 75, 78, 82-83, 88, 90, 95, 97-101, 103-105, 108, 111, 116-117, 122, 124, 132, 138, 146, 150-151, 160, 173-175, 195, 198, 202, 206-207, 210, 212, 226

Miami Aerospace Academy, 206
Miami Beach, xxiii, xxix, 116, 124
Miami Herald, 122, 163
Miami Transit Company, xxiii
Midland, Texas, 206
Military & Commercial Aircrafts, Engines & Accesories, Inc., xxix
Ministerio de Comunicaciones, 122
Ministerio de Defensa, xiii, 100, 114, 130
Ministerio de Educación, 75
Ministerio de Estado, 150
Ministerio de Recuperación de Bienes Malversados, 205
Ministerio de Trabajo, 160
Miramar, 26, 42, 44, 76, 204
Miramar Yacht Club, 43
Miranda, Álvaro, 175
Miranda, Pablo, 115
Miró Cardona, José, xix
Modotti, Tina, 53
Monte de Barreto, El, 44
Montenegro, Guillermo Arturo, xvii
Montenegro, Manuel Ralph, xvii
Montenegro, Martha, 202
Montes, Armando, 29, 36
Montmartre, cabaret, xxii
Mora Morales, Menelao, 122
Morales del Castillo, Andrés Domingo, 132, 160
Morales Patino, Luis, xxviii
Moreno Romaní, Juan A., 57
Morín Dopico, Antonio Jesús, 76
Morro Castle Supply Co., xvii
Moscú, 22, 53, 122

Motivaciones Escolares, xx
Movimiento 26 de Julio, xx-xxi, xxiii, xxvi, 205
Movimiento Cívico, Colombia, 123
Movimiento de la Nación Cubana, 122
Movimiento Nacionalista Revolucionario (MNR), 128
Movimiento Revolucionario del Pueblo (MRP), xxviii, 126
Movimiento Socialista Revolucionario (MSR), 88
Mujal Barniol, Eusebio, 127
Museo del Ejército, 24
Nacional Cubana de Aviación Curtiss, xxiii
Naciones Unidas (ONU), ix, xiv, 90, 115, 150-151
Napoleón, 52, 156, 181, 193
Negret, Julián, 116
New York Times, 188-189
Newport, Rhode Island, 192
Nicaragua, xxviii
Nin, Comandante, 202
Niquero, Oriente, xvi, 174, 183
Nixon, Richard, 27
Noel, James A., 156
Norfolk, Connecticut 198
Norfolk, Virginia, 40
Noruega, 123
Nueva Orleans, 150
Nueva York, xvii-xviii, 21, 28, 67, 93, 105, 150, 160, 170, 188-189, 192, 197
O'Bourke, Teniente, 32
Octava Estación de la Policía Nacional, xxx

Operación 40, xxvii
Orfila, Marianao, 76
Organización Auténtica, 173, 199
Organización de Estados Americanos (OEA), 146, 152
Oriente, xi-xii, 28, 62-63, 66, 70, 105, 132, 137, 143, 146, 166-170, 172-179, 181, 184-185, 188, 200
Ovares Herrera, Enrique, 147
Pacto de Montreal, 122
Padreda Vázquez, Camilo Amancio, 206, 209
Padrón Pérez, Gerardo, 66-67
País, Frank, xvi, 176
Palacio de los Deportes, 208
Palacio Presidencial, 38-39, 42, 72, 79, 103, 116-117, 121, 138, 159, 166, 178, 183, 185-186, 196
Palm Beach, Florida, 192
Palma Soriano, Oriente, 132
Palmero, Esther, 177
Palmira, Santa Clara, 117
Pan American Airlines, xxiii
Panamá, xix, 2, 66, 105-106, 185
Pardo Llada, José, 121-123
Parellada, Otto, 176
Paris, Francia, 28, 49, 104, 187, 193
Parque Central de La Habana, 73, 131
Parque de la Fraternidad, xi, 53-54, 131
Partido Acción Republicana, 49, 88
Partido Acción Unitaria (PAU), 94, 105, 132

Partido Comunista de Cuba, 22, 53, 70, 77, 158,
Partido Comunista de México, 53
Partido Conservador Nacional, 37
Partido del Pueblo Cubano (Ortodoxo), 71, 78, 94, 122, 128
Partido Liberal, ix, 18, 88, 132, 160
Partido Nacional Revolucionario (Realista), 37
Partido Nacionalista Revolucionario, 122
Partido Revolucionario Cubano (Auténtico), xvii, 71, 75, 77, 88, 123, 128, 173
Partido Unión Revolucionaria Comunista, 150
Paseo del Prado, 61, 108
Pawley, William Douglas, xxiii, xxvii
Pedraza Cabrera, José Eleuterio, x, xxvii, 16-17, 30-31, 34, 44, 54, 63, 69
Pentágono, Estados Unidos, xxvii, 151-152, 154
Pentarquía, 36-37, 39, 41
Pentón, Evelio, xxvi
Pentón, María, xxvi
Peña, Lázaro, 166
Perdomo, José, Tte. Cor., 22, 30, 33
Pérez, Clemente, 7, 10-11
Pérez, José R., xxviii
Pérez Alfonso, Cecilio, 667
Pérez Benitoa, Manuel, 140
Pérez Coujil, Leopoldo, 169
Pérez Dámera, Genovevo, 57, 76, 79-83, 120

243

Pérez Hernández, Antonio Nicolás "Colacho", 97, 119
Pérez Hernández, Faustino, xxvi
Pérez Jiménez, Marcos, 148
Pérez Mejides, Pedro E., 71
Pérez Montoya, Félix, 125
Pérez Serantes, Enrique, 144-145
Pérez Villalobos, Ezequiel, 174
Perú, xxiii, 66-67, 138, 212
Piad, Carlos, xviii
Piedra Negueruela, Orlando, ix
Piedrecitas, Camagüey, 56
Pinar del Río, x, 1-2, 5, 16-18, 57-58, 61, 70, 83, 90, 99-100, 132, 138, 216
Pineda, Antonio, 33
Pino Cruz, Laureano, xxi-xxii
Plan de Fernandina, 176
Playa Girón, 83, 117, 150, 157
Poli, Marta, xxii
Policía Marítima de Santiago de Cuba, 177
Policía Nacional de Cuba, xvii, xxx, 16, 18, 65, 83, 88, 96, 115, 122, 132, 143, 171, 175, 188,
Policía Secreta, xiv, 24, 76, 162
Portela Möller, Guillermo, 37
Portell Vilá, Herminio, xi, 85, 90, 169
Portugal, 132
Posta 4, Campamento Columbia, xii, 9, 106, 129
Prado, Juan de, 80
Prensa Asociada, xviii
Prensa Libre, xv, 37, 39
Primera Guerra Mundial, 3, 19, 40, 203
Princeton University, 170

Prío Socarrás, Carlos, xi, xvii-xviii, xxviii, 57, 71, 77-78, 81-83, 90, 95-96, 106, 116-117, 122-124, 151, 173, 189
Prío Socarrás, Antonio, 78, 94
Prío Socarrás, Francisco, 71
Pro Ley y Justicia, 48
Puente de Pote, 26
Puerto Rico, 58, 126, 206
Punta Brava, La Habana, 9
Punta Colorada (Belic), Oriente, 183
Queens, N.Y., 65
Querejeta Valdés, Gregorio, 43-44
Querejeta, María del Carmen, 44
Quesada, Héctor de, 29
Quiebra-Hacha, Pinar del Río, 8
Quill and Dagger, 197
Quintana, Jorge, 87
Quito, xviii, 210-212
Radiario Nacional, 37
Radio Martí, 192
Radio-Cadena Habana, 87
Rancho Boyeros, La Habana, 59, 92
Ranchuelo, Las Villas, 123
Ravelo, Demetrio, 32
Ray Rivero, Manuel, xxviii
Reagan, Ronald, 192
Reclusorio Nacional de Isla de Pinos (Presidio Modelo), 11, 14, 101, 115, 126
Reforma Agraria, 121, 208
Reforma Urbana, 208
Regalado Santana, José, xxvii
Regimiento Nº 1 (Santiago de Cuba), xv-xvi, 62, 65, 90, 111, 127, 143, 146, 168-169, 177-178, 182-183, 218, 222

Regimiento N° 2 (Camagüey), 57, 105, 111
Regimiento N° 2 de Caballería, 56
Regimiento N° 3 de Santa Clara, 65, 106, 111
Regimiento N° 4 (Matanzas), 42, 65, 70, 83, 101, 111-112
Regimiento N° 5 "Martí" de La Habana, 65, 101, 111, 184
Regimiento N° 6 de Infantería, 107, 110, 119, 146
Regimiento N°7 (Holguín), 83, 84, 101, 111, 125, 146
Regimiento N° 7 de Artillería en La Cabaña, xvi, 43, 84, 98-99, 115, 184
Regimiento N° 8 "Riús Rivera", 83, 90, 111
Regimiento N° 10 de Infantería del Servicio de Emergencia, 90, 101
Regimiento Mecanizado, 120, 149
Regimiento Mixto de Tanques, 103
Regimiento N°602 de Artillería Antiaérea de EE.UU., 99
Regimiento de Coraceros, Chile, 66
Reichhardt, Bernardo E., xxviii,
Remedios, La Villas, 109
República Dominicana, xxiv, 16, 77, 82, 108, 123, 129, 132, 146, 206
Revolución del 4 de Septiembre de 1933, x, 16, 23, 25, 28, 31-36, 38, 40-41, 44, 48, 53, 55, 57, 60, 64, 79, 83, 90, 98-99, 101, 105, 112, 171
Revolución Francesa, 187
Rey Perna, Santiago C., 71, 160
Reyes, Eduardo, 109

Richmond, Virginia, 198
Ridgway, Matthew, 151-152
Río Canímar, 72
Rio de Janeiro, xviii
Rivero Agüero, Andrés José, xx, 137-138, 191-192
Rivero Agüero, Nicolás, 138
Rivero Collado, Carlos, 138
Roa, Raúl, 150
Robaina Piedra, Luis, xxv, 103-104,
Roca Calderío, Blas, 166
Rochester, Nueva York, 170
Rodas, Las Villas, 115
Rodríguez, Diego, 62
Rodríguez, Oscar, 109
Rodríguez, Policarpo Luis, 107-108
Rodríguez Ávila, Pedro A., xxiv, 108-109, 120, 187-188, 193-194
Rodríguez Calderón, José Eduardo, xxiv, 98, 115, 119
Rodríguez Couzeiro, Francisco, xxvii
Rodríguez de la Vega, Adolfo, xxi
Rodríguez Hernández, José, xxvii
Rodríguez Sáenz, Capitán, 66
Rodríguez San Pedro, José, xxii
Rodríguez Silverio, Pablo, 22, 30-32, 35-36, 39, 44, 55
Rodríguez Villaverde, Gabino, 155
Rojas González, Juan, 109, 120
Roma, Italia, 48
Roosevelt, Franklin, xiii, 21, 69
Rosell Leyva, Florentino E., ix, xxiv
Royal Winter Fair, 67

245

Rubio Baró, Mario Felipe, 175
Rubottom, Jr., Roy Richard, xxviii, 180
Ruiz Cortines, Adolfo, 147
Rusia, 37, 61, 69, 162-163, 201
Sagua la Chica, Las Villas, 146
Sagua la Grande, Las Villas, 121
Saint Marys, Maryland, xviii
Saladrigas Zayas, Carlos, 127, 160-161
Salas Cañizares, José M., 174
Salas Cañizares, Rafael Ángel, 96-97, 106, 115, 160
Salcedo, Comandante, 57, 59
San Antonio de los Baños, La Habana, 174
San José de las Lajas, Las Villas, 65
San José, Costa Rica, xxxi
San José, Pinar del Río, 6
San Juan de los Remedios, 49
San Juan, Oriente, 203
San Juan, Puerto Rico, 206
San Luis, Oriente, 70, 137, 144
San Salvador, xviii
Sanatorio de Topes de Collantes, 64
Sanatorio La Esperanza, 22
Sánchez, Regal, 8
Sánchez Arango, Aureliano, 71, 104
Sánchez de Díaz, Clara, 3
Sánchez García, Calixto, 150
Sánchez Gómez, Julio, xxv
Sánchez Mosquera, Francisco Ángel, xxvii, 184
Sánchez Whyte, Calixto, 150, 199
Sánchez Whyte, Margaret, 150

Sancti Spíritus, Las Villas, 49
Sanguily Echarte, Julio, 22, 25, 28-29, 32, 39
Sanguily Garrite, Julio, 25
Santa Clara, 49, 65, 82, 87, 106, 117, 175
Santa Cruz de los Pinos, Pinar del Río, 5
Santa Fe, 44
Santiago de Chile, 66-67, 160, 205, 218, 222
Santiago de Cuba, xvi, xxi, xxiii, xxv, 62-63, 71, 90, 98-99, 105, 111, 132, 135, 137, 143-146, 157, 169, 172-174, 176-177, 179
Santiago de las Vegas, 88
Santo Domingo, República Dominicana, 77, 82, 98, 115
Segunda Guerra Mundial, xiv, xxiii, xxviii, 40, 69, 76, 86, 90, 151, 170-171, 185, 187-188, 192, 199
Segundo Frente Nacional del Escambray, xxv
Servicio de Inteligencia Militar (SIM), xiv, xxii-xxiii, 18, 95, 97, 100, 115, 118, 155-156, 165, 188, 194-196, 204
Servicio de Inteligencia Regimental (SIR), 174-175
Servicio Jurídico Militar, xx, 92, 202
Servicio Militar Obligatorio, 80, 90, 153
Servicio Técnico de Salud Pública, 49
Shaw, Bernard, 207
Sheehan Buick, xxix
Siboney, Oriente, 146

Sierra Maestra, xxi, xxiv, 115, 121-122, 156, 180, 183, 186, 189, 196
Smith, Earl E. T., xxiv, 192, 197, 201
Soca Llanes, Otalio, 83, 107, 110-111, 113, 154
Sogo Hernández, Dámaso, 101, 106
Soler, Aurora, 76
Solferino, batalla de, 133
Solís de León, Sigfrido, 62
Sosa, Alberto, xxvii
Sosa Blanco, Jesús, 156, 208
Sosa Chabau, Eugenio de, 92
Sosa de Quesada, Arístides V., xviii, xx, 142
St. George, Andrew, xxv, 156
Stewart, C. Allan, xviii
Strand Bar, La Habana, 88
Suárez Núñez, José, ix
Suiza, 49, 192
Tabernilla Dolz, Carlos, 147
Tabernilla Dolz, Francisco J., ix, xiii, xvi, xix-xxii, xxiv-xxv, 72, 92, 98-100, 104-105, 113-115, 117-119, 129-130, 136-139, 146, 149, 152, 160, 166-168, 171, 174, 177-178, 181, 184, 187-188, 198, 214
Tabernilla Palmero, Carlos "Winsy", xxiv, 105
Tabernilla Palmero, Francisco H. "Silito", ix, xx, 90, 103-104
Tabernilla Palmero, Marcelo, xxii
Tacón y Rosique, Miguel, 53
Taft, William, 2
Tampa, Florida, xvii, xxviii

Teatro Payret, 53
Tercio Táctico de Caballería, 10, 18, 33, 42, 54, 57, 62-63, 65, 68, 112, 119, 131-132, 171
Texas University, 180
Tey, José "Pepito", 176
Tiempo en Cuba, revista, 88
Time, revista, 122, 197
Toome, Irlanda del Norte, 76
Topeka, Kansas, 203, 224
Torres Menier, Mario, 22, 32-33
Torriente, Sargento, 34
Treadway, J. E., 150
Triana Tarrau, José, 125
Tribunal de Cuentas, 143
Tribunal Superior de Guerra, 99
Tribunal Supremo de Justicia, xxix, 49, 71, 132
Trinck, Georgina, xx
Tró Rivero, Emilio, 76
Tropicana Club, xxii
Trujillo, Rafael, xxiv, 57, 75, 77, 82, 106, 146, 180
Truman, Harry, xxxi, 82, 151
Truman, Olivia, 203
Truman, Ralph Emerson, xxxi, 203-204, 211-212, 224
Tulane University, 48, 151
Turquía, xxix, 163, 185
Ugalde Carrillo, Manuel Antonio, 89-90, 115
Ulloa Fránquiz, Gabriel, 109-110, 174, 181-182
Unión Insurreccional Revolucionaria (UIR), 76
Unión Radio, 121
Unión Soviética, xxix, 37, 198

United Fruit Company, 66, 197
United Press International (UPI), 122
Universidad de La Habana, 21, 28, 49, 53, 58, 69-71, 73-74, 76, 84, 88, 121, 128, 132, 137-138, 150-151, 160, 197, 206
Universidad de Oriente, 176
Universidad de Villanova, xvii
University of Florida, 205
Uría López, Quirino, 83, 107, 110, 113
Urrutia Lleó, Manuel, xix, 122
USS Maine, 122
USS Manchuria, 40
USS Maui, 40
USS Orizaba, 40
Uvero, cuartel del, 199
Valdés Miranda, Bruno, 76
Valladares, Raquel, 127
Varela Canosa, Joaquín, xxviii
Varela Castro, Manuel, 108, 149
Vargas Gómez, Luis Andrés, 150-151
Vargas Gómez, Pedro, 150
Varona, Manuel Antonio de, xviii, xxvii-xxviii, 111
Vasconcelos Maragliano, Ramón, 127
Vásquez Coeja, Daniel "El Ñato", xvii
Velazco, Raúl, xix
Velázquez Perera, José H., 84, 113
Venegas, Capitán, 88-89
Venezuela, xiii, xxviii, 117, 129, 141, 148-149
Ventura Novo, Esteban, ix
Verdecia, Cabo, 43
Viamonte Jardines, José, xxii
Vic Potamkin Chevrolet, Miami Beach, xxix
Vidali, Vittorio, 53
Vietnam, 151, 181
Vila, Raúl, 174
Villaverde, Cirilo, 8
Washington, D.C., xiv, xxiv, xxviii, 2, 21, 28, 47, 69, 104, 111, 126, 149, 151, 153, 161-163, 185, 193, 197, 221
Watergate Defense Fund, 198
Waterloo, 156
Welles, Benjamin Sumner, xviii, 21-22, 28, 40-41, 47, 74
West Palm Beach, Florida, 93, 98, 103, 149
Whyte, Helen, 150
Wieland, Dorothy, xvii
Wieland, William Arthur, xvii-xix, 104, 180
Yale University, 192
Yánez Pelletier, Jesús, 44
Yeste, Teniente, 57
Zayas, Alfredo, 36, 160
Zona de Operaciones de Bayamo, 99
Zumbado Armenteros, Joaquín, 174

Otros libros publicados en la
COLECCIÓN CUBA Y SUS JUECES
(libros de historia y política publicados por EDICIONES UNIVERSAL):

0359-6	CUBA EN 1830, Jorge J. Beato & Miguel F. Garrido
046-1	CUBA Y LA CASA DE AUSTRIA, Nicasio Silverio Saínz
048-8	CUBA, CONCIENCIA Y REVOLUCIÓN, Luis Aguilar León
049-6	TRES VIDAS PARALELAS, Nicasio Silverio Saínz
165-4	VIDAS CUBANAS - CUBAN LIVES.- (2 vols.), José Ignacio Lasaga
243-X	LOS ESCLAVOS Y LA VIRGEN DEL COBRE, Leví Marrero
3122-0	RELIGIÓN Y POLÍTICA EN CUBA DEL SIGLO XIX, Miguel Figueroa
374-6	GRAU: ESTADISTA Y POLÍTICO (Cincuenta años de la Historia de Cuba), Antonio Lancís
379-7	HISTORIA DE FAMILIAS CUBANAS (9 vols.), Francisco Xavier de Santa Cruz
426-2	BIOGRAFÍA DE UNA EMOCIÓN POPULAR: EL Dr. Grau, M. Hernández-Bauzá
431-9	MIS RELACIONES CON MÁXIMO GÓMEZ, Orestes Ferrara
483-1	JOSÉ ANTONIO SACO, Anita Arroyo
490-4	HISTORIOLOGÍA CUBANA /4 vols./ (1492-1980), José Duarte Oropesa
516-1	EL PERFIL PASTORAL DE FÉLIX VARELA, Felipe J. Estévez
532-3	MANUEL SANGUILY. HISTORIA DE UN CIUDADANO, Octavio R. Costa
577-3	ENRIQUE JOSÉ VARONA Y CUBA, José Sánchez Boudy
586-2	SEIS DÍAS DE NOVIEMBRE, Byron Miguel
606-0	CRISIS DE LA ALTA CULTURA EN CUBA/INDAGACIÓN DEL CHOTEO, Jorge Mañach
608-7	VIDA Y MILAGROS DE LA FARÁNDULA DE CUBA (5 v.), Rosendo Rosell
620-6	TODOS SOMOS CULPABLES, Guillermo de Zéndegui
624-9	HISTORIA DE LA MEDICINA EN CUBA(2 v.), César A. Mena y Armando Cobelo
682-6	IMAGEN Y TRAYECTORIA DEL CUBANO EN LA HISTORIA I, Octavio R. Costa
738-5	PLAYA GIRÓN: LA HISTORIA VERDADERA, Enrique Ros
747-4	LA HONDA DE DAVID, Mario Llerena
752-0	24 DE FEBRERO DE 1895: UN PROGRAMA VIGENTE, Jorge Castellanos

756-3   LA SANGRE DE SANTA ÁGUEDA (Angiolillo/Betances/Cánovas), Frank Fernández
773-3   DE GIRÓN A LA CRISIS DE LOS COHETES: La segunda derrota, Enrique Ros
798-9   APUNTES SOBRE LA NACIONALIDAD CUBANA, Luis Fernández-Caubí
804-7   EL CARÁCTER CUBANO, Calixto Masó y Vázquez
832-2   TODO TIENE SU TIEMPO, Luis Aguilar León
875-6   HISTORIA DE CUBA, Calixto C. Masó
880-2   ANTONIO MACEO GRAJALES: EL TITÁN DE BRONCE, José Mármol
886-1   ISLA SIN FIN (Contribución a la crítica del nacionalismo cubano), Rafael Rojas
907-8   MANUAL DEL PERFECTO SINVERGÜENZA, Tom Mix (José M. Muzaurieta)
931-0   EL CAIMÁN ANTE EL ESPEJO. Un ensayo de interpretación de lo cubano, Uva de Aragón
945-0   CRONOLOGÍA HISTÓRICA DE CUBA (1492-2000), Manuel Fernández Santalices
955-8   NECESIDAD DE LIBERTAD (ensayos-artículos-entrevistas-cartas), Reinaldo Arenas
957-4   LOS GRANDES DEBATES DE LA CONSTITUYENTE CUBANA DE 1940, Edición de Néstor Carbonell Cortina
965-5   CUBANOS DE ACCIÓN Y PENSAMIENTO, Octavio R. Costa
987-6   NARCOTRÁFICO Y TAREAS REVOLUCIONARIAS. EL CONCEPTO CUBANO, Norberto Fuentes
988-4   ERNESTO CHE GUEVARA: MITO Y REALIDAD, Enrique Ros
8-000-6 LA POLÍTICA DEL ADIÓS, Rafael Rojas
8-006-5 FIDEL CASTRO Y EL GATILLO ALEGRE. LOS AÑOS UNIVERSITARIOS, Enrique Ros
8-011-1 REFLEXIONES SOBRE CUBA Y SU FUTURO, Luis Aguilar León (3ª.edición)
8-028-6 CONTRA VIENTO Y MAREA, José Ignacio Rivero
8-038-3 MUJERES EN LA HISTORIA DE CUBA, Antonio J. Molina
8-047-2 LA REVOLUCIÓN DE 1933 EN CUBA, Enrique Ros
8-065-0 ENCICLOPEDIA HISTÓRICA DE SAGUA LA GRANDE. TOMO I: MITOS, LEYENDAS Y CURIOSIDADES, Pedro Suárez Tintín
8-072-3 ENCUENTRO EN 1898. TRES PUEBLOS Y CUATRO HOMBRES, (Cervera - T. Roosevelt - Calixto García - Juan Gualberto Gómez). Jorge Castellanos

8-079-0 EL CLANDESTINAJE Y LA LUCHA ARMADA CONTRA CASTRO, Enrique Ros

8-092-8 PALABRAS ESPERADAS (Memorias de Francisco H. Tabernilla Palmero), Gabriel F. Taborda

8-095-2 MISCELÁNEA CUBANAS, Instituto Jacques Maritain de Cuba

8-100-2 JOSÉ ANTONIO ECHEVERRÍA: VIGENCIA Y PRESENCIA, Julio Fernández-León.

8-129-0 VIVIDO AYER (Leyendas y misterios de Cuba y La Habana), Sergio San Pedro

8-131-2 LA VERDADERA REPÚBLICA DE CUBA, Andrés Cao Mendiguren

8-143-6 CRÓNICAS DE LA REPÚBLICA. CUBA: 1902-1958, Uva de Aragón

8-154-1 CON EL RIFLE AL HOMBRO, Horacio Ferrer

8-162-2 ROLANDO MASFERRER EN EL PAÍS DE LOS MITO, Roberto Luque Escalona

8-165-7 LA CRISIS DEL MUNDO OCCIDENTAL, José Sánchez Boudy

8-167-3 UNA MIRADA SOBRE TRES SIGLOS. MEMORIAS, Orestes Ferrara

8-171-1 ¡25448, NO; ROBERTO MARTÍN PÉREZ!, Rafael Cerrato Salas

8-172-x EL LIBRO NEGRO DEL CASTRISMO, Jacobo Machover

8-196-7 CARLOS MANUEL DE CÉSPEDES: DE YARA A SAN LORENZO. LA LEALTAD Y LA PERFIDIA, Enrique Ros

8-199-1 PANORAMA DEL PROTESTANTISMO EN CUBA, Marcos Antonio Ramos

8-215-7 HISTORIA DE LA VIRGEN DE LA CARIDAD, Salvador Larrúa Guedes / 2 vols.

8-226-2 JUANÍN ¡PRESENTE!, Cecilia La Villa de Fernández-Travieso (ed.)

8-231-9 VICENTE GARCÍA, EL INCOMPRENDIDO MAYOR GENERAL CUBANO, Enrique Ros

8-238-6 ACUERDOS, DESACUERDOS Y RECUERDOS, José Ignacio Rasco

8-239-4 LA FUERZA POLÍTICA DEL EXILIO CUBANO IV (4 vols.), Enrique Ros

8-240-8 EXILED CUBA, Raúl Eduardo Chao

8-242-4 UNA PALABRA MÁS FUERTE. LOS ESCRITOS DE MONSEÑOR AGUSTÍN ROMÁN. Julio Estorino (Ed.)

8-243-2 KEY WEST: PASSION FOR CUBA'S LIBERTY. Alejandro F. Pascual

8-258-0 MONSEÑOR AGUSTÍN ROMÁN, GUÍA ESPIRITUAL DE LOS CUBANOS, Salvador Larrúa Guedes

8-259-9 MUJERES DE LA PATRIA. CONTRIBUCIÓN DE LA MUJER A LA INDEPENDENCIA DE CUBA I, Teresa Fernández Soneira

8-260-2 COLONIAL CUBA (EPISODES FROM FOUR HUNDRED YEARS OF SPANISH DOMINATION), Raúl Eduardo Chao

8-265-3 ENCICLOPEDIA HISTÓRICA DE SAGUA LA GRANDE. Tomo II: MOGOTES DE JUMAGUA, Pedro Suárez Tintín

8-266-1 THREE DAYS IN MARCH. THE EVENTS IN 1952 THAT MARKED THE BEGINNING OF THE END OF THE REPUBLIC OF CUBA, Raúl Eduardo Chao

8-271-8 LAS DAMAS DE LA HABANA Y SUS JOYAS. Un mito persistente en la historia de Cuba, José Ramón Fernández Álvarez

8-273-4 RAÍCES CUBANAS, Raúl Eduardo Chao

8-278-5 TOPOS Y CUBA, LA ISLA DE CORCHO: DIÁLOGOS ENTRE CUBANOS, Guarioné M. Díaz

8-280-7 LA GUERRA AÉREA EN CUBA EN 1958. EL JUICIO POR GENOCIDIO A LOS AVIADORES MILITARES: MEMORIAS DEL TENIENTE CARLOS LAZO CUBA, Antonio Rafael de la Cova

www.ingramcontent.com/pod-product-compliance
Lightning Source LLC
Chambersburg PA
CBHW030512080526
44586CB00011B/163